한국사 시민강좌

제48집

JN424529

일조각

Number 48 FEBRUARY 2011

The Citizens' Forum on Korean History

ILCHOKAK

독자에게 드리는 글

『한국사 시민강좌』를 처음 낸 지 벌써 사반세기가 다 되어간다. 1987년에 은사 고 이기백 선생께서 학생, 시민 여러분이 선생의 『한국사 신론』을 많이 사랑해준 것에 대한 보답으로 한국사 교양지를 내고 싶다는 뜻을 밝히시면서 이 잡지를 창간한 것이 어제 같은데 벌써 긴 세월이 흘렀다. 선생께서 2004년에 타계하신 뒤 남은 편집위원들이 힘을 모아 50집까지는 내는 것이 선생의 뜻을 받드는 길이라고 하여 미력을 다해온 지도 벌써 7년이 되었다. 50집을 종간호로 한다면 필자가 독자에게 드리는 글을 쓰는 것도 이것이 마지막이 될 것이다. 그간의 성원에 감사를 드릴 따름이다.

이번호의 특집 주제는 '한국 실학연구 80년'으로 하였다. 필자가 1960년대 초에 대학에 입학하여 전공으로 '국사'를 공부하기 시작했을 때, 역사학계의 가장 큰 담론의 하나가 바로 실학이었다. 당시 학계를 이끌던 주요한 분들이 대부분 이 주제에 관한 논문을 발표할 정도로 실학에 대한 학계의 관심은 컸다. 지금 그때의 초학자들이 어느덧 은퇴하는 연령을 맞이하고 있어서 편집위원회는 실학연구의 성과를 정리해둘 필요성을 느꼈다. 실학연구의 연륜을 80년으로 잡은 것은 1930년대 정인보 등의 국학(조선학) 운동을 본격적인 연구의 시발점으로 보는 학계의 통설에 따른 것이다.

특집의 첫 글 「실학연구의 어제와 오늘」은, 근래 실학연구에 단단한 판석을 깔아온 김태영 교수가 맡아주었다. 김 교수는 반계 유형원에서 시작하여 성호를 거쳐 연암, 다산으로 이어지는 조선 후기의 실학자들은 성리학 시대의 계파의식을 떠나 서로가 영향을 주고받는 학문의 새로운 전통을 만든 것부터 주목하였다. 그리고 고종 시대에 근대화의 필요성을 느낄 때 군주를 포함하여 위정 당로에 있었던 인사들이 지난날의 실학의 계승을 의식하고 있었던 점을 새롭게 짚어주었다. 이는 실학과 개화사상과의 접목에 대한 학계의 찬반론에 새로운 기제가 될 지적이다. 1930년대의 조선학운동에서의 실학, 1950년대 이후 약 30년간의 연구 붐, 1990년대 이후의 상황 등을 차례로 간추려주었다.

1950년대부터 줄곧 있어온 실학의 개념 논쟁에 대해서는 조성산 교수가 정리해주었다. 실학은 조선후기의 탈성리학의 신사조로서 주목을 받아왔다. 그런데 1960년대에 학계의 일각에서 실학은 송나라 때 발흥한 성리학이 스스로 불교와 구별하여 실학이라고 하였듯이 각 시대에 신학문을 가리키는 호칭일 뿐이라는 견해가 제시되어 논란이 빚어졌다. 조 교수는 논쟁의 핵심들을 짚고 그 귀결의 현황을 소개하였다.

유봉학 교수는 「실학의 계보와 학풍」에서 반주자학, 재야지식인의 학문이란 범주에서 이루어진 초기의 실학론은 이제 연구 축적으로 더 이상 존속할 수 없게 된 점을 지적하고 실학의 의미를 다음과 같이 규정하였다. 즉 유학은 본래 주자학이 중시한 의리학 외에 경세의 학, 명물도수의 학 등이 있었고, 후자들이 조선후기에 발달하여 실학의 내용을 이룬 것이라고 하였다. 유 교수 자신의 지론을 이렇게 정리한 다음, 19세기에 북학이 신학문으로서 청나라의 고증학, 서학 지식과 만나 국제성을 높여간 점을 실학의 새로운 전개로 주목하였다.

고동환 교수는 「조선후기 지식세계의 확대와 실학」이란 제목 아래 조선후기 실학의 발달을 도시경제의 성과, 곧 도시문화의 관점에서 실학을 살폈다. 조선후기에 이루어진 상공업 발달이 실학 태동의 기반이라는 견지에서 이 변화가 지식세계의 확대와 지식의 체계화를 요구하여 실학이 있게 된 것으로 논하였다. 농민적 지식인층의 지식의 상품화란 측면도 새롭게 제기하였다.

이태진은 박지원의 『열하일기』를 중심으로 '해외海外'로 향하는 북학자들의 관심을 조명하였다. 종래 이 책이 전하는 메시지로서 이용후생의 측면 외에 청국이 국익을 위해서 외교적으로 상상도 못할 일을 하고 있는 것을 전하는 것을 저자가 중요시한 점을 새롭게 일깨웠다. 즉 건륭제가 열하에서 만수절 행사를 열어 티베트 불교 지도자 판첸班禪 라마를 초청하여 스승의 예로 접대하고 있는 광경은 오로지 서쪽 몽골 중가르부족이 라마 불교를 매개로 티베트와 제휴하는 것을 막기 위한 것이었음을 보고 박지원은 큰 충격을 받았다. 귀국길에 「허생전」을 지어 북벌의 명분에 사로잡힌 조선 사대부를 질타한 것은 곧 이 책의 핵심이 무엇인가를 알게 하는 것이라고 하였다. 군주 고종의 개화정책이 박지원의 사상으로부터 영향을 받았을 가능성을 조심스럽게 짚었다.

실학의 '한국학'에 관해서는 정재훈 박사의 「실학자들의 '한국사' 탐구」와 이병근 교수의 「실학시대의 언어연구」 두 글을 실었다. 정재훈 박사는 조선시대 사서에 관한 지금까지의 연구를 근거로 『동국통감』을 우리나라 최초의 통사로 간주하고 그 통사적 인식이 왜란, 호란을 겪은 뒤 새롭게 발달하는 측면을 정리하였다. 새로운 국제적 환경에서 나온 역사 인식의 변화가 곧 실학의 '한국사'로서, 한백겸, 신경준, 임상덕, 이종휘 등의 저술들을 중요하게 다루었다.

이병근 교수는 훈민정음이 창제되면서 조선 초기에 이미 음운 연구가 시작되었지만, 그것이 조선후기 실학의 차원에서 더 발달한 양상을 체계적으로 정리해주었다. 먼저 같은 음운학 연구가 화동華東, 즉 중국음과 언문음의 대역 발음사전을 중심으로 전개된 것, 운도韻圖 연구, 그리고 어휘집 간행 등을 차례로 짚었다. 어휘집으로서 『아언각비雅言覺非』는 그릇된 말의 교정을 지향하기까지 한 특징이 있다고 하였다. 실학시대의 언어 연구는 근대적 사전 형식에 가까이 가는 추세까지 보이면서 중국어와 한자에 빠져 있던 시대에서 벗어나 단일어로서의 한국어 사용이 강조되는 시대로의 전환을 예비하는 가교 역할을 하였다는 것이 결론이다.

김명호 교수의 「실학과 개화사상」은 학계의 오랜 숙제인 개화사상의 실학 계승성에 대해 긍정적인 논평을 가해주었다. 먼저 종래 오경석을 개화파의 스승으로 본 것은 사료 오독의 소치로서 더 이상 되풀이할 것이 못되며, 그 자리에는 연암 박지원의 손자인 박규수를 넣어야 한다고 밝혔다. 그런 다음 인적 계보의 면에서 실학과 개화사상의 계승성을 정리하면서 앞으로 이 관점에서 더 구체적인 연구가 있기를 바랐다. 즉 개화파의 주요 인물인 김윤식, 김옥균, 김홍집, 박영효 등이 모두 박규수와 가까운 인적 계보에 있는 것을 지적하였다. 그리고 박규수는 '개화군주' 고종의 사상적, 정치적 스승이라고 할 정도로 큰 영향을 준 것도 언급하였다.

이번 특집에서 가장 주목되는 점은 김태영, 이태진, 김명호의 글을 통해 실학(북학)이 개화사상, 특히 고종시대의 개방, 개화 정책에 영향을 준 사실이 직접적으로 언급된 점이다. 앞으로 학계의 진지한 검토가 이루어질 것이 기대된다.

홍승기 교수는 「나의 책을 말한다」에서 역저 『고려귀족사회와 노비』(1983,

일조각)를 소개하였다. 『고려시대 노비의 연구』(1981)로 시작한 고려시대의 노비에 관한 연구에서 재물로서의 노비가 아니라 '살아 숨 쉬는 인간'으로서 부활시키려는 관점에서 이 책을 쓴 것을 밝혔다. 집단으로서의 노비, 고려시대 역사에서의 노비의 역할 및 그 사회적, 역사적 의미 찾기 작업이었다고 하였다.

「역사의 진실을 찾아서」는 한국 고지도 연구에서 계속 큰 성과를 올리고 있는 양보경 교수가 맡아주었다. 1991년부터 서울대학교 규장각 소장의 조선시대 고지도를 정리하는 일을 하게 되면서 본격적으로 시작된 고지도 연구의 경위와 성과를 정리해주었다. 자료와의 면대 기회가 바로 전공자를 탄생시킨다는 것을 재삼 확인하게 하는 글이다.

송호근 교수의 「사회과학자의 즐거운 외출」은 지금까지 「한국사학에 바란다」 난에 실린 글로서는 이례적이라고 할 정도로 진지하고 소중하다. 근래 개화기의 인민의 존재형태에 관한 관심으로 시작된 '외출'에서 느낀 소감에 각주를 붙일 정도로 밀도 높은 글이다. 그가 보내는 역사학계의 풍토와 관습에 대한 지적들은 아프지만 진정한 반성의 소재가 되어야 할 것들이 많다. 이 글을 읽으면서 역사학과 사회과학의 대화가 시급하다는 소감을 떨칠 수 없었다. 한국 역사학계는 역사학의 발전을 위해 사회과학자들의 '외출' 기회를 자주 만들어야 할 것 같다.

조병한 교수는 「역사학 산책」 난을 위해 「청대 중국의 실학과 고증학」이란 제목의 중후한 글을 보내주었다. 16세기 이후 중국의 유학이 주자학의 도덕적 경세로부터 정치적 경세로 중심이 이동하는 경위를 밝히면서, 경세실학이란 정치 개혁 자체와는 다른 학문적 정치 연구로서 학문경세라고도 개념화할 수 있는 것이라고 하였다. 이 지식주의 학풍이 명, 청 교체 속에서 고증학으로 발달한 경위도 설득력 있게 정리되었다. 고증학은 경세실학에 연원한 것이기 때문에 한 번도 경세의 가치를 부정한 적이 없다는 점이 지적되었다. 16세기에서 19세기 전반까지 긴 기간의 중국의 학문 조류에 관한 총괄적 정리는 앞으로 조선 실학과의 비교 연구의 기반을 제공하는 것으로 큰 기여가 기대된다.

2011년 1월 20일

편집위원 **이태진**

| 차례 |

독자에게 드리는 글 **iii**

■ **특집—한국 실학연구 80년**

실학연구의 어제와 오늘 | **김태영** ● **1**

실학개념 논쟁과 그 귀결 | **조성산** ● **20**

실학의 계보와 학풍 | **유봉학** ● **37**

조선후기 지식세계의 확대와 실학 | **고동환** ● **55**

'海外'를 바라보는 北學 | **이태진** ● **77**

실학자들의 '한국사' 탐구 | **정재훈** ● **94**

실학시대의 언어연구 | **이병근** ● **113**

실학과 개화사상 | **김명호** ● **134**

■ **나의 책을 말한다**

『고려귀족사회와 노비』 | **홍승기** ● **152**

■ **역사의 진실을 찾아서**

규장각 소장 고지도 연구 | **양보경** ● **163**

■ **한국사학에 바란다**

사회과학자의 즐거운 외출 | **송호근** ● **176**

■ **역사학 산책**

청대 중국의 실학과 고증학 | **조병한** ● **206**

실학연구의 어제와 오늘

김태영

1. 머리말
2. 실학 발흥 당시의 상호 관심
3. 실학에 대한 현실적 관심의 태동(구한말)
4. 조선학운동의 전개와 실학의 재인식 (1930년대)
5. 실학연구의 심화와 체계화 (1950~1980년대)
6. 실학연구의 확대와 분화(1990년대 이후)
7. 맺음말

1. 머리말

해방 후 한국사학에서 실학은 가장 많이 연구된 분야 중 하나이다. 최근에는 실학의 범위라든가 내용을 두고서 이설異說도 더러 나오기에 이르렀다. 그래서 이 글은 실학 발흥 당시 실학자들끼리의 상호 관심부터 고찰하여 실학의 독자성이 당시부터 확인되고 있었음을 밝히고자 한다. 이후 그 같은 관심의 전개와 연구의 확대, 그리고 현재의 실황을 고찰하기로 한다.

지금까지 실학연구의 회고와 전망을 비교적 착실하게 써둔 글로는 김영현

金泰永 경희대학교 명예교수.

저서로는 『조선전기 토지제도사 연구』(지식산업사, 1983), 『실학의 국가 개혁론』(서울대학교출판부, 1998), 『조선 성리학의 역사상』(경희대학교출판국, 2006) 등이 있고, 역주서로는 『역주 목민심서 Ⅰ~Ⅵ』(다산연구회 공역, 창작과비평사, 1978~1988)이 있다. 논문으로는 「반계 유형원의 변법론적 실학풍」(『한국실학연구』 18, 2009) 등이 있다.

의 「실학연구의 반성과 전망」과 조성을의 「조선후기 실학연구의 현황과 과제」, 두 편이 참고할 만하다.[1] 이 외에 이 글에서 인용한 문헌들의 서지학적 주기는 최소한에 그치기로 한다.

2. 실학 발흥 당시의 상호 관심

조선후기에 일어난 새로운 학술사상 가운데 오늘날 '실학'이라고 지칭하는 학풍은 먼저 재야의 사림이 독자적으로 개발하면서 체계화하기 시작하였다. 가령 『반계수록磻溪隨錄』을 저술함으로써 조선후기 실학을 처음으로 체계화하기에 이른 반계 유형원(1622~1673)의 경우가 그러하였다.

물론 유형원의 실학도 이전의 여러 선배 학인들의 개혁론들을 수용하면서야 비로소 체계화할 수 있었다. 『반계수록』이 율곡 이이(1536~1584)의 사회개혁론을 다수 인용하여 자신의 논지를 보강하고 있었다는 사실이 그것을 말해준다. 실상 성리학적 사회개혁론으로서는 율곡의 경우가 가장 절실하였던 것이다.

그런데 주자 성리학 일변도의 풍조에 머물지 않고 선진先秦 고경古經의 연구를 통해 독자적 왕정王政의 이념을 모색함으로써 실학의 선구를 달리고 있던 미수 허목(1595~1682)은 율곡보다는 반계의 학술에 더 주목하였다. 즉 "유 모某는 군주를 도와 왕정을 이룩할 인재(왕좌재王佐才)이다. 쇠미한 세상에 이와 같은 인물이 나올 줄은 예상치 못하였다"라고 탄상하였다는 사실이 그것을 증언한다(『반계연보磻溪年譜』). 이는 곧 17세기의 조선 지배체제가 의

1 김영현, 「실학연구의 반성과 전망」, 근대사연구회 편, 『한국 중세사회 해체기의 제문제』 상, 한울, 1987. 조성을, 「조선후기 실학연구의 현황과 과제」, 한국사상사학회 편, 『한국사상사 입문』, 서문문화사, 2006.

존하는 양대 통치기준인 '조종의 법제'와 '주자 성리학'에 구애되지 않는, 현 실태의 근원적 개혁에 관한 이념을 양자가 공감하고 있었다는 것으로 해석된다.

다시 18세기의 실학자 성호 이익(1681~1763)은 반계의 실학을 더 구체적으로 이해하였다. "선왕先王의 법제를 취하여 그 연혁을 고찰하고 우리 국전國典을 참작하여 책 한 권을 저술하였는데, 그 규모가 크고 넓으며 절목節目이 상밀하다. 인간의 실정에 징험徵驗하고 천리天理에 부합토록 하였으므로 근맥筋脈이 서로 이어지고 기혈氣血이 유통한다. 이름하여 『반계수록』이라 하니, 요컨대 오늘날 시행할 수 있는 내용들이다. …… 대체로 국초 이래 경세經世의 인재를 논한다면 모두 다 선생을 으뜸으로 칭한다(『성호전집星湖全集』 중 「반계유선생전磻溪柳先生傳」)."

그리고 북학론자 담헌 홍대용(1731~1783)은 "우리나라 사람의 저서 중에서는 『성학집요聖學輯要』와 『반계수록』이 경세에 유용한 학술로 삼을 만하다"라고 하였다(『담헌서湛軒書』 부록 「담헌선생유사湛軒先生遺事」). 연암 박지원(1737~1805) 또한 「과농소초課農小抄」를 초하면서 『반계수록』의 농정론農政論을 여러 차례 원용하였다. 그리고는 허생許生의 말을 빌려, 전쟁과 같은 유사시에 군량을 책임지고 맡길 만한 인재로서 반계를 지목하였다는 것은 다 아는 이야기다. 북학론자인 담헌이라든가 연암 또한 반계 실학의 경세론을 추중하고 있었던 것이다.

그리고 다산 정약용(1762~1836)이 국가개혁론을 저술하면서 유형원의 경우를 선례로 삼았다는 사실은 『경세유표經世遺表』의 서문에서 말해둔 그대로다. 그리고 그는 성호 이익을 사숙하면서 실학 공부에 매진하였다. "스스로 생각해보면 우리가 천지의 위대함과 일월의 광명함을 알 수 있게 된 것은 모두 이 선생님(성호)의 힘이었습니다(「중씨께 올림上仲氏」, 신미 겨울)." 다산이 성호학의 바탕 위에 당시 중국을 통해 들어온 서학西學을 섭렵하고, 다시 연암 박지원, 초정 박제가(1750~1805) 등의 이용후생학을 직접 독파하고 널리 수용함으로써 실학을 집대성하기에 이르렀다는 사실 또한 다 아는 그대로다.

나아가 실학자 이규경(1788~1856)은 역시 실학자인 자신의 조부 이덕무(1741~1793)의 '책 상자 속에 기록해둔 자료'를 바탕으로 '동국 제일의 인물'들을 다방면에 걸쳐 선별한 바 있는데, '퇴계의 덕德, 반계 유형원의 경륜, 충무공 이순신의 도략韜略' 등을 예시하였다(『오주연문장전산고五洲衍文長箋散稿』 중 「동국제일인물변증설東國第一人物辨證說」).

그런데 무엇이 이들 실학자로 하여금 다른 이의 실학을 높이 평가하고 수용하게 하였던 것일까. 유파가 다르더라도 그들은 무릇 실학이라는 독자적 학풍에 공감하고 있었으며, 특히 실학이야말로 당시 압도적 정치이념으로 행세하는 성리학보다 현실적 의미를 지닌 학술이라는 인식을 상호 소통하고 있었기 때문인 것으로 이해할 수 있다.

3. 실학에 대한 현실적 관심의 태동(구한말)

'실학'의 현실성에 대한 새로운 관심은 19세기 말엽에 다시 대두하였다. 근대 자본주의의 침략이라는 국가적 위기를 맞으면서 이에 대응하려고 할 때 먼저 떠오른 것이 '실학'적 부국강병론이었던 것이다. 이를테면 이 시기 경京·향鄕 각지의 견문을 알차게 집약해둔 매천 황현의 『매천야록梅泉野錄』에는 다음과 같은 기록이 있다. "고종임금이 부국강병에 애써 뜻을 두어 분분히 제도를 변경하고자 할 즈음, 여러 신료들 가운데 믿고 의지할 만한 자가 없음을 한스러워하더니, 을유·병술년간(1885~1886)에 『여유당집與猶堂集』을 들여오라는 명을 내리고는 개연히 (정약용과) 시대를 함께하지 못함을 한

탄하였다."

여기서 을유·병술년간이라면 갑신정변(1884)의 직후에 해당한다. 외세의 강요로 마지못해 개항(1776)한 후 임오군란(1882)이라든가 갑신정변이 연달아 터지고, 청나라 군대가 대거 서울에 주둔하자, 조선왕국은 쇠망의 위구감을 떨칠 수가 없게 되었다. 그 쇠망의 위기에서 이제 구래의 통치책이나 신료들은 '믿고 의지할' 수조차 없게 되고, 이에 애써 모색해본 것이 다산의 '실학' 이었던 것이다.

그러나 국왕이 실학에 관심을 가졌다 하여 국가의 위난이 극복될 수 있는 것은 아니었다. 위난은 이미 세계체제적인 것이었다. 청일전쟁, 러일전쟁은 한국이 직접 당사국은 아니었지만, 한반도를 배경으로 하고서 전개된 것이었다. 조선은 세계체제의 이해 관련에 따라 주체적 국정운영의 힘을 잃어가면서 더욱 쇠망의 길로 접어들었다.

이에 국내에서는 척사위정운동이 일어나는가 하면, 또 한편에서는 애국계몽운동이 크게 고조되었다. 그리고 또한 정약용, 박지원 등 실학자들의 경세론적 저술들을 널리 간행하는 사업이 일어나기에도 이르렀다. 예를 들면, 1902년 광문사에서 『목민심서牧民心書』를 간행함에 즈음하여 『황성신문皇城新聞』은 특별히 논설로써 이를 격려하였다. "우리나라는 중고中古 이래로" 잠곡 김육, 반계 유형원, 다산 정약용, 연암 박지원 등 "네다섯 명의 선배가 있어 경제정치학으로 모두 표표하여 뚜렷하게 일컬어지는데, 그중에서도 입언立言 저서著書로 가장 풍부하기는 오직 다산이 으뜸" 이라는 논지였다(1902년 5월 19일자).

나라가 쇠망하는 과정에서 이들 실학자의 저술을 간행하여 널리 읽히고자 하는 까닭은, 이미 때늦은 감이 있긴 하지만 그래도 아직 실학을 통해서 현실을 타개하고자 하는 의도가 작용한 것으로 이해된다. 실학은 아직도 현실에 대응할 수 있는 '경제정치학'으로 추구되고 있었다.

또 가령 구한말 뜻있는 인사들이 회사를 설립하고 『경세유표』를 간행할 운동을 벌이자 1908년 이건방李建芳이 쓴 서문(「방례초본서邦禮艸本序」)의 요지는 다음과 같다.

> 선생(정약용)의 글이 상자 속에 담긴 채 먼지와 그을음이 앉고 좀벌레만 배부르게 한 지가 벌써 100년이나 되었다. …… 일찍이 들으니, 서양사람 몽테스키외는 『만법정리萬法精理』(『법의 정신』)를 지었고, 루소는 『민약론』(『사회계약론』)을 저술했는데, …… 그들 학설이 한번 나오자 바람이 일듯, 우레가 움직이듯 하여 세상 사람들의 보고 들음을 불끈 한번 새롭게 하였고, 또한 그에 따라서 더욱 깊이 연구하고 더욱 정밀하게 강론하였으니, 지금 유럽 여러 나라가 나날이 부강하게 되는 것은 모두 학술의 공이다. …… 근래에 여러 동지들이 회사를 세우고 국조의 문헌과 산림에 숨어 살던 숙유宿儒의 저술을 수집하면서 이 글(『경세유표』)을 첫째로 간행키로 하였다. 선생의 글이 끝내 묻혀버리지 않을 줄은 내가 진실로 알고 있었거니와, …… 오직 그것이 널리 전해지지 않은 까닭에 사람들이 강론할 수 없었고, 오직 강론하지 못했으므로 또한 시행될 수가 없었다. 진실로 널리 유포하고 강론하는 자가 많아진다면, 취하여 정사에 시행할 자가 없을는지 어찌 알겠는가. 무릇 선생의 글이 정사에 시행되어서 질서와 전례의 근본을 밝히게 된다면, 그것이 겨우 한 나라의 법이 될 뿐 아니라 천하 후세의 법이 될 것임도 의심할 바 없다.

『경세유표』가 과연 망해가는 국가를 '나날이 부강하게' 하는 학술의 원천일 수 있는지는 여기서 문제 삼을 것이 아니다. 우리가 정작 여기서 눈여겨보아야 할 것은 역사적으로 위대한 학술·사상이라도 그것을 '더욱 깊이 연구하고 더욱 정밀하게 강론'해야만 근대적 '부강'도 구현할 수가 있다는 그 지적이다. 그리고 근대적 '부강'을 실현하기 위하여 나라가 멸망해가는 어려운 여건에서도 자국의 고전 가운데 『경세유표』와 같은 실학의 진수를 선별하여 '널리 유포하고 강론하는' 운동을 벌였다는 사실 그것이다.

객관적으로 이 당시는 서양식 문명·진보운동이 시대적 요청으로 일어나고 있었다. 또한 실학을 '널리 유포하고 강론'하고자 하는 운동이 그러한 시대적 요청을 거부하고자 하는 것도 아니었다. 이미 갑신정변의 주역의 한 사람인 박영효가, 연암 박지원의 실학을 강론하는 과정에서 문명·진보의 개화開化사상을 터득하였다는 사실을 말하였다고 하지 않는가.

그러나 물론, 그 같은 주체적 '부강'의 길을 추구하여도 이미 제국주의 세계체제의 침탈을 저지할 수는 없었다. 말하자면 '실학'의 현실 대응력은 이미 쇠잔하였던 것이다.

이윽고 강제된 일제의 식민지배는 가혹하였으며, 식민지상태에서는 독자적 '부강'의 길은 고사하고 독자적 정체성까지도 보존하기 어려운 처지로 떨어질 수밖에 없었다. 1927년부터 시작한 좌·우 합작의 신간회운동이 정치·경제적 예속상태에서 벗어나기를 기도하면서 타협주의를 배격하고, 언론·집회·결사·출판의 자유를 쟁취하면서 '민족혼'을 되찾는 일이 우리의 나아갈 길임을 강령으로 내세운 것도 그 같은 주체적 정신의 회복을 천명해본 것이었다.

4. 조선학운동의 전개와 실학의 재인식(1930년대)

그런데 신간회운동 또한 결국은 정치적 민족운동이었다. 일제는 신간회에 대하여 집회를 불허하고 임원을 검거하는 등 집요한 탄압으로 민족운동을 말살하고자 하였다. 게다가 일제는 만주 침략도 노골적으로 자행하고 있었는데, 이에 신간회는 현실의 한계를 통감하고 결국 전국대회도 한 번 열지 못한 채 4년 만인 1931년에 해산할 수밖에 없었다.

그러는 사이에도 1929년에는 문광서림에서 이익의 『성호사설星湖僿說』을 간행하면서 정인보의 서문을 실었는데, 이 「성호사설서」는 성호의 실학이야말로 이른바 '조선학朝鮮學'을 주창한 본원이 되는 것이라고 밝혀놓았다. 즉 조선의 학문은 "조국을 멸시하여 버리고 민족을 비루하다고 업신여기는 오류를 답습"해왔는데, 성호 이익의 실학에 이르러서야 "사실에 의거하여 독자성을 추구하는 학술〔의실구독지학依實求獨之學〕"이 일어나, 비로소 "조선의 역사는 조선을 위주로 삼게 되었다"는 사실을 밝혀놓았다. 그는 성호 실학의 독자성을 밝혀두기에도 이르렀다. "선생이 평생토록 고심한 것은 오로지 우리 민족에 대해서이니, 오직 선생의 저서를 깊이 연구한 자라야 이를 알 것이다. 그 본원本原이 독자적獨自的인 경지에 나아간 것도 본연의 충심衷心을 다함으로써 성취된 것이라, 선생을 아는 자가 대체로 드물다. 그러나 이곳(성호가 밝혀낸 우리 민족의 독자성)이야말로 진실로 선생의 학술이 근본하는 곳이니, 분명하게 밝힌 효력이 뭇 유자儒者들보다 뛰어난 것도 오직 그 때문이다."

'사실에 의거해서 독자성을 추구하는' 성호학에 이르러서야 비로소 이른바 '조선학'이라는 것의 성립 근거가 마련될 수가 있었다고 이해하는 것이 정인보의 견지였다. 그래서 천관우는 일찍이 이 「성호사설서」를 두고, "조선 후기의 신학풍을 실학實學으로 부르는 경향을 구체적으로 유도한 대표적인 문헌의 하나"라고 이해하였다.[2]

실상, 신간회의 해산 후로 정치적 민족운동은 자취를 드러낼 수가 없었으나, 또한 그같이 암담한 시공간일수록 자아의 정체성을 깨치고 보존해야 한다는 각성이 이제 '조선학' 운동으로 널리 전개되기에 이르렀다. 그 대표적인 사례가 다산 정약용 서거 100주년(1936)에 즈음하여 전개한 『여유당전서與猶堂全書』 간행 사업이었다. 이 『전서』 간행사업을 추진한 신조선사는

2 천관우, 「조선후기 실학의 개념 재론」, 『한국사의 재발견』, 일조각, 1974.

1934년 9월에 기념 강연회를 개최하였다. 이때 정인보는 '조선학에서 다산 선생의 지위'라는 제목의 강연을 통해 다산 실학을 '조선학'의 핵심이라고 하였다.

이때 '조선학'을 거론한 이들은 정인보, 안재홍, 문일평, 현상윤, 백남운, 최익한 등으로, 많은 학자들이 참여하였고 논의 또한 다양하였다. 그런데 이처럼 조선의 독자적 학술을 추구하다 보니 그 한가운데에 자연스레 실학이 거론되지 않을 수 없었다. 말하자면 실학을 중심으로 하는 조선학이 논의되고 정립되어갔던 것이다.[3] 그 가운데 정인보가 『동아일보』(1934년 9월 10~15일자)에 정약용의 실학을 조선학의 핵심으로 정립하면서 말한 「서론叙論」의 요지는 다음과 같다.

> 선생의 저술의 종지宗旨는 '우리의 낡은 나라를 새롭게 한다〔신아구방新我舊邦〕'의 네 글자가 그 두뇌이다. …… 선생은 학學이면 실학實學, 행行이면 실행實行, 정政이면 실정實政, 사事이면 실사實事, …… 모두 그 실實을 궁구하였다. …… 총괄하여 말하면 선생의 학은 실학이요, 실학의 귀요歸要는 '신아구방新我舊邦'이 그 골자이다. …… 선생이 아무리 100년 고인이라 할지라도 그 연원을 받은 마음과 그 저술을 남긴 마음은 조선에서 고금古今이 없을 것이다(「유일한 정법가政法家 정다산선생 서론」, 『담원국학산고薝園國學散藁』).

여기 '신아구방' 네 자는 『경세유표』의 취지라고 다산 자신이 묘지명에다 밝혀둔 말이다. 그런데 정인보는 다산의 저술 전체의 취지를 이 네 자로 요약할 수 있는 것이라고 이해하였다. 즉 구래의 '부실不實'을 '실實'로 대신함

3 실학을 중심으로 하고서 조선학이 정립되었다는 논지는 이미 앞선 연구에서도 대체로 피력되어 있다. 천관우, 위의 글. 임형택, 「국학의 성립과정과 실학에 대한 인식」, 『실사구시의 한국학』, 창작과비평사, 2000.

으로써 궁극적으로 "국가와 민생의 실리, 실익을 도모"하고, 그로써 '우리의 낡은 나라를 새롭게 한다'는 것이 다산 실학의 요체인 것으로 이해하였던 것이다.

그리고 정인보는 다시 다산 서거 100주년을 맞아 조선후기 실학의 계보를 정리하였다. "조선 근고近古의 학술사를 종합해보면 반계가 1조祖요, 성호가 2조요, 다산이 3조이다(「다산 선생의 일생」, 『담원국학산고』)."

여러 실학자 가운데서도 이들이야말로 그 학술의 사숙관계가 명백하고, 더욱이나 실학 가운데서도 '우리의 낡은 나라를 새롭게' 하려는 변법적 제도개혁론을 계승해가면서 주창하였다는 사실을 바탕으로 그러한 단안을 내리기에 이른 것이 아닌가 한다.

그런데 이미 이 시기의 실학연구는 곧 현실에 대응할 실행력을 양성하고자 하는 취지에서 전개되는 것이 아니었다. 그보다는 실학을 핵심으로 하는 '조선학'의 연구와 보급을 통해서 '조선인'으로서의 정체성을 정립하고 이를 '마음'속에서나마 굳세게 지켜가고자 하는 의미에서의 학술운동이었다. 그것은 곧 암담한 현실을 견디면서 살아가기 위한 민족운동의 일환이었던 것이다.

그런데 1937년 일제의 중국 침략으로 전시동원체제가 더욱 거세게 펼쳐지면서, 그 같은 형태의 민족운동마저 더더욱 위축되지 않을 수가 없었다.

5. 실학연구의 심화와 체계화(1950~1980년대)

해방 이후의 실학연구는 원칙적으로 종래의 연구를 계승하면서 무엇보다도 일제의 식민사관을 극복하고자 하는 방향으로 출발하였다. 먼저 천관우는 6·25전쟁이 진행 중인 1952~1953년에 「반계 유형원 연구」(『역사학보』 2~3)를 발표하였다. 그는 『반계수록』의 실증적 고찰을 통해 조선후기 사회의 실상을 배경으로 유형원의 사회개혁론을 분석하였다. 그래서 반계 실학의 역사적 성격이 자유성·현실성·과학성을 띤 것이라고 해명함으로써 식민사관의 정체성론을 극복하고자 하였다. 그는 또한 1970년대에는 실학의 개념에 관한 자신의 이론을 더 진전시켜, 실학은 "근대 지향의식과 민족의식의 두 척도를 아울러 충족시키는 경우가 전형적이라 할 수 있다"는 주장을 펴기에 이르렀다(「조선후기 실학의 개념 재론」).

1950년대에는 다시 홍이섭, 한우근, 김용덕 등에 의해 각기 다산 정약용, 성호 이익, 정유 박제가의 실학에 대한 연구가 진행되었다. 그 과정에서 한우근은 '실학'이라는 용어가 각 시기마다 현실에 절실한 학술을 가리켜 말하는 것이었다는 용례를 고찰하여 '실학'을 꼭 조선후기의 새로운 학술사조로만 국한하여 지칭할 것이 아니라고 주장하였다(「이조 실학의 개념에 대하여」, 『진단학보』 19, 1958.).

1960년대에 들어와서는 김용섭, 유원동, 강만길 등이 조선후기의 농업·수공업·상업 등에서 내재적 발전이 크게 일어나고 있었다는 사실을 논증하였다. 그러한 내재적 발전은 자본주의적 생산양식의 맹아로 연결될 수 있다는 함의의 연구도 잇따랐다. 그래서 조선후기의 실학은 그 같은 내재적 발전 현실을 직시하는 진보적인 사회개혁사상인 것으로 고찰해야 한다는 주장이 펼쳐지기에도 이르렀다(김용섭, 「조선후기의 농업문제와 실학」, 『동방학지』 17, 1976).

한편 실학의 철학적 성격에 관한 논의도 진행되었다. 먼저 유물론적 역사인식을 주장하는 쪽에서는 성리학의 '기氣'를 중시하는 주기론에서 실학이 진화하였다는 주장을 제기하였다(정진석 외, 『조선철학사』, 과학원출판사, 1962). 뒤이어 비슷한 주장이 일어났다. 즉 성리학의 '이기론' 가운데서 물질·현상의 원천인 '기'를 중시하는 주기론적 입장과 현실·실질을 중시하는 실학의 경우를 단순 연결하여 인식하는 견지였다. 그러나 이는 모두 사이비 유물론에 가까운 것이어서 객관적 명징성이 근본적으로 문제시되는 편이었다.

1970년대에는 실학연구가 더욱 크게 심화되고, 체계적으로 이해하려는 시도가 늘어났다. 먼저 역사학회는 이제까지의 사회경제사적 연구성과를 수용하는 바탕 위에서 1973년에 『실학연구입문』을 기획해 간행하였다. 이는 이우성의 「실학연구 서설」을 첫머리에 실은 다음, 젊은 학자들이 유형원, 이익, 이중환, 유수원, 박지원, 우하영, 박제가, 정약용, 최한기 등 주요 실학자들의 생애와 사상을 나누어 소개하였다. 여러 실학자들에 대한 연구를 기획적으로 집약해보는 이 같은 시도는 실학에 대한 관심이 그만큼 깊어지고 있음을 반영함과 동시에 또한 그 관심을 촉진하는 역할도 수행하는 의미 있는 일이었다.

또 1974년에는 유물론적 견지에서 실학을 새로 해석한 정성철의 『실학파의 철학사상과 사회정치적 견해』라는 책이 나왔다. 실학사상이 진보적 지식인들의 견지를 대변하여 서민층에 대한 일정한 배려를 나타내고는 있지만, 아직도 양반층의 봉건적 특권을 옹호하는 한계에 머물고 있었다는 비판이 실려 있다.

그리고 농업경제사를 줄기차게 연구해온 김용섭은 '실학파 사회경제론의 특징'이 '대토지소유 · 지주전호제를 개혁함으로써 소농경제를 안정시키고, 이를 통해서 국가재정도 충실케 하려는 것'이라고 이해하였다(「조선후기의 사회변동과 실학」, 『동방학지』 58, 1988).

나아가 실학과 개화사상의 연관을 구명하려는 연구도 이어졌다. 김영호는 「실학과 개화사상의 연관문제」라는 논문을 발표하였다(1972). 재일교포 학자인 강재언은 『한국의 개화사상』이란 저술을 냈는데(1984), 북학파 실학사상이 19세기 후기에 개화사상으로 전환하고 개화운동으로 발전하였다는 구체적 사안들을 고찰하였다.

한편 실학의 역사적 성격에 관한 더 깊은 검토가 이룩된 것도 이 시기였다. 먼저 이우성은 위의 논문에서 조선후기의 정치적·사회경제적 변동에 따라 지식인으로서의 사士 계층 역시 분화되고 있었다는 사실에 주목하였다. 그래서 '주자학적 세계주의'의 강고한 기치 아래 벌열이 독점적으로 지배하는 중세 해체기의 정치풍토에서, 사회경제적 변동에 따라 양심적 사士 계층의 '자아의 자각'이 일어나고, 이들에 의해 자국의 '실지 실정에 입각한 실제적 사고'를 위주로 하는, 독자적 성격의 실학이 전개되었음을 강조하였다. 즉 실학은 중세 해체기에서 중세적 보편주의를 극복하고자 하는, 그래서 자아의 각성과 그 새로운 정립이라는 현실적 과제를 추구한 독자적 학풍이라고 이해하였다. 그리고 실학에는 토지제도 등 제도개혁에 주안점을 둔 '경세치용학파'와 상공업·유통구조 등 기구·기술의 발전에 주안점을 둔 '이용후생학파', 그리고 고증학에 중점을 둔 '실사구시학파'의 유형이 있었다고 해석하였다.

이우성은 또 반계 유형원의 이기론에 관한 자료를 새로 발굴하여, '기氣보다도 이理가 우선한다'는 유형원의 실리론實理論에서 그의 변법론적 실학이 탄생하였다는 사실을 논증하였다.[4] 이 새로운 연구에 의해 주기론主氣論에서 실학이 나왔다고 하는 견지는 입지를 상실하기에 이른 것으로 평가된다.

6. 실학연구의 확대와 분화(1990년대 이후)

실학연구가 확대되면서 1991년에는 한국실학학회가 창립되고, 한·중·일 3국의 실학자들이 2년마다 번갈아 자국에서 국제실학대회를 개최하면서 현재에 이르고 있다. 이 학회는 1999년부터 『한국실학연구』를 학회지로 계속

4 이우성, 「초기 실학과 성리학과의 관계」, 『동방학지』 58, 1988.

간행하고 있다.

그리고 2000년에는 다산학술문화재단이 창립되어 학술지 『다산학』을 간행하면서 『여유당전서』의 정본화사업을 시작하였다. 또 다산학술상을 제정하여 실학연구를 장려하는 한편, 『다산학사전』 편찬도 진행하고 있다.

한편 2009년 10월에는 다산의 유적지에 경기문화재단이 실학박물관을 개관하여 실학 관련 유물들을 전시하면서 실학의 연구에 매진하는 동시에, 널리 청중을 모집하여 실학사상을 교육하고 보급하는 사업도 벌이고 있다.

개인이 운영하는 실학연구의 산실로서는 이우성 교수의 '실시학사'가 1990년부터 문을 열었다. 젊은 학자들이 경학반과 문학반으로 나뉘어 매주 연구와 토의를 계속하면서 주요한 연구 결과물들을 다수 출판하고 있다. 그리고 이 연구실은 2010년 10월 '재단법인실시학사'로 확대 개편되었고, 매년 몇 가지 과제를 선정하여 연구비를 책정하면서 실학연구를 촉진하는 길로 들어서기에 이르렀다.

1990년대 이래의 연구를 거치면서 실학의 범위와 계보의 윤곽에 관한 논의 또한 크게 진전되었다. 이를 요약하면, 실학의 선구를 이룬 학자로는 구암 한백겸(1552~1615), 지봉 이수광(1563~1628), 미수 허목 등을 들고 있다. 이들의 영향을 받은 반계 유형원에 와서 실학이 자체의 이론과 영역을 갖춘 학술로 체계화한 것으로 보았다. 그리고 18세기에는 성호 이익이 근기近畿 지역에서 일어나 서학西學까지를 일부 수용하여 기수器數의 학술은 진보한다는 확신하에 화이론적 역사관을 지양하면서 경세치용의 학풍을 크게 일으켰다.

또 한편으로는 서울을 중심으로 이용후생의 학풍을 개발하는 학자들이 속출하였는데, 담헌 홍대용, 연암 박지원, 영재 유득공(1749~?), 초정 박제가 등이 대표적이었다.

이윽고 다산 정약용은 성호학을 사숙하여 경세치용학을 본령으로 하면서도 서학을 일부 수용하고 다시 이용후생학까지를 포용하여 실학을 집대성하기에 이르렀다. 그리고 19세기에 들어서는 혜강 최한기(1803~1877)가 실학적 사유를 계승하면서 서양식 자본주의 문명을 서적으로 독파하고, 실학과 근대의 연결을 시도하는 많은 저술을 남기기에 이르렀다.

이상과 같은 실학연구의 성과 위에서 특히 2000년대에 들어와서는 동아시아 혹은 세계적인 학술 풍조와의 연관에서 실학을 고찰해야 한다는, 국제적 관심의 확대 현상이 일어나게 되었다. 가령 2009년도 한국실학학회가 주관하여 서울에서 개최한 국제실학대회는 '동아시아실학—그 의미와 발전'이라는 주제를 특집으로 마련하였다. 새로운 국제화시대를 맞아 실학연구는 앞으로 계속 더 넓은 국제적 안목을 요하게 될 것이다.

그런데 80, 90년대 이래 실학의 개념을 두고 특별히 새로운 해석을 내놓은 경우가 더러 나왔다. 먼저 성호학파까지는 실학자가 아니라 성리학자요, '홍대용, 박지원, 박제가, 정약용, 김정희, 최한기 등'은 '성 즉 리라는 것을 부정하여 탈성리학적 입장을 가지는' '북학사상가들'이라고 하여 이들을 실학자로 규정하는 경우가 있다.[5] 그러나 이들 모두를 '탈성리학적'인 경우로 인식한 사실부터가 정확치 않다는 사실을 주의해야 할 것이다.

그리고 실학과 근대와의 연관을 문제 삼는 시각 또한 반복적으로 제기되는 주제 중 하나이다. 심지어는 어느 외국인의 경우처럼 서양의 근대 합리주의를 기준으로 전제해놓고, 조선후기의 실학이 그 기준에 맞는지를 다각도로 평가하는 수고를 아끼지 않은 연구도 있다.[6] 한국의 근대도 물론 자본주의적

---

5 지두환, 「조선후기 실학연구의 문제점과 방향」, 『태동고전연구』 3, 1987.

6 Palais, James B., *Confucian Statecraft and Korean Institutions*, University of Washington Press, 1996. 이 연구는 반계 유형원의 실학을 중심으로 다루었다. 그러나 실학사상 전체를 두고서도 그 발상이 근대적 합리주의적인 것이 아니어서 국책으로 실용된 적이 거의 없으며, 또 실학사상의 원천이 중국 고전에서 나온 것이므로 창의성을 결여하였다고 평가한다. 그렇다면

근대가 되었다. 그러나 그 근대의 연원을 조선후기의 실학에서 찾거나 혹은 실학을 서양 자본주의 또는 합리주의와 단순 비교평가하는 것은 그 기준부터 전혀 타당하지 않다. 그런 연관에서는 실학의 독자성이 결코 긍정될 수 없고, 이른바 실학 부재론不在論으로 귀결되기 십상이다. 실학은 유학에서 나온 것이지만, 중세 해체기 현실의 장벽에 부딪혀 유학 경전의 원리를 독자적으로 해석하면서 현실을 개혁하려는 논리와 이론을 독자적으로 개발한 학풍이었던 것이다.

나아가 실학은 "주로 18세기에 조선사회의 주도층으로 대두한 경화사족"이 담당한 학풍이라는 주장도 있다. 즉 "전통 주자학의 내재적 발전과정에서 등장하여 현실의 변화에 부응하는 실용적 학풍을 특징으로 했던" 것이라는 주장이다.[7]

실학이 과연 18세기 '전통 주자학의 내재적 발전과정에서 등장'한 것인지의 논란은 끝이 없을 것이다. 그런데 실학자들이 주자학—성리학—을 전면 거부한 것은 결코 아니지만, 그러나 심성론 위주의 성리학적 경세론에는 결코 동의하지 않는 면에서는 이른바 '탈성리학적' 성격을 띠고 있었다. 그래서 국가와 사회의 구조적 현 실태에 관한 독자적 개혁안을 제시할 수가 있었다는 사실을 직시해야 할 것이다.

그리고 17, 18세기는 "중세사회의 해체기라기보다 중세후기로서 소농小農사회의 고양기"요, "18세기 말에 이르러 조선성리학이 그 자신의 절정기에 도달"했다는 이해 아래, "결국 실학이란 16세기에 토착화한 조선성리학이 18세기 소농사회의 성숙이라는 사회경제적 변동을 맞아 그에 작용하거나 규

서양의 중세 · 근대사상은 모두 그 각국이 창안해낸 고유사상이었는지의 문제부터 생각해볼 일이다.

7 유봉학, 「조선후기 경화사족의 대두와 실학」, 『다시, 실학이란 무엇인가』, 푸른역사, 2007.

정되면서 이상적인 사회관계와 국가형태를 모색한 일련의 성리학적 합리주의의 고양 형태"라고 하는 주장도 나왔다.[8]

그런데 조선후기 농업경제의 최대현안은 지주·전호제의 확대 현상이요, 전소농田少農·무전농無田農의 해소문제였다. 홍대용, 박지원 같은 북학론자조차 한전론限田論·정전론井田論을 절실하게 생각지 않을 수 없는 까닭이 거기 있었다. 예시한 대로 당시가 '소농사회의 고양기'라면 '성리학적 합리주의의 고양 형태'로서의 '이상적인 사회관계와 국가형태를 모색'하는 실학을 추구한 독자적 동기가 그다지 절실하였을 것 같지는 않다. 그래서 실학을 두고 '성리학적 합리주의의 고양 형태'라고 간주하는 것인가.

그런데 위 논문의 다산 실학에 대한 평가는 특출하다. "성리학적 사유체계 내에서도 작위作爲의 주체는 태어날 수 있다"라는 전제 아래, "19세기 다산의 사유체계에서 발견되는 작위의 왕정王政은 조선성리학만의 순수한 혈통이 아니라 서학 및 일본유학과의 교배 속에서 탄생한 혼혈종이다. 그렇게 서구의 근대는 이미 조선의 근대로 내재화하고 있었던 것"이라 하였다. 그렇게 형성된 "다산 실학에서 전통 성리학이 보장하는 인간관계와 자연현상을 관류하는 자연주의적 조화와 질서는 없다. 모든 인간관계는 작위적으로 구축된 제도와 도덕규범에 통합될 수밖에 없다. 다산 실학의 기본 줄기는 이렇게 '자연에서 작위로' 라는 기본 명제로 요약된다. 그리고 바로 그 점에서 다산의 사유체계는 명확히 인간사유의 발달사에서 근대를 지향하고 있다." "다산의 사유체계에 있어서 도덕·윤리와 정치·법령은, 나아가 사회와 국가는 분리되고 있었다. 바로 이 점이야말로 우리가 인간사유의 발달사에서 보편적으로 발견할 수 있는 근대성의 핵심적 요소이다."

8 이영훈, 「18~19세기 소농사회와 실학」, 『한국실학연구』 4, 2002.

여기 '자연에서 작위로'라는 명제라든가 혹은 도덕과 정치의 분리, 국가와 사회의 분리현상이란 것은 모두가 중세에서 근대로 전환하는 지표가 되는 것이라는, 서양식(일본식) 표현방식이다. 물론 비슷한 지표를 다산에서도 발견할 수는 있다. 그런데 농민은 자기 군현 안에서만 농사를 지을 수 있고, 상·공인은 주거 군현의 읍성邑城 안에서만 영업토록 한다는 다산 실학에서, 과연 '사회와 국가는 분리되고 있었다' 할 수 있는가. 더구나 '도덕과 정치의 분리'와 같은 이른바 '근대성'을 기준 삼아 말한다면, 다산은 그보다 200년 전에 살았던 마키아벨리에도 까마득히 못 미치는, 치명적으로 낙후한 '실학' 탐구에 애쓰고 있었던 셈이 된다.

그리고 또한, '근대를 지향'하는 다산 실학의 사유체계는 이미 '조선 성리학만의 순수한 혈통이 아니라', 서학 등 외래사상을 통해 '서구의 근대'가 '조선의 근대로 내재화'하기에 이른 것이라는 해석도 특이하다. 이렇듯 '조선 성리학'과 서학 등이 만나 다산 실학을 이루었다면, 젊은 시절부터 착수하고 산출한 다산 실학의 독자적 입지는 전혀 긍정할 수 없다는 것인가. 혹 유배 이전의 다산은 '순수한' '조선 성리학'자였다는 뜻인가.

서학이라는 것이 다산의 사유체계 형성에 중요한 인자로 작용한 것은 사실인 듯하다. 서학을 수용하면서 그의 실학은 더욱 독자성을 띠게 되었다. 그래서 "수없이 남에게 배척을 받아 더욱 위태롭게 되고, 벼슬길에 오른 지 11년 동안 일찍이 하루도 조정에서 마음 편한 날이 없는(「형조참의 사직 상소」)" 상태에서도 그는 줄기차게 독자적 실학론을 제시하였다. 그 연장선에서, 그는 유배생활의 한가로움을 통해 우선 경학연구의 도저한 신경지를 개척하고, 그 바탕 위에서 더욱 체계적인 경세론을 고안할 수가 있었던 것이다.

7. 맺음말

실학은 유파에 따라 주장 또한 다양하지만 그 기본은 제도와 기술의 개혁·개발을 통해 권력과 재부財富의 편중에서 야기되는 비리와 인습을 극복하고, 모든 주민이 각기의 자영적自營的 직임을 분업적으로 맡아 재능을 키우고 발휘하게 함으로써 인간다운 삶을 살도록 하며, 그래서 결국 조화롭고도 부강한 국가를 실현할 길을 모색한 학풍인 것으로 집약할 수 있다. 실학은 그 개혁론도 중요하지만, 그 개혁론의 객관적 실현성을 증빙하기 위해 당시의 현실을 더없이 객관적으로 분석한 자료들의 고전적 가치 또한 더없이 귀중하다.

실학은 그 발흥 당시부터 이미 자체의 독자성을 상호 간에 긍정적으로 인식하고 있었다. 근래의 연구로는 실학이 특히 중세 해체기의 변법적 개혁론으로서의 독자적 의미를 갖는다는 데에 크게 공감하고 있다. 인습적으로 적체된 지리멸렬한 현실태의 비리非理를 근본적으로 극복하기 위해 실학은, 소위 '조종의 법제'와 '주자학 이데올로기'라는 양대 통치기준에 얽매이지 않고, 실로 다양한 개혁론들을 제기하지 않을 수 없었다. 그래서 실학의 독자적 성격이 구현될 수 있었던 것이다. 그 가운데에는 유교문화권인 중국과 우리나라 전근대의 국가정책 논의 및 그 집행과 관련된 온갖 인간들의 다양한 삶의 굴곡들이 어떻게 전개되는가의 역사적 원형原型들을 곡진하게 해석해두고 있다.

그런데 최근에는 그 같은 실학의 독자성이란 것에 이의를 제기하는 연구가 더러 나왔다. 별도의 돌파구를 찾아 새로운 해석을 내려보고자 하는 학술적 시도는 긍정적이다. 그러면서도 지금까지 논의되어온 실학의 독자성 자체를 부정하는 일은 더 신중한 검토를 요하는 문제일 것이라고 판단된다. 그 독자성을 포용하면서도 더 깊고 높은 연구를 추진하는 일이야말로 더없이 널리 열려 있는 바람직한 길이 아닌가 하고 생각해본다.

실학개념 논쟁과 그 귀결

조성산

1. 머리말
2. 실학개념 논쟁의 발생원인
3. 실학개념의 형성사
4. 논쟁의 논점
5. 논쟁의 귀결: 진행형으로서의 실학개념

1. 머리말

조선후기 실학實學연구는 전근대 한국사 연구의 중요한 주제이자 성과이다. 1930년대부터 본격적으로 연구되어온 실학연구는 80년의 역사를 가진 중요한 역사개념으로서 조선후기 역사현상을 설명하는 데 없어서는 안 되는 것으로 인식되어 왔다. 그동안 실학개념에 대해서 적지 않은 논란이 있었지만, 그럼에도 불구하고 여전히 실학이 갖는 역사성은 지금도 조선후기사 이

趙成山 고려대학교 민족문화연구원 HK연구교수.
저서로는 『조선후기 낙론계 학풍의 형성과 전개』(지식산업사, 2007), 공저로는 『유교적 사유와 삶의 변천』(두산동아, 2009), 『옥소 권섭과 18세기 조선 문화』(도서출판 다운샘, 2009), 『조선후기사 연구의 현황과 과제』(창작과비평사, 2000), 공역으로는 『정조시대 천주교사 자료집 2』(한국순교자현양위원회, 1999), 논문으로는 「18세기 후반~19세기 전반 '朝鮮學' 형성의 전제와 가능성」(『東方學志』 148, 2009), 「조선후기 소론계 古代史 연구와 中華主義의 변용」(『歷史學報』 202, 2009), 「18세기 후반~19세기 전반 對淸認識의 변화와 새로운 中華 관념의 형성」(『韓國史硏究』 145, 2009) 등이 있다.

해에 깊은 영향을 끼치고 있다. 어떠한 개념이 80년의 생명력을 가졌다는 것은 그 안에 그것이 상징하는 어떠한 현재성과 역사성을 가지고 있다는 것을 의미한다. 과연 그러한 현재성과 역사성은 무엇이며 또 어디로부터 유래했는가 하는 점은 본 글의 중요한 주제이다.

실학의 현재성과 역사성이 실학개념 자체에서 발생했는지, 아니면 실학을 만들어낸 문제의식이나 그것이 다루는 인물들과 사유체계로부터 나온 것인지는 현재에도 논의 중이다. 아마도 이 모든 것들이 실학개념을 80년이라는 적지 않은 시간 동안 생명력을 유지할 수 있게 한 기제였을 것이다. 실학개념의 논쟁과 귀결점의 문제는 80년 동안 이어져온 실학의 정신사, 개념사를 논하는 문제이다. 실학개념의 역사와 현재, 그리고 현재 진행되고 있는 실학연구를 조망해 봄으로써 현대 한국사학의 중요한 역사개념인 실학의 문제를 살펴보는 기회를 가져보고자 한다.[1]

---

1 실학연구에 대해서 포괄적으로 논한 비평적인 글들은 다음과 같다. 정호훈, 「한국의 실학연구와 『東方學志』」(『東方學志』 151, 2010) ; 임형택, 「동아시아 실학의 개념정립을 위하여」(『韓國實學硏究』 18, 2009) ; 김경미, 「인문적 삶을 위한 전통의 복원―21세기 실학연구의 전망과 지향―」(『인문과학』 43, 2009) ; 정호훈, 「한국 근현대 실학연구의 추이와 그 문제의식」(『다산과 현대』 2, 2009) ; 한영우, 「'실학' 연구의 어제와 오늘―실학 개념의 재정리―」(『다시, 실학이란 무엇인가』, 푸른역사, 2007) ; 허태용, 「북학사상을 연구하는 시각의 전개와 재검토」(『오늘의 동양사상』 14, 2006) ; 이봉규, 「21세기 실학연구의 문법」(『한국실학사상연구 1』, 혜안, 2006) ; 조성을, 「'조선후기 실학' 연구의 현황과 과제」(『한국사상사입문』, 서문문화사, 2006) ; 신항수, 「비판적 시각으로 살펴본 실학연구」(『내일을 여는 역사』 19, 2005) ; 원재린, 「실학연구의 진전을 위한 모색」(『내일을 여는 역사』 19, 2005) ; 임형택, 「21세기에 다시 읽는 실학」(『大東文化硏究』 42, 2003) ; 김현영, 「'실학' 환상인가 실체인가」(『한국 전근대사의 주요 쟁점』, 역사비평사, 2002) ; 최성환, 「조선후기 실학연구와 국사교과서의 實學觀」(『尹世哲敎授停年紀念歷史學論叢―역사교육의 방향과 국사교육 2』, 2001) ; 권순철, 「'실학'을 다시 생각한다」(『전통과 현대』 11, 2000) ; 임원빈, 「실학의 역할과 진로」(『東方學志』 108, 2000) ; 류인희·임원빈·취룽수이, 「남북한 실학사상 연구의 문제들」(『東方學志』 103, 1999) ; 정병련, 「실학연구의 문제점과 그 전개과정」(『동양철학연구』 19, 1999) ; 원유한, 「實學 및 그 展開에 관한 諸說의 정리」(『國史館論叢』 81, 1998) ; 도널드 베이커 저·김세윤 역, 「실학개념의 사용과 오용」, 『조선후기 유교와 천주교의 대립』(一潮閣, 1997) ; 강명관, 「조선후기 한문학 연구의 새로운 지평

2. 실학개념 논쟁의 발생원인

앞서 언급했듯이 조선후기 역사를 해석할 때 실학은 빠질 수 없는 중요한 개념이었다. 수많은 연구자들이 이 실학개념을 통하여 조선후기 역사의 변화를 이해하였고, 이를 기반으로 조선후기 역사상을 정립하였다. 이 시기 새로운 사상과 문화 사조를 하나의 흐름으로 설명하고 정리하는 데 실학은 유효한 개념이었던 것이다. 비록 그 변화의 흐름이나 방향에 대해서는 적지 않은 이견이 있었으나 그 사유의 변화 과정을 실학의 문제와 연계시키는 것에는 대체로 합의하였다. 이처럼 80년 동안 지속된 실학연구에는 많은 연구자들이 공유하는 어떠한 '시대정신'이라는 것이 내재되어 있었다. 실학이라는 용어는 설사 충분하지는 않았다고 하더라도 그러한 공유된 시대정신을 표현하는 데 적합한 용어이었기에 광범위하게 퍼져나갈 수 있었다.

하지만 이 실학개념에 대해서 적지 않은 논란이 있었던 것도 사실이다. 이러한 논란이 있었던 첫 번째 원인은 실학개념 자체가 당시에 형성된 것이라기보다는 후대에 만들어진 것이기 때문이다. 실학사상은 당대인들이 직접

모색」(『韓國漢文學硏究』 19, 1996) ; 조광, 「朝鮮後期 實學硏究의 硏究動向과 展望」(『何石 金昌洙 敎授 華甲紀念史學論叢』, 범우사, 1992) ; 한국역사연구회 17세기 유학사상사반, 「조선시기 유학사상 연구: 쟁점과 과제」(『역사와 현실』 7, 1992) ; 김용옥(『讀氣學說』, 통나무, 1990) ; 김현영, 「실학연구의 반성과 전망」(『중세사회 해체기의 제문제(上)』, 한울아카데미, 1987) ; 지두환, 「조선후기 실학연구의 문제점과 방향」(『泰東古典硏究』 3, 1987) ; 정창렬, 「實學思想 연구의 爭點과 課題」(『韓國思想의 深層硏究』, 우석, 1982) ; 천관우, 「朝鮮後期 實學의 槪念 再論」(『韓國史의 再發見』, 一潮閣, 1977) ; 천관우, 「朝鮮後期 實學 槪念의 再檢討」(1967, 延世大學校 第1回 實學公開講座, 『韓國史의 反省』, 신구문화사, 1973) ; 이우성, 「實學硏究序說」(『實學硏究入門』, 一潮閣, 1973) ; 천관우, 「韓國實學思想史」(『韓國文化史大系』 VI, 고려대 민족문화연구소, 1970) ; 이우성, 「實學硏究序說」(『實學硏究入門』, 一潮閣, 1973) ; 천관우, 「'實學' 槪念成立에 관한 史學史的 考察」(『李弘稙博士 回甲紀念 韓國史學論叢』, 신구문화사, 1969) ; 김용섭, 「最近의 實學 硏究에 대하여」(『歷史敎育』 7, 1963).

'실학파實學派'로서 자신들을 구성하고 만들어낸 사상이 아니었고,[2] 후세 연구자들에 의해서 만들어진 것이었기 때문에 불가피하게 개념규정에 있어 많은 문제점들을 갖지 않을 수 없었다. 그러한 점에서 일단 실학개념이 가지고 있는 자체의 문제점을 인정해야 한다. 당대에 명확한 외연과 범주를 갖는 것조차 해석상 논란이 있을 수 있는데, 현 실학개념은 그것이 포착하고자 하는 대상으로부터 많게는 300여 년의 시간적 간극을 두고 만들어졌다. 이처럼 처음부터 실학개념의 통일성과 단일성은 기대하기 어려운 면이 있었다.

두 번째 원인으로는 실학이라는 말 자체의 추상성에 있다. 실학은 '실제의 실용적인 실천적 학문'이라는 의미를 가지고 있다. 이 말은 추상적인 것으로서 모든 학문은 자신을 '실학'이라고 할 것임은 자명하다. 그러할 때 과연 '조선후기 실학개념이 학술용어로서 구체성을 가질 수 있느냐' 하는 문제가 제기될 수 있다. 어떠한 용어가 학술개념어로 명확하게 사용되기 위해서는 그 개념이 분명한 외연을 갖추어야 한다. 하지만 실학개념에는 그러한 구체성이 부족한 감이 없지 않다. 특히 실학이라는 말속에는 실학이 상대하는 학문, 즉 성리학을 허학虛學으로 규정한다는 의미가 내포되어 있다. 이렇게 볼 때 실학이라는 말속에는 구체적인 대상보다는 '실實'과 '허虛'라는 가치 판단적인 요소가 상당 부분 함의되어 있는 것이다. 그러한 이유로 실학개념을 둘러싸고 과연 그 '실'이 갖는 의미와 외연이 어디까지인지에 대한 개념논란은 불가피한 측면이 있었다.

세 번째 원인으로는 실학연구가 갖는 다양한 목적성을 들 수 있다. 그간 실학연구는 다양한 목적과 방향 속에서 이루어졌다. 그리고 그 목적과 연구방향으로 인해서 실학개념은 유동적으로 변화하였다. 연구목적과 방향에 따라

2 조광, 「실학사상의 현대적 의미」, 『조선후기 사상계의 전환기적 특성』, 경인문화사, 2010, 342쪽.

실학개념이 변화하였던 것은 일차적으로 실학개념이 가졌던 불철저성에 기인한다. 실학개념 자체가 당대 역사 속에서 연역적인 실체로서 규정되었다면 연구목적과 방향, 대상에 따라 개념이 변하는 혼선을 빚지 않아도 되었을 것이다. 하지만 그렇지 않았기에 다양한 연구목적에 따라서 실학개념도 조금씩 변화하였다.

이상과 같이 실학개념 논쟁은 불가피한 측면이 없지 않았다. 하지만 80년 동안 실학개념이 유지될 수 있었던 것은 모순되게도 실학개념이 갖는 불철저성에 한편으로 기인하고 있다고 생각한다. 실학개념은 처음부터 실체적인 개념보다는 의미부여의 개념적 성격이 강했기에 조선후기 변화상을 규명하고자 하는 목적 속에서 내적 변화를 거듭해갈 수 있었다. 이 과정에서 불완전한 실학개념을 완전하게 하고자 하는 노력이 끊임없이 시도되었고, 그러한 노력으로 인해 실학개념은 계속해서 보완되었다. 흥미롭게도 불완전성이 실학개념을 진화시키는 힘이 될 수 있었던 것이다. 또한 이러한 연구의 목적 못지않게 실학이 다루는 인물들과 대상들이 다양한 해석의 가능성을 주었다는 점에도 주목해야 한다. 실학개념이 불철저함에도 불구하고 진화를 거듭하며 유지될 수 있었던 것은 실학개념이 담고 있는 문제의식과 함께 실학이 다루는 인물들이 갖는 독특성 때문이기도 했다. 그들의 사유체계는 동시대 다른 인물들과 비교해 볼 때 특이한 것이었으며 이에 대한 다양한 관점의 해석은 실학개념을 보완해나가는 데 중요한 바탕이 되었다.

3. 실학개념의 형성사

실학개념의 역사는 한국 현대사학사를 이해하는 데 있어 중요한 자산이다. 한국사 속에서 어떤 한 역사용어가 80년 동안 지속적으로 변화해온 전례를 찾기 힘들다는 것이 이를 잘 말해준다. 실학개념의 역사에는 한국의 현대 지성사가 고스란히 녹아 있는 것이다. 이러한 관점에서 실학개념의 형성사를 살펴보면 각 시기마다 가장 중요하고 예리한 문제의식들이 실학연구에 담겨 있음을 보게 된다. 각 시기별 중요한 연구 성과들을 검토해 봄으로써 각 시기 연구자들의 문제의식을 살펴볼 수 있다.

실학논의의 연원은 1860년대 개화기에서부터 1910·1920년대에까지 소급해갈 수 있지만[3] 이 시기 실학논의는 현실타개책의 성격이 강하여 연구대상으로서의 실학논의는 아니었다.[4] 우리가 아는 연구대상으로서의 실학개념은 대체로 1930년대를 거치면서 형성되었다. 1930년대는 주지하듯이 민족운동의 방향이 새롭게 모색되던 시점이었고 이 과정에서 민족주의자들에 의해서 '조선학운동'이 활발히 일어났다. 이 시기 '조선후기 신학풍新學風 혹은 신사조新思潮'를 근대 학술용어로서 실학이라고 지칭한 것은 최남선의 『조선역사朝鮮歷史』(1931)에서 처음 등장했다.[5] 이후 1935년 다산 서거 100주년(1936)을 맞이하여 정인보(鄭寅普, 爲堂, 1893~1950), 안재홍(安在鴻, 民世, 1891~1965) 교정의 『여유당전서與猶堂全書』가 나오고 정약용(丁若鏞, 茶山, 1762~1836)의 사상이 재조명되면서 안재홍, 문일평(文一平, 湖巖, 1888~1936), 백남운(白南雲, 東岩, 1894~1979), 정인보, 최익한(崔益翰, 滄海, 1897~?) 등의 연구자들은 조선후기 새로운 사상경향을 실학으로 명명하고 적극적인 학술활동을 전개하였다. 기초적인 실학개념은 이 시기에 마련되었다고 볼 수 있다.

이 시기 등장한 '조선혼', '오천년 얼' 등 조선의 정체성을 강조하는 조선학운동의 과정에서 실학은 조선 문화에 자부심을 보여줄 수 있는 중요한 개

3 이 시기 실학논의에 대해서는 천관우, 앞의 논문(1977), 124~130쪽 참조.

4 정창렬, 앞의 논문, 307쪽.

5 천관우, 앞의 논문(1977), 134쪽.

념이었다. 하지만 이 시기 실학개념은 의독구실依獨求實, 실사구시實事求是라는 표현에서 보듯이 사실과 진실을 추구한다는 다소 추상적이고 방법론적 관점에서 규정되었다.[6] 실학의 개념은 실사구시라는 방법론적 의미로 사용되고 있었던 것이다. 이렇게 시작된 실학개념은 해방 이후 본격적으로 조선 역사에 중요한 역사개념으로 자리 잡게 되었고 그 시작을 연 것은 천관우였다. 그는 실학의 개념을 자유성, 현실성, 과학성으로 규정하였고 실학이 곧장 근대사상은 아니지만 근대정신의 내재적인 태반의 역할을 담당하였다고 하였다.[7] 그의 실학연구는 최남선과 정인보의 영향을 받았던 것으로[8] 1930년대 조선학운동의 연장선상에 있었다. 천관우 연구를 시작으로 다수의 실학연구가 이어졌고 그들은 실학의 실증적 성격과 과학성을 한결같이 강조하였다.

천관우의 실학개념 규정과 함께 한우근, 전해종의 실학개념에 대한 재고도 주목해야 한다.[9] 한우근과 전해종은 실학이라는 말의 개념상 문제점을 지적하였다. 실학은 조선후기와 같이 어느 특정 시기에만 사용된 용어가 아니라, 고려 말 조선 초 불교에 대항한 주자학도 당시 실학이라고 불렸던바, 조선후기에만 실학이라는 말을 사용할 수는 없다고 주장하였다. 이러한 주장은 실학개념 논쟁을 불러일으켰다. 실학이 현대적인 학술용어로서 자리 잡기 위해서는 실학 용어의 객관화가 필요했고, 좀 더 엄밀한 검증이 필요했다는 점에서 한우근, 전해종의 문제제기는 의미가 있었다.

1960년대 들어와 실학연구는 양적으로나 질적으로 비약적인 발전을 이루

---

6 예를 들어 실학을 정인보는 依獨求實의 學으로 문일평은 實事求是學으로 정의하였다. 이에 대해서는 천관우, 앞의 논문(1970), 987~995쪽 참조.

7 천관우, 「柳馨遠硏究(下)」, 『歷史學報』 3, 1953, 135~139쪽.

8 김현영, 앞의 논문, 313쪽.

9 한우근, 「李朝 '實學'의 개념에 대하여」, 『震檀學報』 19, 1958. 전해종, 「釋實學」, 『震檀學報』 20, 1958.

었다. 1960년대는 한국전쟁의 상흔을 극복하고 한국 사회가 본격적인 근대화를 촉진하던 때였다. 또한 자주적 근대화와 함께 민주주의, 민족주의 등의 이념도 이 시기 지식인 사회의 주요한 화두였다.[10] 그러한 점에서 한국역사와 사회의 내재적 발전은 한국사학계에서 가장 중요한 문제의식 중 하나였다. 내재적 발전론, 자본주의맹아론 등은 실학연구에도 영향을 끼쳐 실학은 이러한 문제의식을 반영하는 사유로서 인식되었다. 실학파 대두의 배경으로서 내부적인 요인이 강조되는 것이라든가[11] 실학의 실實이 "전근대정신前近代精神에 대립하는 근대정신近代精神을 몰민족정신沒民族精神에 대립하는 민족정신民族精神"[12]의 의미로 규정되는 것은 당시 한국사의 고민과 문제의식을 보여준다. 이러한 '근대'와 '민족'은 매우 오랜 시간 동안 실학뿐만 아니라 조선후기사를 이해하는 데에도 중요한 핵심개념이었다.

근대와 민족이 강조되던 1960·70년대를 지나 1980·90년대에 오면서 기존 실학개념에 일정한 균열이 일어났다. 실학개념의 균열은 한국사 이해방식의 확대와 깊은 관련성을 가졌다. 즉 이것은 단순히 실학 분야에 국한되어 생겨난 문제는 아니었던 것이다. 한국사 전체 속에서 다양한 학문의 방법론과 방향이 모색되면서 한국사에 대한 새로운 이해들이 시도되었다. 이러한 움직임들은 실학연구에도 영향을 끼쳐 기존의 견해를 비판하거나 보완하는 많은 의견들이 제시되었다.

1980년대에 성리학 연구가 활발해지면서 성리학과 실학의 비교 논의도 활발해졌다.[13] 성리학에 대한 새로운 이해들이 싹트고 변동의 문제보다는 구조

10 천관우, 앞의 논문(1977), 109~112쪽.
11 김용섭, 앞의 논문, 134~137쪽 참조.
12 천관우, 앞의 논문(1973), 165쪽.
13 이에 대해서는 낙론 성리학과 북학사상을 논한 다음 논문을 참조. 유봉학, 「北學思想의 形成과 性格」, 『韓國史論』 8, 1982.

의 문제가 중시되는 과정에서 기존 실학연구에 대한 많은 비판이 제기되었다. 이에 따라 성리학과 실학이 과연 명확한 경계선을 갖는 것인가 하는 의문과 함께 양자에 대한 개념 문제도 논의되었다. 조선시대 성리학의 성격문제와 그것에 상대되는 사상으로서 실학과의 관계성 문제에 대한 검토는 실학의 기존 개념을 다시 생각하게 하는 계기가 되었다. 그 과정에서 '성즉리性卽理'를 성리학의 중요한 성격으로 파악하고 이를 인정한 성호학파星湖學派는 성리학으로, 이를 부정한 북학사상北學思想은 실학으로 규정해야 한다는 의견이 제시되기도 하였다.[14]

사실 이러한 문제제기의 배경에는 실학이라는 용어의 범람이 자리하고 있었다. '근대'와 '민족'이라는 것을 가지고 실학의 범위를 무한대로 확장하려는 일부의 접근은 실학개념의 확대가 아니라 오히려 실학개념을 해체하는 결과를 만들어낼 위험이 있었다. 모든 것이 실학이라면 사실 그 어떤 것도 실학이 아니게 되기 때문이다. 실학의 범위 문제를 놓고 좀 더 치밀한 범위 설정 작업이 이어졌다. 특히 그동안 자명하게 인식되어오던 '근대성'에 대한 본질적인 문제제기는 '민족성'과 함께 실학연구를 받치고 있던 중요한 한 초석을 흔들었다. 1990년대 이후 포스트모더니즘을 통한 근대성 비판과 근대성을 절대적인 것이 아닌 상대적인 것으로 보고자 하는 견해 등은 실학연구에도 많은 영향을 끼쳤던 것이다.

예전의 경우와 같이 실학=근대성의 구도는 근대성 개념 자체가 의심되는 상황에서 흔들릴 수밖에 없었다. 자연스럽게 실학에 대한 새로운 개념 모색이 이루어져야 했다. 그 가운데 근대성에 대한 본질적인 문제제기 속에 실학개념을 전면 재조정하거나 폐기해야 한다는 주장도 있었다.[15] 또한 일률적인

14 지두환, 앞의 논문.

15 김용옥, 앞의 책.

실학의 이해 속에서 실학사상의 다양한 가능성과 사유의 지점들을 놓칠 수 있다는 우려도 나왔다.[16] 이와 함께 실학 담론이 갖는 문제점을 지적한 연구도 발표되었다. 실학개념이 선입견으로 작용하고 그것이 하나의 담론으로서 작동하면서 연구의 방향을 '민족'과 '근대' 찾기로만 규정한다는 것이었다.[17]

1990년대의 근대성 비판 이후 2000년대에 발견되는 흥미로운 현상은 실학자들에 대한 논의가 근대와 민족 담론에서 일부 벗어나 탈근대주의, 즉 포스트모더니즘과 일부 조응하는 경향도 보이고 있다는 사실이다. 예컨대, 박지원(朴趾源, 燕巖, 1737~1805)의 경우에는 탈근대적인 시각에서 볼 때에도 여전히 '주목되는' 인물이었다.[18] 탈근대적인 시각뿐만 아니라 실학연구에서 다루어졌던 인물들은 다양한 연구주제와 목적 속에서 중요한 대상으로 인식되고 있다. 가령 소농사회론小農社會論과 실학의 결합 시도 또한 그것의 한 예증이 될 수 있다.[19] 조선후기 신학풍을 주도한 인물들이 가졌던 문제의식이 그만큼 다양하고 넓었기 때문에 이러한 것들이 가능할 수 있었다.

실학자로 불리는 사람들은 자신이 속한 사회에서 어떠한 균열의 지점들을 발견하였고, 그 균열의 지점들을 채우기 위하여 저작을 남겼다. 그러한 이유로 많은 실학자들은 이미 당대에서부터 중요한 학문적 영향력을 가졌으며, 사회적 관계망들을 통하여 서로에게 사상적 영향을 주고 있었다. 그렇게 볼 때 실학연구에서 다루는 인물들이 반드시 후대에 전적으로 발굴되고 발견된 것만은 아니었다. 물론 실학자들이 주자학이나 양명학처럼 분명한 '학파'를 이

16 이러한 지적에 대해서는 도널드 베이커 저 · 김세윤 역, 앞의 책, 233쪽 참조.
17 강명관, 앞의 논문.
18 고미숙, 「나비 또는 전사, 연암의 글쓰기와 '탈근대적 비전' 탐구」, 『나비와 전사』, 휴머니스트, 2006.
19 이영훈, 「18~19세기 小農社會와 實學—實學 再評價—」, 『韓國實學硏究』 4, 2002.

루고 활동하였던 것은 아니었지만, 그럼에도 불구하고 그들은 서로의 존재를 어느 정도 인지하고 있었고 비록 일부이기는 했지만 진지한 교유도 하였다.

예를 들어 유형원(柳馨遠, 磻溪, 1622~1673)의 『반계수록磻溪隨錄』은 당파를 떠나 읽혔고, 홍계희(洪啓禧, 淡窩, 1703~1771)와 같은 노론 인물에 의해서 간행되었다.[20] 박지원은 유형원의 경세적 능력을 높이 평가하여 「허생전許生傳」에서 그를 군량軍糧을 조달할 만한 재능 있는 인물로 묘사했다.[21] 이익(李瀷, 星湖, 1681~1763)의 『성호사설星湖僿說』 또한 널리 알려져 있었다.[22] 박지원을 위시로 한 북학파에는 정철조(鄭喆祚, 石癡, 1730~1781)와 같은 소북小北 계열의 인물들도 있었으며 그들은 당파를 떠나 돈독한 우정을 나누고 있었다. 정약용과 그의 제자들은 이익의 학문을 계승하면서도 박지원의 『열하일기熱河日記』, 박제가의 『북학의北學議』를 통하여 북학사상을 인지하고 발전시키기도 하였다.[23]

---

20 홍계희는 英祖에게 『반계수록』을 간행할 것을 元景夏(1698~1761)와 함께 다음과 같이 청하였다. 柳馨遠, 『磻溪雜藁』(1989, 驪江出版社) 附錄 「磻溪先生年譜」(柳發 草錄 · 安鼎福 修輯 · 李家源 謹校), "二十二年 丙寅 命儒臣洪啓禧 撰進先生本傳 洪登對時 奏先生學問之博 及所著隨錄 上俯詢先生事實 因 命撰傳以進 時洪以參贊官入侍 言及先生 知事元景夏 曰柳某所著隨錄 乃經世之大務 參贊官 篤好之 嘗謂皆可用也 洪曰其書止大廣博 必有所益 臣謂分付兩南道臣 刊行可也 上曰其書 自玉堂復入之 元曰參贊官 多讀古書 但持論甚偏 柳某與今人色目不同 而參贊官 以公心尊慕其人 篤好隨錄 豈不好哉 上遂有是命"

21 朴趾源, 『燕巖集』 卷14 「玉匣夜話」, "卞氏曰 方今士大夫 欲雪南漢之恥 此志士扼腕奮智之秋也 以子之才 何自苦沉冥以沒世耶 許生曰 古來沈冥者 何限 趙聖期可使敵國而老死布褐 柳馨遠(磻溪居士) 足繼軍食 而逍遙海曲"

22 洪吉周, 『沆瀣丙函』 卷7 叢秘紀 三 睡餘瀾筆 下, "星湖僿說 李瀷之所著也 瀷博識有文章 是書上自天文星曆以至政事文章方術技藝 無所包括 世盛稱其淹博有用"

23 丁若鏞, 『與猶堂全書』 第五集 政法集 第二卷 經世遺表 卷二 冬官工曹 第六 利用監, "其後又見奎章閣檢書官朴齊家所著北學議六卷 其後又見故儒臣朴趾源所著熱河日記二十卷 其載中國器用之制 多非人意之所能測 昔將臣李敬懋嘗謂臣曰 今兵器火器 皆是新制 日本鳥銃 今爲古調此後南北有憂 不復以鳥銃鞭棍至矣 今之急務 在於北學中原 誠識務之言也"; 李綱會, 『柳菴叢書』, 「雲谷船說」, "彼二賢 生於外夷 欽慕上國 其所論纂 莫非憂國嘆世之言也 如二公者 亦可以論道矣"

지금 우리가 생각하는 것 이상으로 그들 사이에는 어떠한 공감대가 형성되어 있었다. 이러한 점에서 볼 때, 실학은 대자적對自的 단계의 사상으로까지 발전하지는 아니했더라도 즉자적卽自的 형태로는 존재했음을 확인할 수 있다.[24] 즉 그 역사적 실체를 인정해야 하는 것이다.[25] 그러한 이유로 1930년대 본격적인 실학개념이 마련되기 전인 개화기, 1910·20년대에도 이미 그들의 존재와 저작들은 지식인들 사이에서 널리 회자되고 있었다.[26] 물론 그 공감대가 어떠한 밀도를 지녔고 또 그것을 어떻게 정의할 것인가 하는 문제는 앞으로 면밀하게 살펴보아야 할 주제일 것이다.

4. 논쟁의 논점

이상의 개념 논쟁들을 살펴보면, 몇 가지 쟁점들을 정리할 수 있다.

첫째, 가장 중요한 것은 근대성 문제와 관련하여 실학이 과연 실체로서 존재했던 것인가, 아니면 근대성을 위하여 설정된 상상의 것인가 하는 문제이다. 이것은 실학개념 존립에 대한 근원적인 문제제기라는 점에서 이하에서 서술할 다른 논점들과 그 무게의 감이 본질적으로 다르다. 조선후기 근대성 문제에 대해서 회의적인 입장에 있는 측은 실학논의에 대해서도 대체로 회의적이었다. 반면에 근대성에 대해서 인정하고자 하는 입장은 실학논의에 대해서도 적극적인 것을 볼 수 있다. 근대성 문제에 대해서는 현재에도 많은 논란이 진행되고 있어서 근대성을 전제로 한 실학의 존재 유무 문제는 좀 더 심층적인 논의가 필요하지 않나 생각한다.

24 조광, 앞의 책(2010), 342쪽.

25 임형택, 「국학의 성립과정과 실학에 대한 인식」, 『실사구시의 한국학』, 창작과비평사, 2000, 39쪽.

26 천관우, 앞의 논문(1977), 112~130쪽.

둘째, 위의 문제보다는 근원적이지 않지만 실학자의 범위 문제도 그간 중요한 논점이었다. 이는 실학 담론의 근대성과 탈성리학적 성격을 인정할 경우 어느 인물들을 실학자로 규정할 것인가의 문제로 요약할 수 있다. 연구자의 기준에 따라서 실학자의 내용은 확연히 달라질 수 있는 것이다. 실학자의 외연과 범위를 넓히고자 하는 의견이 나왔는가 하면, 북학사상만을 실학으로 인정해야 한다는 논의도 나왔다. 이러한 논의들은 근대성, 민족성이라는 실학의 정의를 어떻게 개개 인물들에게 적용하느냐에 따라 달라질 수 있는 것이어서 많은 논란이 있을 수밖에 없었다.

셋째, 성리학과 실학의 관계성 문제도 연구자들로 하여금 많은 논란을 가져다주었다.[27] 실학이 과연 성리학과 절연적인 사상인가 하는 문제제기인 것이다. 이와 관련하여 성리학과 실학의 관련성을 드러낸 연구가 있었고, 혹은 실학이 탈주자학적인 이념이라든가, 아니면 이기론理氣論으로 볼 경우 주기론적主氣論的 성향을 띠었다는 의견도 제시되었다.[28] 이러한 문제제기 자체를 비판하면서 '실학을 주자학 그것의 연장이라고 보는 견해, 실학은 주자학을 반대하고 나온 것이라는 주장 모두 타당치 못하며 실학이 자아의 자각에 의해서 우리나라의 실지 실정에 입각한 실제적 사고로 성립되어 있었던가가 중요하다'[29]는 지적도 있었다. 실학의 모태가 성리학에 있다고 할 때, 실학 또한 성리학에서 완전히 자유롭다고 할 수 없다. 다시 말해 실학은 성리학과 많은 것을 공유할 수밖에 없는 것이다.

---

27 다음 연구들은 이 문제의식과 관련성이 깊다. 유봉학, 앞의 논문. 김도환, 「북학사상과 낙론의 관계」, 『韓國學論集』 32, 1998. 이동환, 「도학과 실학 그 二分法의 극복」, 『2004 동계학술대회 논문집』, 한국실학학회, 2004. 이상익, 「洛學에서 北學으로의 사상적 발전」, 『철학』 46, 1996. 류인희 · 임원빈 · 취룽수이, 앞의 논문.

28 윤사순, 「실학사상의 철학적 성격」, 『아세아연구』 56, 1976.

29 이우성, 앞의 논문, 25쪽.

그러한 이유로 성리학과 실학의 관계성을 설정하는 문제를 놓고 많은 논란이 있었다. 성리학과 실학의 '공유하면서도 대조되는 관계성'을 어떻게 설명할 것인가의 문제는 곧 실학의 개념설정과 관련한 중요한 사안이다. 신학풍을 성리학의 언어로 균질화시켜 이해하는 것은 신학풍의 독특성을 모호하게 할 수 있으며 또한 어떠한 사유도 끊임없이 변화 발전하면서 고정적일 수 없다는 원칙을 염두에 두지 않는 것이 되기 쉽고, 신학풍과 성리학의 대조적인 관계만을 강조하는 것은 신학풍의 실상과 어긋나는 일이 아닐 수 없다.

넷째, 실학이 학술용어로서 적합한가 하는 문제이다. 실학은 어떠한 학파를 구체적으로 지칭하는 용어는 아니다. 모든 학파는 스스로를 실학이라고 칭할 것임은 당연하다. 따라서 실학은 구체적이고 그 외연이 분명해야 한다는 학술용어의 기본 원칙에서 다소 벗어나 있다. 이는 앞서 언급했듯이 실학 개념에 혼선이 온 중요한 원인 가운데 하나이다. 물론 실학을 역사개념화하여 18세기 이후 발생한 신학풍을 지칭하는 용어로 규정하고자 하는 의견이 있었지만[30] 실학 용어 자체가 갖는 한계 또한 불가피한 점이 있다고 하겠다. 하지만 그렇다고 해서 노론 북학파, 근기남인 성호학파 등으로 부를 경우, 당파와 학파를 넘어서 존재했던 어떠한 공통의 시대정신을 설정하는 것이 또한 어렵게 된다. 조선후기 역사상을 총체적으로 이해하고 그 변화상을 통일적으로 설명하고자 하는 목적 속에서 당파와 학파를 넘어선 '실학' 개념은 그동안 유효하게 사용될 수 있었다. 이것은 실제 통일적 이해가 가능한지의 여부를 떠나서 한 시대의 역사를 전체적으로 독해하고자 하는 의도였다. 아마도 이러한 점 때문에 실학이라는 용어가 학술개념어로서 많은 결여점이 있었음에도 불구하고 오래도록 유지될 수 있지 않았나 생각한다.

30 이우성, 앞의 논문.

요컨대, 그동안 실학개념의 논쟁 과정에서 문제가 되었던 것은 실학과 근대성 문제, 실학자의 범위 문제, 성리학과 실학의 관계 문제, 학술용어로서 실학이 갖는 비구체성 문제 등으로 요약될 수 있다. 실학개념은 때로는 다양한 문제제기에 대해서 자신의 개념을 교정하고, 때로는 정면으로 맞서면서 지금에 이르렀다. 실학이 자신의 존재를 사실로서 인정받기 위해서는 조선후기 역사 속에서 실학자라고 불리는 사람들이 가졌던 어떠한 유대감이나 공유점에 대하여 구체적으로 밝혀보려는 작업이 필요하다. 그들 사이에 존재했던 유대감과 공감의식을 복원해낼 수 있다면 그것은 실학의 개념 설정과 조정에 많은 실증적 도움을 줄 수 있을 것이다.

5. 논쟁의 귀결: 진행형으로서의 실학개념

이상에서 살펴보았듯이 실학개념에 대한 다양한 논쟁들은 근대와 민족, 실증과 같은 한국 현대사학사의 문제의식을 생각하게 하는 계기를 만들어주었다. 그러한 측면에서 실학개념의 논쟁사 자체가 소중한 한국 현대사학사의 유산이 아닐 수 없다. 앞으로도 실학개념은 계속해서 문제가 될 소지들이 많다. 하지만 이러한 한계에도 불구하고 그동안 실학개념이 계속해서 사용될 수 있었던 것은 조선후기 지식인들 사이에서 이전과는 다른 어떠한 '시대정신'이 존재했고, 이를 포괄적으로 부르기 위하여 '실학'이라는 말을 대체할 적당한 용어를 찾기 어려웠던 이유가 있었다.

개인, 학파, 당파를 넘어서 그들 사이에 새로운 사유에 대한 염원이 비록 균질적이지는 않았지만 존재했으며 실제 그들 중 일부는 학파와 당파를 떠나서 교유하는 모습을 보이기도 하였다. 물론 이 시기 등장한 새로운 사조를 '실학'이라는 이름으로 균질화할 수 있는가 하는 의문이 제기될 수 있다. 또한 신학풍을 단순히 '실학'이라는 것으로 명명하는 것에 머물러서 그 안에 내재해 있었던 좀 더 깊은 구조와 의미를 찾는 것을 멈추어서도 안 된다.[31] 최근 들어 실학연구는 동아시아적 관점에서 더욱 그 외연이 확장되기도 하였지만,[32] 또 다른 한편에서는 기존 실학개념에서 다소 자유로워지는 모습도 보였다. 실학이라는 학술용어의 빈도수는 연구논문에서 감소한 면이 있지만 그렇다고 실학이 다루었던 인물들에 대한 관심이 줄어든 것은 아니라고 생각한다.

오히려 실학자라고 불렸던 북학파 인물들과 근기남인 실학자들에 대한 관심은 새로운 차원에서 더욱 확대되고 있는 것으로 보인다. 관심 주제 또한 다양해져서 이전 시기의 그것과도 차이가 있다. 이것은 어떠한 측면에서 보면 실학연구가 새롭게 확장 내지 발전되어 가는 것으로 볼 수 있다. 근대성, 민족성 담론으로서의 실학연구에서 일부 벗어나 탈근대 담론이나 혹은 조선 사회의 새로운 변화를 설명하는 데 다양한 방식으로 '조선후기 신학풍'은 활용되고 있는 것이다. 새로운 실학 담론의 모색들은 그것을 보여준다.[33] 처음부터 실학개념은 구습을 극복하고 새로운 것을 찾고자 하는 비판 담론으로서 출발하였고, 그 본연의 의미를 되새겨 본다면 현재 진행되는 새로운 실학의 탐구와 모색은 그 자체로 사학사적 의미가 있다고 할 수 있다.

실제 실학개념의 형성사를 살펴보면 실학은 하나의 방향으로만 인식되어 온 것이 아니었다. 실학이라는 말이 활발히 사용되기 전에 최남선(崔南善, 六堂, 1890~1957), 이능화(李能和, 尙玄, 1869~1943), 장지연(張志淵, 韋庵, 1864~

---

31 실학 담론이 갖는 그러한 문제점에 대하여 지적한 연구도 있었다. 강명관, 앞의 논문.

32 임형택, 앞의 논문(2009).

33 그러한 시각에서 20세기와는 구별되는 21세기 실학연구의 전망이 이어졌다. 김경미, 앞의 논문. 한영우, 앞의 논문, 61~62쪽. 임형택, 앞의 논문, 2003.

1921), 정인보 등은 조선후기 신학풍을 발명력發明力·독창력獨創力, 이유학겸경제以儒學兼經濟·고거考據, 통유通儒, 의독구실지학依獨求實之學, 징실구시徵實求是, 박학樸學 등으로 표현하였다.[34] 20세기 초 근대계몽기에는 문물제도 변혁의 방안으로서 실학에 주목했고, 1930년대에는 민족자존과 해방의 근거를 찾기 위해서, 1960~70년대에는 내재적 발전론 속에서 실학은 해석되었다.[35] 이는 조선후기 신학풍의 다양한 면모를 각각 당대의 문제의식 속에서 전유하고 설명하는 것이었다. 그러한 점에서 볼 때, 조선후기 신학풍이 가졌던 존재와 의미는 지금도 여전히 많은 시사점들을 주고 있다. 신학풍에는 지금까지보다 훨씬 더 많은 해석의 가능성들이 있으며, 따라서 현재에도 여전히 '문제적'인 것이다. 이에 대한 인지는 실학연구의 미래적 방향을 설정하는 데 있어서 중요하지 않나 생각한다.

34 천관우, 앞의 논문(1969), 376쪽.

35 이 부분에 대해서는 정호훈, 앞의 논문 ; 임형택, 앞의 논문(2003), 2쪽 ; 조광, 앞의 논문(1992) 참조.

실학의 계보와 학풍[1]

유봉학

1. 통설적 실학론의 반성
2. 최근의 연구 성과와 실학론
3. 주자학의 전개와 실학의 계보
4. 새로운 실학론의 전망

1. 통설적 실학론의 반성

나라를 빼앗긴 채 일제의 지배를 받던 암울한 시기, 역사학자들은 조선의 역사 속에서 망국의 원인을 찾고, 그 이면에서 일말의 희망을 찾아내고자 했다. 그 결과 이들은 조선이 망한 책임을 조선의 지도이념이었던 주자학에 돌리는 주자학망국론朱子學亡國論에 동의하였다. 아울러 조선 후기에 등장한 학

유봉학 한신대학교 국사학과 교수.

저서로는 『연암일파 북학사상 연구』(일지사, 1995), 『꿈의 문화유산 – 화성』(신구문화사, 1996), 『조선후기 학계와 지식인』(신구문화사, 1998), 『정조대왕의 꿈』(신구문화사, 2001), 『한국문화와 역사의식』(신구문화사, 2005), 『개혁과 갈등의 시대 – 정조와 19세기』(신구문화사, 2009), 공저로는 『우리문화의 황금기, 진경시대』(돌베개, 1998), 『정조시대의 사상과 문화』(돌베개, 1999), 『최한기의 철학과 사상』(철학과 현실사, 2000), 『추사와 그의 시대』(돌베개, 2002), 논문으로는 「고등학교 국사 교과서 조선후기 문화사 서술의 재검토」(『역사문화논총』 2, 2006), 「정조시대 정치사 연구와 사료」(『역사문화논총』 5, 2009) 등이 있다.

1 이 글은 2007년에 필자가 발표한 「조선후기 경화사족의 대두와 '실학'」(『다시, 실학이란 무엇인가』 푸른역사)을 바탕으로 작성하되, 근래 갖게 된 새로운 생각을 담아 수정 보완하였다.

풍 가운데 그들이 긍정적으로 생각한 특정한 학풍을 부각시켜 '실학實學'이라 지칭하고 '실학사상'의 계승을 통해 현실의 난국에 대처할 것을 주장하기에 이르렀다.

실학 연구자들이 조선 후기 학계와 사상계에서 새로운 흐름이라 생각하고 이끌어냈던 이른바 '실학'은 '그들이 생각하는 주자학'과 대립되거나 때로는 반대되는 것으로 설명되었다. 주자학은 이기심성론理氣心性論과 예론禮論에 경도되어 지배층들 사이에 벌어진 당쟁黨爭의 원인이 되었고, 이러한 주자학은 현실과 유리된 관념론이자 "공리공담空理空談으로서 현실문제를 해결할 수 없었다"고 비판받았다. 반면에 '실학'은 지배층에 의해 밀려난 '재야在野 지식인'들이 현실을 직접 체험하며 현실문제에 대한 대책을 제시한 실용적 학문으로서, '실증적·민족적·근대 지향적 특성을 지닌 학문'으로 규정되었다.[2]

이후 오늘에 이르기까지 실학 연구자들은 조선 후기 학계 내에서 주자학에서 벗어나 있거나 다르다고 생각한 학풍을 찾아 실학의 범위를 확장시켜 왔다. 잘 알려져 있듯이 반계磻溪 유형원柳馨遠, 성호星湖 이익李瀷, 다산茶山 정약용丁若鏞으로 이어지는 남인 중농학파重農學派 실학자들과 연암燕巖 박지원朴趾源, 담헌湛軒 홍대용洪大容, 초정楚亭 박제가朴齊家 등 노론 중상학파重商學派(북학파) 실학자, 그리고 추사秋史 김정희金正喜 이후의 고증학파 실학자로 대별하는 실학의 계보에서 출발하여, 근래에는 16세기 중반부터 19세기 말까지 많은 학자의 다양한 사회 경제 이론과 정책론, 지리학, 역사학, 음운학

2 학계의 통설을 반영한 현행 고등학교 국정 『국사』 교과서 304쪽에 이렇게 서술되어 있다. 실학을 위시하여 국정 『국사』 교과서 문화사 서술의 제반 문제점에 관하여는 유봉학, 「고등학교 국사 교과서 조선 후기 문화사 서술의 재검토」, 『역사문화논총』 제2호, 역사문화연구소, 2006 참조.

연구와 수학, 천문학, 농학, 의학 등 자연과학 연구, 나아가 양명학, 고증학까지도 '실학'의 범주 속에 포함시키게 되었고 이에 따라 '실학자'도 대폭 늘어나게 된다.[3]

저명한 성리학자인 화담花潭 서경덕徐敬德(1489~1546)의 학통을 계승한 한백겸韓百謙(1552~1615)과 허균許筠(1569~1618)으로부터, 퇴계退溪 이황李滉(1501~1570)의 제자인 권문해權文海(1534~1591)와 조호익曺好益(1545~1609), 그리고 조호익에게 수학한 김육金堉(1580~1658)은 물론, 율곡栗谷 이이李珥(1536~1584)와 그의 문인 조헌趙憲(1544~1592)까지도 '실학자'로 지목되었고 이들을 계승한 17~18세기의 많은 학자, 특히 퇴계와 율곡 이래 정통 주자학의 계보를 잇는 학자들의 학문이 '실학'으로 규정되기도 했다. 아울러 정통주자학이 쇠퇴하고 학통 계승이 약화된 19세기에는 청조 고증학을 수용한 추사 김정희와 그 문인들, 그리고 최한기崔漢綺(1803~1877), 김정호金正浩, 이제마李濟馬(1838~1900)에 이르기까지 '실학' 및 '실학자'의 범위는 크게 확대되었다.

이러한 연구 성과는 기존의 '통설'적 실학론과 실학 계보 설명에 배치되는 결과로 귀결되었다. 실학연구가 일천했던 초창기 연구 상황에서는 주자학 망국론에 따라 주자학과 실학을 대립적으로 설명하면서 소수의 학자만을 거론하였지만, 늘어난 실학자를 대상으로 각 실학자의 학문적 연원과 실학자들 간의 학문적 연관관계를 심층적으로 파악해내는 과정에서 실학은 주자학과 오히려 밀접히 연관되었던 것으로 드러나고 있다. 16세기 후반의 서경덕, 조식曺植, 이황, 이이, 성혼成渾 이래 학파가 형성되고 주자학이 학통을 따라 전

3 현행 고등학교 국정 『국사』 교과서에는 실학자로 34명이 열거되어 있고, 2005년 경기문화재단에서 펴낸 『실학연구논저목록』에는 저명한 실학자 56명에 대한 연구논저가 소개되고 있다. 각종 연구논저에서 실학자로 언급된 학자들을 망라하면 그 숫자는 훨씬 더 늘어난다.

개되던 17~18세기 학계 상황에서 실학은 정통 주자학 제 학파의 학통을 계승한 인물들에게서 나타났고, 따라서 이제 실학을 주자학 여러 학파의 범위 내에서, 때로는 그 연장선상에서 설명해야 한다는 점을 부인하기는 어렵게 되었다.

그러므로 주자학을 망국亡國을 초래한 집권층의 보수적 사상으로 폄하하고, 그와 다르다고 생각한 학풍을 찾는 가운데 '실학'을 정권에서 배제된 '재야 지식인'의 학풍으로 설명했던 것도 이제는 수정이 필요하게 되었다. 기호 남인으로서 평생 벼슬을 하지 않았던 반계 유형원과 성호 이익, 그리고 정조 사후 정계에서 축출된 다산 정약용을 대표적 사례로 거론하면서 남인 실학을 농촌사회를 무대로 한 중농학파 재야 지식인의 개혁론이라고 규정했던 것은 실학연구 초창기 수준에서는 다분히 불가피했다. 하지만 오늘의 심화되고 확대된 연구 성과에 따른다면 저들 '재야 지식인'은 실학자 가운데 특수한 사례이므로 전체적 상황으로 일반화하기는 어렵다.

실학자로 지목되고 있는 인물들 중 다수는 벼슬을 하여 정치에 참여했고, 상당수는 대신大臣, 상신相臣 등 고관高官의 지위에까지 오른 것이 엄연한 사실이었다. 17세기에는 김육金堉(1580~1658), 허목許穆(1595~1682), 윤휴尹鑴(1617~1680), 박세당朴世堂(1629~1703), 김석주金錫胄(1634~1684), 최석정崔錫鼎(1646~1715), 정제두鄭齊斗(1649~1736), 이이명李頤命(1658~1722) 등 한 시대를 이끌었던 학문과 정치의 지도자들이 실학자로 알려졌고, 18세기에는 서명응, 홍양호, 서호수, 박지원, 홍대용, 서유구 등 노론·소론의 학자들과 채제공, 이가환, 정약용, 강세황 등 남인·북인의 학자들이 정조 측근에 포진하여 중요한 역할을 수행한 사실이 잘 알려져 있다.

실학자들이 정통 주자학 여러 학파의 계보 속에서 등장하며 정치적 역할이 적지 않았음에도 '정권에서 소외된 재야 지식인'으로 규정되고, 실학을 주자학과 대립시켜 설명했던 것은 일제 강점기 이래 주자학 또는 성리학에 대한 뿌리 깊은 편견에 기인한다. "지배이념이었던 성리학은 현실 문제를 해결할 수 있는 기능을 수행하지 못했다"고 하면서 주자학을 이기심성론 중심의 관념론으로 이해했고, 반면에 실학은 '성리학의 한계성을 자각하고 이를 비판하면서 현실생활과 직결되는 문제를 탐구하려는 움직임'이자 '17, 18세기 사회 경제적 변동에 따른 사회모순의 해결책을 구상하는 과정에서 대두한 학문과 사회 개혁론'이라고 하는 국정 『국사』 교과서의 설명 방식이 아직도 '통설'로 군림하고 있다.

이는 주자학과 유학을 이기심성론 중심의 관념철학으로만 이해한 결과였다. 유학의 전통적 학문 분류법인 '사장지학詞章之學, 의리지학義理之學(혹은 義理性命之學), 경제지학經濟之學(혹은 經世濟民之學), 명물지학名物之學(혹은 名物度數之學)'의 네 분류 가운데 주자학을 의리지학으로 국한하여 보고, 경제지학과 명물지학풍을 실학이라 규정한 것이다. 조선 시대 주자학이 정치·경제·사회·문화, 전 부면의 지도이념으로서 '율력산수전곡갑병지학律曆算數錢穀甲兵之學'(홍대용), 또는 '이용후생경제명물지학利用厚生經濟名物之學'(박종채)이라고 흔히 설명되는 경제지학과 명물지학을 포괄한다는 점을 간과한 채, 현실 또는 생산 활동을 외면한 관념론 내지 철학으로 규정한 데서 실학의 범주 설정에 오해가 생긴 것이다.

주자학과 실학에 대한 이러한 오해는 조선이 관념적인 주자학에 얽매여 실학의 개혁론을 받아들이지 않았고, 결국 조선은 현실의 모순을 해결하지 못한 채 망할 수밖에 없었다는 설명으로 귀결되었다. 이는 일제日帝 식민사관植民史觀의 논리와 그대로 일치하게 된다. 근래 학계의 연구는 이런 설명방식과 고정관념을 비판하고 주자학과 실학에 대한 새로운 이해를 제기함으로써 상당한 진전을 이루고 있다. 조선 후기 300년 동안 실학의 전개과정, 그리고 실학의 계보와 학풍은 이제 새로운 연구 성과에 의거하여 새롭게 설명해야 할 시점에 와 있다.

2. 최근의 연구 성과와 실학론

근래 우리 학계의 연구는 일제 강점기 이래 '실학' 연구의 문제의식을 계승하되 전통 주자학과 '실학'에 대한 편견을 불식하며 그 실상에 대한 이해를 심화하는 방향으로 나아가고 있다. '주자학망국론'에 입각한 조선시대사 인식을 반성하고, 서경덕과 이황, 이이 이래 주자학의 전개양상과 함께, 양란 이후 조선 사회 전반에 새로운 질서를 정착시킨 사회 이념으로서 주자학의 실제적 기능에도 주목하게 되었다. 정치사에서 부정적으로만 보았던 '당쟁黨爭'론을 불식하고, 주자학 이념에 입각하여 사림들이 운영한 새로운 정치 형태로서 '붕당정치朋黨政治'론을 제기했으며, 그 위에 수립된 주자학적 사회 질서와 18세기의 '탕평정치蕩平政治'에 대해 보다 깊이 있는 이해를 가지게 되었다.

서경덕과 조식, 이황, 이이, 성혼과 같은 사림파 성리학자의 등장 이후 여러 학파가 성립했으며, 이들 학파를 기반으로 사림이 정권을 장악하여 그들의 학문적 연구 성과를 기반으로 정치를 해나가는 가운데 조선에는 주자학적 질서가 정착하게 된다. 이 시기를 이끌었던 여러 사림학자에 대한 깊이 있는 연구는 실학자는 물론 여러 학자와 정치가의 사상적 계보를 새롭게 정리하는 데 기여하였다.

아울러 그간 '공리공담空理空談'의 전형으로 치부해 왔던 17세기의 '예송禮訟논쟁'과 18세기의 '호락湖洛논쟁'을 재조명하여 퇴계와 율곡 이후 주자학의 발달과정을 단계적으로 이해하게 되었다. 각 학파의 중요 인물들이 현실 문제를 의식하며 그 해결을 위해 의리지학은 물론 경제지학과 명물지학을 연구하고 있었음도 확인했다. 예송은 사림 집권 이후 예치禮治의 질서를 구현해 가는 가운데 국왕의 왕위계승 과정에서의 종법宗法 적용 문제를 두고 남인과 서인이 벌인 대규모 논쟁이었다. '천하동례天下同禮(천하 사람들의 예법은 모두 같다)론'에 입각한 서인 예론과 '왕자례부동사서王者禮不同士庶(임금의 예법은 양반이나 서민의 예법과 다르다)론'에 입각한 남인 예론의 대립은 유교정치의 근간을 이루는 왕권과 신권의 상호관계를 재정립하고자 한 시도였음도 확인되었다.

그러므로 사림학자들이 정권을 장악하고 벌인 예송논쟁을 거치며 주자학적 질서는 중앙으로부터 향촌사회에 이르기까지 정착해 갔다. 양란 이후 사회 경제적 혼란을 수습하며 전국적으로 확대 시행된 대동법大同法과 향약鄕約의 실시과정, 그리고 주자학적 종법 질서의 정착과정에서 보이듯이 제도와 질서의 정비가 전국적으로 진행되는 과정에서 각 정파의 학자들은 선배 사림학자의 학문적 축적을 바탕으로 제각기 심성론과 예학은 물론 경제지학과 명물지학의 연구를 심화시키고 각종 정책론을 제출했던 것이다.

이 시기 '실학자'로 지목된 인물들—김육, 허목, 윤휴, 유형원, 박세당, 김석주, 최석정, 정제두, 이이명 등—은 서경덕과 조식, 이황, 이이 등 사림파 성리학자의 학통과 학문을 계승한 인물들이었다. 이들은 의리지학과 예학 이외에 경제지학 및 명물지학에서도 중요한 성과를 제출함으로써 현실문제에 효과적으로 대처하려 했고, 이들의 업적을 매개로 하여 사림학자들의 경제지학과 명물지학 연구는 다음 단계에 이르러 더 큰 확산을 이루어가게 된다.

숙종대(1674~1720) 이후 분명해진 명·청 교체에 따른 국제질서의 변동과 조선 사회 내부의 급격한 현실변화는 학자들의 학풍에도 변화를 야기했다. 유통경제의 활성화로 서울의 도시적 발달이 두드러지고 정치·경제·사회·

문화의 모든 기능이 서울로 집중되자 '경京·향鄕의 사회적 분기 현상'과 '경·향 학계의 분기 현상'이 나타났다. 이제 사림은 분화하여 서울·경기 지역의 '경화사족京華士族'과 지방의 '향유鄕儒'로 나뉘게 되었고, 이는 노론·소론·남인·북인 모두에게 공통된 현상이었다.

새로운 사회 주도세력으로 대두한 경화사족 지식인들은 변화된 현실을 직시하며 점차 사상적 공감대를 형성하게 되었으며 경·향의 분기를 비롯한 사회적 문제를 해결하고자 학문적 노력을 경주하게 된다. 이런 가운데 서울·경기 지역의 경화사족 지식인들에게서 그들이 경험한 새로운 문제들을 해결하기 위해 경제지학과 명물도수지학으로 학문적 관심을 확대해 가는 양상이 나타났다.[4]

영조대(1724~1776) 이후 전개된 탕평정국과 호락논쟁은 경화사족이 크게 대두하는 계기가 되었다. 노론의 경우 서울·경기 지역 경화사족의 낙론洛論이 호서 지역의 호론湖論에 대해 우위를 점해 가며, 이른바 '경학京學'이 '호학湖學'을 점차 압도하면서 탕평정국하의 정치적 주도권도 쥐게 됨을 최근의 정치사·사상사 연구를 통해 알게 되었다. 남인도 성호 이익 학파 등 서울·경기 지역의 이른바 '경남京南' 세력이 영남 지역의 남인인 '영남嶺南' 세력에 대해 우위를 확보해 갔으며, 이런 경향은 소론에서도 마찬가지였다.

그리하여 영조대 후반에는 각기 노론의 산림학자 김원행金元行과 이보천李輔天의 제자로서 낙론洛論 주자학을 계승한 홍대용洪大容(1731~1783)과 박지원朴趾源(1737~1805) 등 경화사족 지식인들이 낙론의 '인물성동론人物性同論'을 근거로 새로운 세계관과 인간관, 자연관, 그리고 학문관을 제기하여 조선 학계에 새로운 바람을 불러일으켰다. 이들은 사림이 내세우던 기존의 북

4 유봉학, 「18, 9세기 京鄕學界의 分岐와 京華士族」, 『國史館論叢』 22, 국사편찬위원회, 1991 ; 『조선 후기 학계와 지식인』, 신구문화사, 1998 재수록.

벌대의론北伐大義論을 반성하고 북학론北學論을 제기했으며 '이용후생경제명물지학'의 탐구를 강조했다. 근래의 연구에 의하면 이들의 북학사상은 '주자학의 발전적 자기극복 과정'에서 형성된 것으로 정통 주자학과 북학사상의 연관성이 분명히 드러났으므로[5] 이제 성리학과 '실학'을 대립적으로 보았던 견해는 수정이 불가피해졌다.

더욱이 정조 시대에는 서명응, 강세황, 홍양호, 홍대용, 서호수, 박지원, 이가환, 박제가, 서유구, 정약용 등 경화사족 출신 '실학자'들이 정조의 탕평정치에 힘입어 당색과 신분의 차이를 넘어 함께 조정에 포진하여 개혁을 주도한 실상도 밝혀졌다. 이들은 정조를 보좌하여 학문과 문화예술의 발전을 도모했으며, 정조대 후반에는 '개혁의 시범 도시'이자 '실학의 도시'로 '화성華城 신도시'를 건설했다. 화성에서는 그들이 구상하던 개혁론을 실제 정책으로 입안하여 시행했으며, 그 결과 '양반상인론'과 '국영 시범농장론' 같은 상업과 농업 진흥책이 이곳에서 실천되었다는 연구 성과[6]가 제출되기도 했다.

정조 사후 19세기에 가면 사림정치 질서가 무너지고 외척 세도정치가 진행된다. 서울과 지방에는 전통적 질서의 와해와 함께 각기 다양한 학풍이 나타나 서울 경화학계에 북학과 서학이 크게 유행하고 천주교도 세력을 확대해 갔다. 반면에 정통 주자학은 쇠퇴의 길을 걷게 된다. 학계의 우월적 지위를 상실한 주자학은 사회적 영향력이 급속히 약화되었으며 권위가 추락한 산림학자들은 정계로부터 소외된 채 그 학통마저 한미한 인물들에게 전하면서 명맥을 이어 가게 된다.

---

5 유봉학, 「북학사상의 형성과 그 성격」, 『한국사론』 8, 서울대 인문대 국사학과, 1982 ; 『연암일파 북학사상 연구』, 일지사, 1995 재수록.

6 유봉학, 『꿈의 문화유산, 화성』, 신구문화사, 1996 ; 「정조의 화성 건설과 산업진흥책」, 『정조시대 화성신도시의 건설』, 백산서당, 2001.

다양하게 분화했던 서울 경화학계에서는 앞 시기 선배들의 경제지학과 명물지학풍을 계승 발전시키거나(정약용, 서유구, 이규경, 성해응 등), 청조 고증학의 수용을 통해 명물지학풍을 더욱 심화시켜 나갔고(김정희와 그 일문), 최한기 등 신흥 경화사족층은 북학北學과 서학西學 지식을 토대로 한 새로운 학문으로 현실 문제를 탐구하고 새로운 질서를 요구하는 등 혁신적 사상을 개진했다. 이런 가운데 향촌 사회의 지식인들 역시 변화된 상황에 대응하여 동학東學을 제기하는 등 정통 주자학의 쇠퇴를 배경으로 그 영향력에서 벗어나며 19세기 조선학계와 사상계가 다양한 지향을 추구했음이 밝혀지고 있다.

그렇다면 이제 '실학'은 이러한 일련의 연구 성과에 입각하여 새롭게 규정되어야 할 상황에 와 있다고 하겠다. 기존의 통설적 이해에서 주자학망국론과 같은 편견과 실학의 재야 지식인 주도론 등 자의적 설명을 배제한다면, 실학은 정통 주자학과의 연관성 속에서 새로운 모습으로 드러날 것이다. 그간의 실학 설명은 주자학을 의리지학으로 국한시켜 보면서 그와 다르다고 생각한 학풍을 찾아가는 가운데, 조선 후기 300년 동안 진행된 지식인들의 경제지학과 명물도수지학 연구를 포괄적으로 지적한 것이었다. 근래에 밝혀진 조선 후기 사회의 변화과정과 조선학계의 상황 변화, 그리고 학자 지식인들의 다양하고 역동적인 사상적 모색에 주목한다면 실학의 단계적 변화 양상도 새롭게 설명할 수 있을 것이다.

3. 주자학의 전개와 실학의 계보

16세기 중후반 서경덕, 조식, 이황, 이이 이래 17세기까지 나타난 경제지학과 명물지학의 연구는 사림의 주도 아래 주자학적 질서가 정착하는 과정에서 문물제도의 정비를 위한 다양한 노력의 일환으로 진행되었다고 할 수 있다.

학자들은 주자학적 세계관과 인간관을 확고히 하고 사회질서의 확립을 위해 이기심성론과 예학을 학문 연구의 중심으로 삼았지만, 의리지학 이외의 학문 분야에도 많은 관심을 기울였다.

더욱이 임진왜란의 상처와 병자호란에서 패배한 정신적 충격, 명·청 교체라는 국제질서의 변동에서 초래된 위기상황을 극복하고자 각 학파의 학자들은 일관된 노력을 경주했다. 흔히 학자들이 이기심성론과 예학 연구에만 몰두했던 것으로 설명되는 이 시기는 실상은 대동법을 위시한 제반 제도 정비를 통하여 사회를 안정시키고자 했고, 생산력 증대와 사회경제적 부흥을 위하여 '율력산수전곡갑병지학律曆算數錢穀甲兵之學', 곧 경제지학과 명물도수지학 연구가 꾸준히 진행되던 시기였다.

의리지학과 사장지학, 경제지학과 명물지학 가운데 어디에 주력하는지, 주자학 이외에 양명학과 노장사상, 불교 등에 어느 정도의 관심을 보이는지는 학파와 학자에 따라 차이가 있었지만 주자朱子에 의해 집대성된 성리학(주자학)과 의리지학이 학문의 기본이라는 점에 대해서는 대체로 이견이 없었다. 다만 이기심성론과 예학에서 주자의 입장을 따르는 정도는 다양해서 주자 일변도의 주자주의적 학풍을 노론이 주도했다면, 소론과 남인, 북인들 사이에서는 탈주자주의적 입장을 취하는 학자들이 나왔으며, 일부는 양명학과 노장사상, 불교 등 다양한 사상을 추구하기도 했다.

17세기 학문 연구에서 나타난 이런 다양한 경향성은 사림의 각 학파별로 학통이 전수되면서 대를 이어 진행되었다. 근래의 연구 성과에 의해 이 시기 실학자로 거명된 주요 인물들이 정통 주자학 각 학파와 어떻게 연결되는지 그 학문적 계보가 점차 밝혀지고 있다.

흔히 실학의 출발점으로 일컬어지는 한백겸과 허균은 각자 그 아버지 한효윤韓孝胤과 허엽許曄으로부터 화담 서경덕과 그 문인에게 수학했다. 『대동운

부군옥大東韻府群玉』을 지은 권문해는 퇴계 이황의 제자였으며, 조헌과 이수광李睟光(1563~1628)은 율곡 이이를 충실히 따랐다. 『유원총보類苑叢寶』를 저술한 김육은 기묘명현己卯名賢인 김식金湜의 후손으로서 그 아버지는 율곡의 문인이었고, 자신은 퇴계의 문인 조호익에게 수학했다. 허목은 숙종 대 남인의 영수로서 퇴계의 문인 정구鄭逑에게 수학하여 기호 남인의 학문적 정통성을 성호 이익(1681~1763)에게 전한 인물이다. 반계 유형원(1622~1673)은 이익의 당숙인 이원진李元鎭과 김세렴金世濂에게 수학했는데, 김세렴은 남명과 퇴계의 문인인 김효원金孝元(1542~1590)의 손자이자 화담의 학통을 계승한 허봉許篈(1551~1588)의 외손자로서 가학家學의 다양한 학풍을 수렴하여 유형원에게 전수했다.

김육의 손자 대에 가면 김석주(1634~1684), 김석문金錫文(1658~1735)과 손자사위인 조현기趙顯期(1634~1685)와 그 아우 조성기趙聖期(1638~1689) 등이 선대로부터의 학문을 계승하여 경제지학과 명물도수지학을 연구했다. 이는 김창협金昌協(1651~1708)과 김창흡金昌翕(1653~1722)에게 전수되었고 그들 문인을 통해 노론과 소론 두 계열 모두에 큰 영향을 주었다. 소론에서는 박세당이 탈주자주의적 태도 위에 노장사상과 경제지학 연구를 수행했고, 명재明齋 윤증尹拯(1629~1714)과 박세채朴世采(1631~1695)의 제자였던 정제두 역시 경제지학과 함께 양명학을 수용하여 문하에서 여러 학자를 배출했다. 이들은 훗날 '강화江華학파'라 불리게 된다.

한편 숙종대(1674~1720) 이후 서울·경기 지역 사림과 호서·영남 지역 사림이 분기하는 가운데, 노론학계는 '사람과 사물의 본성(人物性)' 및 '성인과 범인의 본심(聖凡心)'의 동이同異 문제를 놓고 서울·경기 지역의 낙론洛論과 호서 지역의 호론湖論으로 분기하게 된다. 낙론은 김창협과 김창흡에게서 이재李縡, 김원행金元行으로 이어지는 이른바 '경학京學'이 되었고, 송시열宋時

烈에서 권상하權尙夏, 한원진韓元震으로 이어지는 호론은 '호학湖學'이라 불리었다. 남인학계 역시 서울·경기 지역의 남인, 이른바 '경남京南'과 영남 지역의 '영남嶺南'으로 분기했다. 이때 허목을 사숙하여 퇴계 학통을 계승한 성호 이익이 주자학은 물론 경제지학과 명물지학 연구에 큰 업적을 남기며 많은 제자와 문인을 배출함으로써 기호 남인('경남')의 주류를 형성했다. 소론학계에서는 윤증과 정제두를 계승한 정후일鄭厚一, 심육沈埔, 이광사李匡師, 이광려李匡呂 등의 문하에서 다양한 학풍을 가진 경화사족 학자들이 배출되어 영정조 대 정계와 학계에서 중심적 역할을 담당했다.

영조대(1724~1776) 이후 전개된 탕평정국 아래 경화사족은 우월한 정치적 진출과 함께 세력을 확대하고 학문적 우위를 점하게 된다. 이들은 서울에서부터 시작된 사회 경제적 변동과 그 속에서 사士의 위상 변화를 절감하며, 누대의 서울생활로 소비적으로만 흘러가던 경화사족의 생활을 반성하고 있었다. 이들은 사士의 반성과 적극적 역할에 의해 현실의 민생 문제 해결에 기여하고자 했다. 사회 경제 체제의 개선과 생산력 증대를 도모하고자 농업·공업·상업을 연구하여 그 원리를 밝히고자 했고, 사가 생산 활동에 직접 참여하는 방안을 마련하고자 했다. 경·향의 사회적 분기 현상으로 모든 면에서 서울과 지방의 격차가 커진 문제를 해결하는 것도 이들의 관심사였다.

경화사족층이 분화하여 '경화거족京華巨族'에서부터 서울 시정의 위항인委巷人까지 포함하는 보다 확대된 외연을 가지게 되고, 그중 다수가 생산 활동과 유리되어 '놀고먹는(遊食) 계층'이 된 문제에 대해서도 이들은 대책을 강구했다. 낙론의 산림학자 이보천을 계승했던 박지원은 변화된 현실을 직시하며 '허생許生'으로 상징되는 상업에 종사하는 새로운 지식인상, 곧 '양반상인론'을 제기했다. 그는 경제지학 연구의 선구자였던 앞 시대의 반계 유형원과 졸수재拙修齋 조성기趙聖期에게 주목하면서 시대상의 변화에 부응하는 새로운 학문의 연구를 촉구하고 조선 중화의식과 같은 기존의 명분론과 북벌대의론을 반성함으로써 북학론을 제기하기에 이르렀다.

정조대(1776~1800)로 가게 되면 경화사족 일각의 지식인들은 이런 분위기 속에서 사상적 공감대를 형성하고 신분과 당색을 넘어선 개방적 자세로 교류하면서 시대의 변화에 적극적으로 대응해 가게 된다. 성호 이익을 계승한 강세황姜世晃(1713~1791)과 이가환李家煥(1742~1801), 정약용(1762~1836) 등 기호 남인과 소북 계열 학자들은 물론, 서명응徐命膺(1716~1787), 이광려(1720~1783), 홍양호洪良浩(1724~1802), 서호수徐浩修(1736~1799)와 서유구徐有榘(1764~1845) 등 소론의 학자들, 그리고 박지원, 홍대용, 이덕무李德懋(1741~1793), 유득공柳得恭(1749~1807), 박제가朴齊家(1750~1805), 이서구李書九(1754~1825) 등 주로 노론이었던 연암일파燕巖一派 학자들은 상호 교류하는 가운데 기존 사상의 재정립과 학문의 발전을 모색했다.

정조의 후원 아래 정계에 진출한 이들은 조선의 전통문화를 존중하면서도 외래의 새로운 문화를 적극 수용함으로써 국제문화 조류로부터 유리됨을 경계하고 조선 문화의 역동적 변화를 추구했다. 이들 지식인들은 조선이 처한 상황을 사실적으로 바라보며 주체적 입장에서 혁신을 도모하고자 했으며 이를 위해 전통적인 문화자존의식文化自尊意識을 반성하면서 외래의 학술과 문물을 수용하고자 했다. 이들은 북벌론北伐論 대신 북학론北學論을 제기하고, 청나라의 학문과 문물은 물론, 때로는 서학西學과 서교西敎(천주교)의 수용까지도 불사함으로써 조선학계와 사상계는 큰 변동에 휩싸이게 된다.

경화사족 학자들 사이에서 새로운 학문은 시대상의 변화에 부응하여 새로운 경향성을 띠고 있었다. 박지원의 『허생전許生傳』 등 일련의 소설에서 형상화되었듯이 소비적으로만 흘러갔던 경화사족의 생활에 대한 반성에서 생산활동에 대한 관심과 민民에 대한 지도능력의 회복이 요구되었다. 흔히 이들을 '경세치용經世致用학파＝중농重農학파'와 '이용후생利用厚生학파＝중상重商학파'와 같이 억지로 갈라놓곤 하지만, 실상 이들은 '중상'과 '중농'을 넘어서 농업·공업·상업 전반에 걸쳐 관심을 가지고 있었으며, 제반 산업의 유기적 연관관계 위에 생산력을 극대화하는 데 학문적 노력을 집중하고 있었다.

이는 경향의 극단적 분기 현상에 직면했던 경화사족으로서 그 극복 방안을 제시하고자 하는 노력의 일환이었다. 이런 문제의식에서 박지원은 농서農書인 『과농소초課農小抄』를 저술했으며, 그 문하의 서유구는 『임원경제지林園經濟志』를 편찬했다. 서로 유리된 서울의 도시적 생활과 향촌의 임원林園생활, 농업과 상공업, 소비생활과 생산 활동을 통합적으로 이해하여 현실 문제에 실용적 대안을 마련하려는 학문적 노력이 결실을 맺은 것이다.[7] 정약용이 북학을 통해 중국과 서양의 과학기술을 연구하고 화성 신도시 건설의 계획안을 제출한 것이나, 훗날 『경세유표經世遺表』 등 저술을 남긴 것도 이들 지식인의 공통적 관심사였던 실용적 학풍, 곧 경제지학 연구의 결실이었다.

경화사족 학자들의 이러한 학문적 성과는 국가의 정책으로도 수렴되기에 이른다. 화성신도시 건설과정(1794년 1월~1796년 10월)에서는 전통적 지식만이 아니라 북학 서학 등 외래 신지식까지도 적극 채용하여 이들을 응용하려는 노력이 기울여졌다. 박지원, 박제가, 홍원섭洪元燮, 서유구, 정약용 등 조정 내외에 포진했던 많은 학자가 연구한 결과에 따라, 외래의 신기술을 적용하여 거중기擧重機와 수차水車, 벽돌 가마 등을 제작하여 시험했으며, 그들이 구상했던 농업개혁론과 상업진흥책, 특히 국영 시범농장과 국제무역시장 설치론 및 양반상인론 등을 적극적으로 시책에 반영했다. 상인과 지주층의 자본을 끌어들여 활용하고 이들을 관료로 받아들이려는 계획에 이르기까지, 화성

7 유봉학, 「徐有榘의 學問과 農業政策論」, 『奎章閣』 9, 서울대학교 도서관, 1985 ; 『연암일파 북학사상 연구』, 일지사, 1995 재수록.

신도시 건설과정에는 정조 시대 지식인들이 나아가고자 한 새로운 시대로의 지향성은 물론, 그 한계까지도 여실히 드러나고 있다.[8]

그러나 정조 사후 19세기 세도정치기로 가면 상황이 일변한다. 척족과 소수 경화거족이 정권을 독점하는 상황 변화 아래 정통 주자학의 영향력이 급속히 약화되고 이제는 정통 주자학에서 이탈한 지식인들을 중심으로 경제지학과 명물지학의 연구 성과가 나오게 된다. 김조순金祖淳 등 세도가들은 정조대에 정조의 총애를 받으며 '신학新學'과 '신문新文'을 주도하고 북학을 선도했던 인사들로서, 이들의 집권으로 서울에는 북학이 풍미하기에 이른다.[9] 북학의 융성으로 청조 고증학이 크게 유행하고 청조 문물과 함께 서학 지식과 천주교가 대거 수용되었다. 이제 이들에게 정조가 강조했던 '정학正學', 곧 주자학적 지향은 문제되지 않았으며, 문화자존의식 위에 성립했던 앞 시대의 문예도 관심에서 점차 멀어졌다. 이들은 청나라로부터 들어온 고증학에 경도했고, 의리지학 중심의 정통 주자학은 물론, 현실 개혁을 지향하던 경제지학풍도 점차 외면하게 된다.

반면에, 집권층의 분열과 사회 분화에 따라 여러 계층에서 다양한 학문적 경향이 등장했다. 연암일파의 북학은 김정희와 박규수朴珪壽 등 그 후예에게 이어져 본격화되었다. 최한기崔漢綺와 같은 서울 위항의 '유산有産계층' 지식인은 북학과 서학을 아울러 수용하여 경제지학 연구의 새로운 경지를 열었다.[10] 이 역시 앞 시대로부터의 맥락을 계승하여 시대의 변화에 부응하고자 했던 일각의 양상이었다.

---

8 유봉학, 『꿈의 문화유산, 화성』, 신구문화사, 1996 ; 『개혁과 갈등의 시대-정조와 19세기』, 신구문화사, 2009 참조.

9 유봉학, 「추사의 시대 – 정치적 추이와 추사일문」, 『추사와 그의 시대』, 돌베개, 2002 참조.

10 유봉학, 「19세기 경화사족의 생활과 사상 – 혜강 최한기를 중심으로」, 『서울학연구』 2, 서울시립대학교 부설 서울학연구소, 1994 ; 『조선후기 학계와 지식인』, 신구문화사, 1998 재수록.

한편, 경향의 분기 현상이 더욱 심화되는 가운데 중앙으로부터 유리되었던 향촌사회에서 학맥을 이어 가던 주자학의 영향력은 급속히 쇠퇴했다. 산림山林학자의 권위와 정통주자학의 우월적 지위는 허울만 남았으며, 이에 향촌민 사이에 서학(천주학)이 널리 전파되고 그에 맞서서 동학이 크게 확산된다. 전통적 사회질서와 문화가 근본적으로 변화했던 시대 상황에 따라 등장한 이 다양한 흐름은 조선 후기 사회와 문화의 발전이 가져온 귀결이면서 전통문화와 사회체제를 청산해 가는 과정이기도 했다.

4. 새로운 실학론의 전망

일제 강점기 민족의 위기 상황 속에서 시작되어 오늘에까지 80년간 진행되어 온 실학 연구는 조선 시대 사상사 연구의 핵심 분야로 자리 잡았으며 그동안 많은 연구 성과가 나왔다. 그럼에도 실학의 개념은 물론, 실학의 계보 등을 놓고 학계에서는 혼란이 계속되고, 실학자의 범위는 오히려 모호해진 감이 있다. 통설적 실학론에서는 실학을 '실증적 · 민족적 · 근대 지향적 특성을 지닌 학문'이라 규정했지만, 실제로 실학자로 지목된 인물들의 학문에서 이 기준이 적용되기 어려운 것도 사실이다. 그러므로 학계 일각에서는 그동안 '실학' 연구의 문제점을 지적하면서 '실학' 개념 자체의 폐기를 주장하는 경우도 있었다.[11]

지난 80년 동안의 연구에도 불구하고 이러한 혼란이 야기된 것은 실학을 주자학과 반대되거나 대립되는 학풍으로 설명했던 기본 전제 때문이었다. 이는 조선 후기 주자학을 이기심성론과 예학에 경도된 학문으로 이해하고 학

11 김용옥, 『讀氣學說』, 통나무, 1990.

문의 4분과(사장지학, 의리지학, 경제지학, 명물지학) 가운데 의리지학에 국한된 것으로 규정한 데서 나온 결론이었다. 그간 진행된 실학연구 성과를 놓고 볼 때, 양명학과 고증학을 실학이라 지목하는 경우도 있지만 대체적으로 실학은 조선 후기에 등장한 경제지학과 명물도수지학, 그리고 국어와 역사, 지리 등 국학의 연구 성과를 가리킨다고 정리할 수 있다. 그렇다면 실학은 주자학과 반대되거나 대립한 학풍이 아니라 그 일각의 특정 학풍을 지칭한 것이고, 이는 조선 후기 주자학의 전개과정과 연동되고 있었다.

이제 실학연구 80년을 맞아 그간의 연구 성과를 토대로 하여 실학연구 전반에 대한 재검토와 정리가 필요한 시점이다. 실학의 계보와 학풍도 최근의 연구 성과에 입각하여 새롭게 정리함으로써 앞으로의 올바른 연구방향을 설정함이 마땅할 것이다.

오해로 점철된 '실학'이란 용어를 사용함에는 보다 신중할 것이 요구된다. 통설적 '실학'론에 덧씌워진 편견과 선입관이 아직 정리되지 않았기 때문이다. 한국사 연구에서 실학연구가 차지하는 중요성에 비추어볼 때, 실학연구자만이 아니라 역사학자들이 모두 모여 그간의 실학연구 성과에 대한 공감대를 마련하고 진지한 토론을 통해 '실학' 개념을 재설정하며, 나아가 실학의 계보와 학풍을 재정립함으로써 오랜 혼란을 마감하는 것이 필요하다고 생각한다.

조선후기 지식세계의 확대와 실학[1]

고동환

1. 머리말
2. 도시경제의 성장과 도시문화
3. 지식세계의 확대와 지식의 체계화
4. 농민적 지식인층의 형성과 지식의 상품화
5. 실학사상의 위상
6. 맺음말

1. 머리말

실학이라는 용어는 1930년대 조선학운동을 펼쳤던 정인보, 문일평, 안재홍 등에 의해 창안되었다. 이들은 다산 정약용의 사상 속에서 중세적인 사회체제를 극복할 수 있는 사유체계를 발견하고 이러한 사조를 실학으로 명명하였다. 이들이 실학을 적극 평가한 이면에는 조선왕조 멸망의 원인을 제공했

高東煥 한국과학기술원 인문사회과학과 교수.
저서로는 『조선후기 서울상업발달사연구』(지식산업사, 1998), 『조선시대 서울도시사』(태학사, 2007), 공저로 『다시, 실학이란 무엇인가』(푸른역사, 2007), 『지방사연구입문』(민속원, 2008), 『한국사연구입문』(지식산업사, 2008), 『거상, 전국의 상권을 장악하다』(두산동아, 2005), 『서울상업사』(태학사, 2000), 『역사와 도시』(서울대출판부, 2000), 『1862년 농민항쟁』(동녘, 1988) 등이 있으며, 그 외에 조선시대 사회경제사에 대한 논문이 다수 있다.

1 본고는 기왕에 발표된 나의 글 「조선후기 도시경제의 성장과 지식세계의 확대」(한영우 외, 『다시, 실학이란 무엇인가』, 푸른역사, 2007)를 토대로 지식의 체계화와 지식의 상품화 부문을 보완하여 작성한 글이다.

다고 여겨지는 성리학에 대한 부정이 자리하였다.

해방 이후 천관우, 한우근, 이우성 등은 1930년대의 연구를 계승하여 실증적 연구를 진행하였다. 천관우는 실학을 실정實正, 실증實證, 실용實用을 특징으로 하는 근대지향, 민족지향의 사상으로 규정하였다.[2] 천관우의 실학연구는 당시 한국역사학에 주어진 식민사관 극복이라는 당면과제를 해결하는 상징적인 연구로 평가되면서 역사학계의 통설로 자리 잡았다. 이우성은 실학사상을 경세치용학파, 이용후생학파, 실사구시학파의 세 가지 계열로 분류하고 각각의 특성을 규명하였다.[3] 이들의 연구에 의해 실학사상의 내용이 풍부해졌을 뿐만 아니라, 보수적인 성리학에 대립되는 진보적인 사상으로서 실학의 사상사적 위치가 확고히 되었다.

그러나 1980년대 이후 성리학, 예학, 양명학 등 조선후기 사상사에 대한 이해가 심화되면서 실학과 성리학을 대립적으로 이해하는 시각이 비판받기에 이르렀다. 실학자들의 사상도 성리학적 사유체계에서 벗어나지 못했음이 지적된 것이다. 그 결과 성리학과의 대비 속에서 실학의 진보성을 운위할 수 없게 되었다. 이 문제는 한우근에 의해 일찍부터 제기된 바 있었다.[4] 그러나 한우근의 문제제기는 '실학'이라는 용례에 근거한 것이어서 그 파급력이 제한된 것이었다. 반면 1980년대 이후의 문제제기는 실학사상의 내부논리에 근거한 것이기 때문에 학계에 미치는 파장은 훨씬 컸다.

1980년대 이후 조선후기 사상사 연구의 진전은 실학의 실체가 과연 무엇인가라는 문제를 제기하였다. 실학이라는 개념은 '서구적 근대에 대한 콤플

2 천관우, 「실학의 선구 — 유형원」, 『한국의 인간상』 4, 신구문화사, 1965 ; 천관우, 「조선후기 실학개념 재론」, 『한국문화사대계 — 종교철학사』 6, 고려대 민족문화연구소, 1970.

3 이우성, 「실학연구서설」, 『실학연구입문』, 일조각, 1973.

4 한우근, 「이조 실학개념에 대하여」, 『진단학보』 19, 1958.

렉스가 빚어낸 허구'이기 때문에 실학이라는 용어를 폐기해야 한다는 견해도 제기되었다.[5] 실학개념의 유효성을 인정하는 입장에서도 실학의 본질이 무엇인가를 둘러싸고 다양한 견해가 제시되었다. 성리학의 핵심인 성즉리性卽理라는 사유체계에서 벗어난 북학사상만을 실학으로 봐야 한다는 견해,[6] 성리학과 실학은 사실상 분리할 수 없는 사유체계이기 때문에, 성리학 중에서 수기修己를 중심으로 하는 학문보다 인생일용지사人生日用之事를 다루는 실용적인 성리학을 실학으로 규정해야 한다는 견해,[7] 18세기 권력의 핵심을 장악했던 서울에 거주하는 경화사족들의 성리학을 실학의 핵심으로 이해해야 한다는 견해,[8] 18세기 소농사회의 성숙에 대응하는 성리학적 합리주의의 고양형태로 이해되어야 한다는 견해 등이 제출되었다.[9]

마루야마 마사오丸山眞男의 지적처럼 사상을 연구하는 방법에는 안과 밖 두 가지 방법이 있다. 안으로부터의 방법은 사상 내부의 논리를 중심으로 사상의 성격을 규명하는 방법이며, 밖으로부터의 방법은 사상이 사회 속에서 어떻게 존재하는가, 즉 사상의 사회적 기능을 중심으로 사상의 성격을 규정하는 방법이다.[10] 근 80여 년에 걸친 실학연구의 궤적을 추적하다 보면, 초기 실학개념을 창출하고 발전시킨 연구자들은 실학사상의 교의적 측면보다는 사회적 성격에 주목했음을 알 수 있다. 신분제, 지주제 등 각종 사회문제에 대한 개혁적 대안을 제시했기 때문에 성리학에 비해 진보적인 사상으로 자리

5 김용옥, 「朝鮮朱子學と近代」, 『アシアから考える世界像の形成』, 동경대출판회, 1994.
6 지두환, 「조선후기 실학사연구동향과 과제」, 『태동고전연구』 3, 1987 ; 「조선후기 실학연구의 문제점과 방향」, 『조선시대 사상사의 재조명』, 역사문화, 1998.
7 한영우, 「실학연구의 어제와 오늘-실학개념의 재정리」, 『다시, 실학이란 무엇인가』, 푸른역사, 2007.
8 유봉학, 「조선후기 경화사족의 대두와 실학」, 위의 책.
9 이영훈, 「18, 19세기 소농사회와 실학-실학 재평가」, 『한국실학연구』 4, 2002.
10 마루야마 마사오, 김석근 옮김, 『일본정치사상사연구』, 통나무, 1995.

매김된 것이다. 최근의 연구들은 사상의 사회적 성격보다는 사상의 내부논리에 중점을 두고 실학을 평가한다. 성리학적 교의에서 벗어나지 못한 사상이므로 성리학과 실학의 동질성을 강조한다. 또한 성리학자들도 일부이지만 당면 사회문제를 해결하려는 개혁의지가 있었음도 강조한다. 이처럼 실학과 성리학에 대한 이해의 심화는 사상의 평가기준을 사회적 성격에서 내부논리로 전환시켰다. 사상의 본질은 사상 자체의 내부논리에서 도출되는 것이기 때문에 이러한 전환은 연구의 진전에 따른 자연스러운 귀결일 것이다. 그러나 이와 같은 사상 내부로 연구가 심화되면서 실학개념의 위기가 초래되었다. 실학개념의 실체와 성격이 점차 모호해진 것이다.

실학사상은 한 개인에 의해 창시되고, 그 계승자들에 의해 발전되어온 사상이 아니라, 장기간에 걸쳐 형성된 하나의 공통된 사상경향이다. 실학은 성리학처럼 독립된 학문체계를 지니지 않았으며, 사승관계를 통해 학문내용을 전승함으로써 형성되는 학파 또한 당대에는 성립하지 않았다. 실학개념은 당대가 아닌 후대에 규정된 것이다. 그러므로 개별 사상가의 저작을 분석하고, 이를 종합하여 공통된 경향을 추출하려는 시도만으로는 실학개념의 위기를 증폭시킬 위험성이 크다.

이러한 한계를 극복하고 지역성을 중심으로 실학사상을 이해하고자 하는 시도는 이우성에 의해 이루어졌다. 이우성은 경세치용학파인 성호학파는 근기지방의 농촌환경에서 성장하여 사고가 복고적, 고답적이었으며, 이용후생학파인 연암학파는 도시적 분위기 속에 자라 생활, 의식이 진보적, 개방적이었다고 설명하였다.[11] 최근 이헌창은 이우성의 문제의식을 발전시켜, 성리학적 사유체계는 농촌체험에 적합한 사유였던 반면, 실학적 사유는 도시경제생

11 이우성, 「18세기 서울의 도시적 양상—연암학파, 이용후생학파의 성립배경」, 『향토서울』 17, 1963 ; 「실학연구서설」, 『실학연구입문』, 일조각, 1973.

활체험과 친화성을 지닌 사유체계로 규정하였다. 이우성이 경세치용학파와 이용후생학파의 차이를 도시와 농촌으로 분류한 것에 비하면, 이헌창은 실학과 성리학의 차이를 도시와 농촌이라는 지역성의 차이로 설명한 것이다.[12]

실학사상이 지배적인 사조로 존재했던 17세기 후반에서 19세기 중엽까지의 조선사회는 사회와 경제는 물론 문학과 예술 분야에 이르기까지 구조적인 변화를 겪고 있었다. 이러한 사회변동을 상징하는 지표로서 실학을 개념화하는 것은 중요한 의미를 갖는다. 그러나 기왕의 실학연구방법처럼 실학사상의 성격을 사상 내부의 논리나 성리학과의 대비를 통해 규정하기보다는 조선후기 지식세계 속에서 규정하는 것이 실학사상의 역사적 성격을 이해하는데 도움을 줄 것이다. 이를 위해서 본고에서는 17세기 후반 이후 서울의 도시경제의 양상과 도시문화의 특질을 해명하고, 이러한 도시문화의 형성과정에서 전체 지식세계의 변화가 어떻게 나타나고, 또한 그 속에서 실학사상의 위상은 어떠했는지를 살펴보고자 한다.

2. 도시경제의 성장과 도시문화

조선후기 도시경제의 성장에 영향을 미친 요인으로 17세기 이후 농업생산력의 발전과 그에 따른 농민층분화, 잉여생산물의 처분장인 농촌장시의 확산, 상평통보의 보급으로 인한 상품화폐경제의 성장을 꼽을 수 있다. 이러한 내적 계기와 더불어 전쟁과 대외교역과 같은 외적 계기도 도시경제의 성장에 큰 영향을 미쳤다. 외적 계기 중 첫째는 임진왜란이라는 전쟁 그 자체였다. 전쟁은 생산기반을 파괴함으로써 경제기반을 붕괴시켰다. 그러나 전쟁은 인

12 이헌창, 「18세기 廣州실학의 경제환경」, 『한국실학연구』 8, 2005.

구와 물자의 이동을 촉진하였고, 부족한 물자를 조달하기 위해 교환을 촉진시킴으로써 시장이 성장할 수 있는 계기를 만들었다. 임란 이후 경기지역에 급속하게 장시가 증가했던 것도 바로 전쟁의 영향이었다.

둘째는 임란 시 참전한 명군明軍의 영향이다. 명군은 군량과 군수물자를 조달하기 위해 은을 유통수단으로 사용하였다. 당시 명나라에서 유입된 은화는 900만 냥 정도로 추산되는데, 조선 경제가 명의 은銀경제권에 편입되면서 전쟁으로 황폐화된 시장이 급속히 재건될 수 있었다. 은화는 동전이 유통되기 이전까지 쌀, 면포와 더불어 일반적 교환수단으로 자리 잡았다. 시장의 성장과 함께 화폐경제의 토대도 마련되고 있었던 것이다.[13]

셋째는 17세기 후반 대외교역에서 얻을 수 있는 막대한 이윤이었다. 17세기 국제교역은 명청교체라는 국제질서 변동을 조건으로 전개되었다. 명 멸망 이후 중국과의 직교역로가 단절된 일본은 조선을 중개지로 하여 중국과 교역할 수밖에 없었다. 조선 상인들은 중국의 백사白絲를 수입하여 왜관에서 일본 상인들에게 은화를 받고 수출하는 중개무역을 수행하였다.[14] 수입 백사의 가격이 100근당 은 60냥인 데 비해, 일본수출가는 은 160냥이어서 100근당 100냥의 이익을 얻을 수 있었다. 투하자본에 비해 2.7배의 이익을 올렸던 것이다. 이와 같이 중개무역으로 집적된 부는 서울의 사치풍조를 널리 확산시켜 왕실과 부호富豪 등을 겨냥한 사치품이 서울에 대거 유입되었다. 중개무역의 이윤은 국내의 상품생산과 상업유통을 자극하면서 서울의 도시경제를 성장시켰다.[15]

중개무역과정에서 일본의 은과 함께 구리도 상당량 유입되었는데 구리는

13 한명기, 『임진왜란과 한중관계』, 역사비평사, 1999.
14 이태진, 「국제무역의 성행」, 『한국사시민강좌 – 조선후기의 상공업』 9, 일조각, 1991.
15 고동환, 「17세기 서울상업체제의 동요와 재편」, 『서울상업사』, 태학사, 2000.

상평통보의 원료로 활용되었다. 1678년(숙종 4) 상평통보의 유통성공의 이면에는 중개무역의 이익이 있었던 것이다. 동전주조는 1678년부터 1697년까지 20년간 지속되어 당시 필요로 하는 화폐량을 충분히 공급한 것이었다. 그 후 다시 주전이 재개된 1731년(영조 7)까지 30년간 주전이 중단되었지만, 동전유통의 경제적 기반은 동요되지 않고 계속 유지될 수 있었다.

중개무역의 이익은 국가재정의 여유를 가져와 점진적으로 추진되고 있었던 대동법의 전국적 실시에도 박차를 가할 수 있게 하였다. 대동법이 삼남지역에 확대된 시기는 중개무역의 이익이 국내에 집적되고 있던 시기였다. 대동법시행으로 공물 대신 20여 만 석에 달하는 쌀과 344동에 달하는 면포, 그리고 18,000여 냥에 이르는 동전이 서울로 반입되었다. 정부에서는 시가의 4~10배에 달하는 공가를 공인에게 미리 지급하였으므로, 대동법 시행 이전에 비해 서울에는 상당량의 상품과 화폐가 집적되었을 뿐만 아니라, 공가貢價와 시가市價의 차이로 인해 발생하는 막대한 부도 서울에 집적될 수 있었다.

동전의 유통과 대동법은 서울의 도시화를 촉진하였다. 동전유통의 성공은 상품화폐관계의 지속적 발전을 보장하였을 뿐만 아니라, 부의 무한한 축적을 가능케 하였다. 대동법은 요역徭役의 금납화로 인해 마련된 재원으로 요역의 고립화雇立化를 정착시키면서 노동력 상품화를 진전시켰다. 이는 도시에서의 인간관계를 인격적 지배예속관계가 아닌 화폐를 매개로 한 지배관계로 전환시키는 계기가 되었을 뿐만 아니라, 특정 직업이나 재산이 없이도 도시에서 생계를 꾸려갈 수 있는 기반을 만들었다. 이에 따라 서울에는 다양한 부류의 인구들이 정착하였고, 서울의 인구규모도 18세기 중엽 30만 명 이상으로 크게 증가하였다.[16] 도시경제의 성장과 그에 따른 인구증가는 서울의 인구 구

16 고동환, 「조선후기 서울의 인구추세」, 『조선시대 서울도시사』, 태학사, 2007.

성에도 변화를 야기하였다. 종전 중세의 왕도王都에 걸맞은 관리와 종실, 하예下隸 중심의 인구 구성에서 18세기 후반에 들어와 상업인구가 80% 이상을 차지하였다. 서울이 상업도시로 전환한 것이다.[17]

상업도시 서울은 경제적 이해관계가 모든 것을 지배하였다. 1844년(헌종 10) 가짜 암행어사 행세를 하다가 포도청에 붙잡혀온 죄수의 말처럼 '서울은 돈이 있으면 안 되는 일이 없는 곳[京中異於鄕中 有錢則無事不成]'이었다. 이와 같은 사회분위기 속에서 유교적 강상명분은 점차 퇴조하고, 서울의 일각에서는 경제활동과 인간본성을 긍정하는 새로운 도시문화가 형성되고 있었다. 이들 도시문화의 주체는 서울의 중간계층들이었다. 역관 등의 기술직 중인과 경아전, 그리고 시전상인들을 핵으로 한 중간계층은 도시인으로서 자신들을 자각하면서 새로운 문화를 향유해나갔다.[18]

서울의 도시문화를 이끌어갔던 이들의 세계관은 충효열忠孝烈의 강상綱常 윤리에 매몰되지 않았다. 그들은 정욕의 문제를 도덕적인 규범으로 억제될 수 없는 것으로 인식하였다. 그러므로 과부의 개가도 당연한 것으로 이해하였다. 여항인들은 인간 본능의 자연스러운 발산을 적극적으로 긍정했을 뿐만 아니라 상업활동, 근면절약 등을 통한 부의 축적도 옹호하였다. 새로운 세계를 추구했던 이들 여항인閭巷人에 의해 향유된 문화도 독특한 것이었다. 이들이 형성시킨 도시문화적 양상은 문화예술적 욕구의 증대와 유흥문화의 발달로 대변된다. 문화예술적 욕구는 다양한 생활취미를 추구하는 데서 잘 나타난다. 18세기 도시민들 사이에 바둑, 화훼, 서책, 고검古劍의 수집 등 새로운 감각의 생활취미가 발생하고 있었다. 이외에 술집과 기방 같은 유흥문화도 형성되었다. 유흥문화가 번성하면서 점차 유흥의 상업화 경향이 강화되

17 고동환, 『조선후기 서울상업발달사연구』, 지식산업사, 1998.
18 고동환, 「조선후기 서울의 생업과 도시문화」, 『조선시대 서울도시사』, 태학사, 2007.

었다. 서울 여항의 도시민적 취미 내지 향락 소비생활의 발전이 제 나름의 기예를 파는 일을 업으로 하는 예능인들을 출현시켰다. 유흥의 상업화 현상은 시장경제의 원리가 예술부문에도 적용된 것이다.[19]

도시문화가 발흥하는 과정에서 도시민들의 학문풍토도 변모되었다. 이는 연암이 창조해낸 허생이라는 인물과 여항인이었던 장혼張混의 사례에서 확인할 수 있다. 서울 남산 밑 비를 가리지 못하는 초가집에 살면서 아내의 삯바느질에 의존하여 생활하는 허생의 삶과 공부는 종래 지주경영을 토대로 속세와 거리를 두면서 책을 벗 삼는 처사의 삶과는 거리가 멀었다. 그의 삶은 여성의 삯바느질로 생활을 이어갈 수 있는 도시 속에서만 존립 가능한 것이었다. 종전 양반사족층에게 학문은 수신의 도구와 더불어 과거를 통해 사환의 길로 가는 중요한 수단이었다. 수신도 결국 치인治人을 위한 방편이었다는 점을 감안하면, 학문은 결국 치인을 위한 것임을 부정할 수 없을 것이다. 이러한 사정을 감안하면, 과거를 도외시한 허생의 공부태도는 무엇을 지향하고 있었을까. 장혼의 사례는 이러한 의문에 시사를 준다. 장혼은 「평생지平生誌」에서 "태평시대에[生太平] 서울에서[居京都] 벼슬살이를 하며[行列衣冠], 문자를 알고[粗解文字], 샘물 흐르는 경승지에서[泉壑一口], 꽃과 나무를 가꾸고[花木千株], 마음의 친구를 사귀며[得心交], 좋은 책을 수장한다[蓄好書]"는 점을 청복팔품淸福八品으로 꼽고 있다. 서울에 산다는 점, 문자에 대한 해독능력과 좋은 책을 간직하는 것은 도시적 삶과 지식세계의 결합을 의미한다. 도시적 삶과 지식세계의 결합을 깨끗한 복으로 여기는 것은 과거의 사대부들이 벼슬을 버리고 낙향하여 산천경개가 뛰어난 곳에 은둔자적하는 삶을 이상적인 삶의 형태로 상정하고, 이를 추구했던 것과는 완연히 다른 것이다. 무엇을 하기 위

19 강명관, 「조선후기 서울의 중간계층과 유흥의 발달」, 『민족문학사연구』 2, 1992.

한, 또는 무엇이 되기 위한 공부가 아니라 지식 자체가 목적일 수 있는 풍토가 도시문화의 발흥 속에 마련되고 있었던 것이다.

3. 지식세계의 확대와 지식의 체계화

17세기 후반 이후 도시경제의 성장과 도시문화의 발흥은 지식세계 자체의 변화를 야기하였다. 지식은 상품과 마찬가지로 도시를 중심으로 생산, 유통, 소비되는 것이기 때문이다.[20] 조선후기 지식세계의 가장 큰 변화는 지식세계 자체의 확대현상이다. 지식세계의 확대는 크게 세 가지 차원에서 살필 수 있다. 첫째는 학문적 연원의 다양화이며, 둘째는 지식의 유통체제의 확립, 셋째는 지식계층의 확대이다.

학문적 연원의 다양화현상은 17세기 이후 확연히 드러난다. 주자절대주의에 기초한 성리학적 교조주의가 지배했던 사상계에 17세기에 이르면 육경고학六經古學에 기초한 범유교주의로 회귀하려는 흐름이 나타나는 한편, 한문으로 번역된 서학이 유입됨으로써 지식세계 자체가 내용적으로 풍부해졌다. 또한 양명학도 유입되어 일부세력에 수용되었고, 18세기 후반에는 청조 고증학이 수용되기도 했다. 도교나 불교도 여전히 전통지식으로서 자기역할을 충실히 수행하고 있었다. 이러한 다양한 학문적 연원 중에서 실학사상에 큰 영향을 미친 것은 주자성리학, 육경고학, 서학이었다.

17세기 후반 반계 유형원은 주자의 이기이원론을 뛰어넘어 실리實理를 궁극적 원리로 착안함으로써, 성리학의 의리중심의 사회인식을 비판하고 범유교의 입장에서 사회적 위기를 극복하는 방안을 제시하였다. 반계의 학문적

---

20 피터 버크, 박광식 옮김, 『지식 — 그 탄생과 유통에 대한 모든 지식』, 현실문화연구, 2006.

토대는 육경고학의 논리기반에서 현실문제의 해결에까지 나아간 독자적인 사색과정이 응축되어 있는 것이라고 평가된다.[21]

실학사상의 형성과 전개과정에서 큰 영향력을 미쳤던 것은 서학의 전래이다. 실학자들은 한역된 서구과학기술서를 통해 새로운 지식을 접함으로써 세계관을 확장시키고, 사상적 유연성을 확보할 수 있었다. 17세기 후반 서학은 과연 어느 정도의 파급력을 지녔을까. 문집도 남기지 않았으나, 손자인 신경준申景濬에 의해 묘지명으로 남겨진 신선부申善溥(1667~1745)의 지적 편력을 통해 이 문제의 실마리를 찾아보도록 하자. 신선부는 서울에서 태어나서 자랐으며, 30세에 성균관 진사가 되어 10년 동안 과거에 응시했으나 뜻을 이루지 못하자 40세인 1707년 과거를 포기하고 순창에 내려와 세상을 마쳤다. 신경준은 할아버지에 대해 기형의기璣衡儀器, 보시종報時鍾, 전진기계戰陣機械, 주차수차舟車水車, 기타개물이용지구其他開物利用之具 등을 직접 제작하고 실험하였다고 말하고 있다. 이와 같은 천문 · 국방 · 농업과 관련된 기계는 서학의 전래와 함께 도입된 것이다. 이 기계들을 직접 제작하고 실험했다는 것은 17세기 말 18세기 초에 살았던 성균관 진사의 지식세계에 서학이 어느 정도의 영향력을 미치고 있었는지를 잘 보여준다. 정약용도 자신이 젊었을 때 서학서적을 읽는 것이 유행이었다고 얘기하고 있다. 이렇듯 서학은 소수의 연행사절이나 학자들만이 아니라 서울사대부 일반에게 널리 전파되었고, 서학서에 기록된 기기를 제작하여 실험할 정도로 관심이 깊었던 것이다.

두 번째 요인은 지식의 유통체제인 책의 간행과 보급체제가 대중화되면서 지식의 확산속도가 증가했다는 점이다. 서책을 판매하는 책사冊肆는 서울의 정릉동 병문屛門, 육조 앞 두 곳에 있었다. 이곳에서는 사서삼경四書三經과 백

21 김준석, 『조선후기 정치사상사연구』, 지식산업사, 2003.

가제서百家諸書는 물론 방각본으로 간행된 천자문, 동몽선습, 사략, 통감과 같은 책들이 판매되었다. 이 시기에는 직업적으로 책만을 판매하는 책장수도 등장하였다. 서울에는 책을 판매하는 책사 외에도 책을 대여하는 세책가貰冊家도 있었다. 책사에서 파는 책보다 세책가에서 대여하는 책이 비교적 고급스러웠다. 세전貰錢을 많이 받기 위해 분량이 많은 책을 두 책으로 분책하는 경우도 있었다. 조선후기 책의 유통과정에서 주목해야 할 점은 출판을 통한 보급보다는 필사를 통한 보급이 훨씬 많았다는 점이다. 방각본 소설은 종이질이 낮았기 때문에 대부분의 집안에서는 종이를 따로 마련해 필사하여 돌려 읽는 편이 훨씬 유리했다. 이러한 세책, 매책賣冊, 필사 등의 방식으로 지식은 일반대중에게 널리 확산될 수 있었다.

지식세계 확대의 세 번째 요인은 지식계층의 양적 확대에서 찾아진다. 지식계층의 양적 확대과정에서 제일 먼저 꼽아야 하는 것은 초등교육기관인 서당의 증가이다. 16세기 말 서원의 증가에 따라 서원의 부속교육기관으로 자리 잡기 시작한 서당은 17세기 이후 서원과 독립된 사설향촌교육기관으로 자리 잡아갔다. 17세기에는 사족층의 주도하에 몇 개의 자연촌을 대상으로 한 서당이 출현하였다. 18세기에는 소규모 자산으로도 운영이 가능한 서당계가 고안됨으로써 경제적 어려움을 겪는 평민층들도 서당을 운영할 수 있게 되었다. 18세기에는 평민중심의 교재가 본격적으로 선보이고, 직업적 고용훈장이 등장하는 등 서당교육의 일대 변혁이 나타났다.[22] 습자와 강독, 제술 등으로 이루어진 서당교육은 평민층에게까지 확대되었다. 서당교육의 교재는 천자문, 추구推句, 동몽선습, 명심보감, 소학 등이었다. 천자문은 17세기와

---

22 정순우, 『18세기 서당연구』, 한국학대학원 박사논문, 1985 ; 「17세기 서당경영과 향촌지배층의 동향」, 『교육이론』 1-1, 1986 ; 「19세기 서당설립과 향촌사회의 동향」, 『한국의 사회와 문화』 16, 1991.

19세기에 간행이 활발하였는데, 특히 19세기 이후에는 방각본 형태로 대량 유통되어 서당 증설에 따른 천자문 수요의 폭발적 증가를 반영하였다.

서당의 확대와 초보적 교재의 대량 간행은 초급지식인층이 양산되는 기반이었다. 정석종은 조선후기에 출현한 이러한 새로운 지식계층을 유랑지식인으로 규정하였다. 유랑지식인은 경제적 기반 없이 설경자활舌耕資活, 매문자생賣文資生하는 자들로서, 지사地師나 훈장을 생활의 방도로 삼고 떠도는 자들로 규정된다.[23] 그러나 새로운 지식계층은 유랑하기보다는 농촌에 정착하여 주민들의 생활과 관련되는 일에 종사하면서 생활을 이어갔던 사람들이 더 일반적이었을 것이다. 왜냐하면 그들이 지닌 지식이 민간생활에 쉽게 수용될 수 있는 것이기 때문이다. 이러한 새로운 지식계층을 농민적 지식인으로 규정할 수 있다.[24]

지식세계의 확대과정에서 중요한 점은 조선후기에 확대된 지식들을 체계화하려는 움직임이 본격적으로 대두했다는 점이다. 이 시기에는 그 이전에 나타나지 않았던 박물학적 연구, 백과사전적인 유서류類書類 편찬, 지식의 분류체계가 활발히 논의되고 있었다. 지식의 확대에 따라 이를 체계적으로 분류할 필요성이 높아진 것이다. 초기 어숙권魚叔權의 『고사촬요攷事撮要』나 김휴金烋의 『해동문헌총록海東文獻總錄』 등에서 행해진 이러한 작업은 정조치세기 조정의 작업으로 본격적으로 추진되었다. 『고금도서집성古今圖書集成』을 활용하여 당시 규장각에 모아둔 서적들을 분류한 『규장총목奎章總目』은 이의 대표적인 사례이다. 그 이후 1865년(고종 2) 작성된 규장각 한국본 소장목록인 『서고장서록西庫藏書錄』이 작성되었고, 개인적으로 서유구는 우리나

23 정석종, 『조선후기 사회변동연구』, 일조각, 1990. 정순우, 장영민, 윤병철, 진재교, 「조선후기 유랑지식인연구」, 『정신문화연구』 20권 4호, 1997.

24 고동환, 「19세기 부세운영의 변화와 呈訴운동」, 『국사관논총』 43집, 1993.

라에서 출판된 서적들을 분류하여 수집 기록한 『누판고鏤版考』를 펴냈다. 이러한 전통은 19세기 최종적인 문물정리 작업의 결과물인 『증보문헌비고增補文獻備考』「예문고藝文考」에서 종합되었다.

지식체계의 종합정리 작업과 함께 실용지식을 쉽게 활용할 수 있는 초출책抄出冊, 율문책律文冊 등이 상당수 제작되어 유통되었다. 서리들의 행정업무를 효율적으로 집행하기 위한 지침서인 『유서필지儒胥必知』는 18세기 말에서 19세기 초 사이에 초간되었고, 그 이후 서울과 전주 등지에서 목판본으로 간행되어 대량 유통되었다.[25] 『유서필지』 외에도 각종 청원과 소송에 대한 제사題辭형식 등이 간편한 형식으로 엮어져 필사본 형태로 널리 보급되었다. 수령의 행정지침서인 목민서류를 비롯하여, 1837년(헌종 3)에 필사된 형률판례집인 『율례요람律例要覽』, 1850년(철종 1) 지방수령이 백성이 알아야 할 법률조항을 적어 반포한 전령傳令을 편집한 『하방중암촌下坊重菴村』 등 많은 종류의 책들이 오늘날 규장각에 남아 있다. 이들은 법률 각 조항에 위배되었을 때 소지나 원정을 올리는 형식과 제사형식을 간단한 형태로 나열한 책들이다. 1822년에 완성된 정약용의 『흠흠신서欽欽新書』를 쉽게 활용하기 위해 초록한 책 중에 규장각 소장책만 해도 『흠서철영欽書掇英』, 『흠서교론欽書駁論』, 『흠형전서欽刑典書』, 『흠서요개欽書要槪』, 『흠전欽典』 등 5종에 달한다. 지식의 체계화와 함께 나타나는 실용적 지식의 간편화는 서당교육을 통해 한문을 초보적으로 깨우친 사람들이 자신이 배운 지식을 상품화하여 생계를 이어가는 중요한 토대였다.

25 『유서필지』 초간본은 대전통편(1785) 편찬 이후~헌종 10년(1844) 사이에 이루어졌다(김봉좌, 「儒胥必知 판본연구」, 『서지학보』 29, 2005).

4. 농민적 지식인층의 형성과 지식의 상품화

새로운 지식계층이 주로 종사하는 업무는 훈장이나, 복술卜術, 의업醫業과 소장대서업訴狀代書業 등이었다. 조선후기 서당의 증가에 따라 그에 필요한 훈장층도 상당히 늘었다. 아직까지 조선후기 서당의 수가 어느 정도인지 통계적으로 확인할 수 있는 자료는 없다. 다만 1910년 3월의 통계에서는 2,146개소의 보통학교에 10만 명이 넘는 학생이 재적하고 있다고 하였다.[26] 조선후기 서당은 1910년의 보통학교 수보다는 훨씬 많았을 것이다.

의약업에 종사하는 계층도 18세기 이후 크게 증가하였다. 종전 선물膳物경제에 편입되었던 의료업이 시장경제의 세례를 받으면서 민간의료가 성장했기 때문이다. 1914년의 통계에 따르면 의약업종사자 수는 14,612명이었다. 같은 통계에서 전국인구는 1,562만 명이므로 의료종사자 수는 1천 명당 1명꼴인 셈이다.[27] 오늘날 규장각 등에 남아 있는 의서醫書의 양이 상당량에 달한다는 사실은 의서의 수요층인 초보적 지식인층이 사회저변에 광범하게 존재했음을 말해준다.

훈장과 의업 외에 새로운 지식인층이 업으로 삼는 분야는 법률서비스를 대행하는 일이었다. 행정문서, 법률문서의 간편화, 정식화에 따라 19세기에 이르면 향촌에는 문자를 모르는 사람들을 위해 소장을 대신 써주는 계층이 광범하게 형성되었다. 정약용은 소장을 대신 써주는 사람들을 훈장으로 지목하고 옳지 않은 일로 소송을 일으켜 수령의 정사를 어지럽게 만드는 사람이

26 허수열, 「개발과 수탈론 비판—식민지 산업화와 해방후 산업화의 연관성 비교—」, 『역사비평』 1999년 8월.

27 신동원, 「조선후기 의원의 존재양태」, 『한국과학사학회지』 26-2, 2004.

28 다산연구회, 『譯註 牧民心書』 6부 형전 聽訟.

라고 비난하고 있다.[28] 정약용은 수령의 입장에서 이들을 비난하였지만, 이들은 향촌사회의 각종 비리와 부정을 살필 수 있는 지적 능력을 갖추고 있었으며, 무지한 농민들을 대신하여 정소呈訴에 앞장서는 사람들이었다. 1862년 진주민란의 지도자인 유계춘柳繼春은 '읍과 감영에 정소하는 일을 업으로 삼던[呈營呈邑 作爲生涯]' 인물이었고, 동학농민전쟁의 전봉준도 고부에서 훈장을 업으로 하면서 동시에 소지所志를 대신 써주던 사람이었다. 동학의 창시자 최제우도 한때 아동들을 가르치는 일과 뛰어난 붓글씨 솜씨로 구龜, 용龍, 운雲, 상祥, 의義 등의 낱글자를 써서 사람들에게 주고, 약간의 돈과 양곡을 받아서 생계를 유지하는 사람이었다. 최제우와 전봉준 외에도 동학의 지도자들인 영해접주寧海接主 박하선朴夏善, 최시형과 함께 초기 동학조직을 이끌었던 강수姜洙, 태인대접주泰仁大接主 김개남 등도 모두 훈장을 업으로 삼고 있었다.[29] 복술은 최제우처럼 뛰어난 글 솜씨로 부적 등을 만들어 판매하는 경우도 있었지만, 대부분은 풍수적 지식을 토대로 묏자리나 집터를 정해주는 지사地師로 생계를 유지했다.

농민적 지식인들은 훈장, 복술, 의업, 소장 대서를 통해 지식을 상품화함으로써 생계를 이어갔다. 서구에서도 지식을 판매하여 생계를 유지할 수 있었던 초기 지식인 계층이 법학이나 의학 등에 종사했다는 점을 염두에 둔다면, 이러한 현상은 지식세계의 확대과정에서 나타나는 보편적 과정으로 볼 수 있다.

농민적 지식인층이 새롭게 발생함으로써 조선후기에는 지식인층의 분화가 나타났다. 사대부를 중심으로 한 고급 유학자들은 여전히 성리학과 경세經世와 수기修己의 문제를 중심으로 사유한 반면, 농민적 지식인들의 지식세

29 표영삼, 『동학 1—수운의 삶과 생각』, 『동학 2—해월의 고난 역정』, 통나무, 2004.

계는 성리학과 같은 고도의 추상세계가 아니라 민간생활에 쉽게 수용되고 그들의 원망을 적절히 해소해 줄 수 있는 지식으로 채워져 있었다. 새로운 지식계층의 형성은 종전 성리학과 실학으로 대별되던 지식세계에 농민적 지향을 지닌 새로운 지식세계가 부가되었다는 것을 의미하는 것이며, 동시에 도시문화의 발흥과 함께 확장된 지식세계가 19세기 이후 향촌사회로 파급력을 높여갔음을 의미하는 것이다.

5. 실학사상의 위상

조선후기 지식세계의 확대과정에서 사대부층의 사상 또한 변화하지 않을 수 없었다. 고도의 추상세계나 수기修己나 예禮에 집중되었던 사유체계가 실용적 지식세계에 대한 관심으로 확대된 것이다. 박물학적 관심이 높아져 다양한 백과사전류의 저작이 저술되거나, 언어나 개별 사물에 대한 저술들이 등장하는 것도 이러한 지식세계의 확대를 반영하는 것이다. 또한 18세기 이후 법률서 등이 다양하게 편찬되고, 역사지리서나 의학서 등이 개인적인 차원에서 저술되는 것도 지식세계의 확대에 따른 대응형태이다. 여기서는 17세기 후반 자기 모습을 분명하게 드러내고 있는 실학사상이 전체 지식세계 내의 위상은 어떠했는지를 알아보기 위해, 반계 유형원과 성호 이익, 그리고 다산 정약용의 사상이 어떻게 보급되고 수용되고 있는가를 살펴보고자 한다.

반계와 성호, 다산은 모두 서울과 근기지역 출신으로 도시경제의 세례 속에서 자신의 학문적 지평을 열어갔던 학자였다. 반계는 서울에서 태어나 15세까지 자랐으며, 병자호란이 발생하면서 강원도 원주로 피난을 갔고, 경기도 양평의 지평 화곡리로 이사했다가 다시 여주 백양동으로 옮겨 살았다. 그 후 두 차례 걸쳐 과거에 응시했으나 낙방하고, 32세 때 전라도 부안의 우반동에 은거하여 20년간 이곳에서 살다가 여생을 마쳤다. 그러므로 30세 이전 반계에게 영향을 주었던 학문풍토는 서울과 경기지역의 학풍이었다.

1652년(효종 3)에 쓰기 시작하여 1670년(현종 11) 완성된 『반계수록磻溪隨錄』은 1770년(영조 46) 왕명에 의해 경상감영에서 목판으로 간행되어 보급되었고, 1783년(정조 7)에는 반계의 다른 저작인 군현제郡縣制가 『반계수록』 보유편인 목판으로 간행되었다. 『반계수록』은 영조치세에 오면서 조선학자의 저작 중에서 가장 중요한 저작으로 꼽히고 있었다. 심지어 영조는 『반계수록』을 읽지 못한 신하에게 불성실하다고 평가하기도 했다. 반계의 저작은 왕을 비롯한 조정의 신하, 그리고 향촌의 유생들에게까지 두루 읽혔던 저작이었다. 삼대 이후의 최고의 경국책經國策이라는 평가와 함께 반계는 국가를 경륜할 만한 으뜸가는 선비로 평가되고 있었다. 반계는 평생 권력에서 소외된 재야지식인으로 살았지만, 영조, 정조대에 그의 학문은 상당한 권위와 정통성을 획득한 사상으로 수용되고 있었던 것이다.

성호가 살았던 광주廣州는 서울과 하루 만에 오고갈 수 있는 매우 가까운 거리였기 때문에 인적, 물적 교류를 통한 지식, 정보의 전파가 원활하였다. 성호는 반계나 다산에 비해 사승관계를 통해 성호학파를 형성한 인물이다. 그만큼 학문적 영향력도 강력했다. 홍대용은 21세 때부터 김원행 문하에서 성리학을 공부했던 노론계 학자였지만, 성호사설을 읽고 있었다. 또한 박제가도 박지원의 허생전 문체를 "『반계수록』이나 『성호사설星湖僿說』에서도 하지 못한 말로서, 조선에서 보기 드문 문장"이라고 평가하고 있다. 이 시기 지식인에게 있어 반계와 성호는 상당한 권위를 지닌 학자로 인정되고 있었다.

정조대 촉망받는 학자로 두각을 나타냈던 다산도 경기도 양주에서 출생하였지만, 서울에서 사환기를 거쳤다. 근기와 서울이 그의 학문을 형성한 무대인 것이다. 그는 순조대 18년이라는 오랜 기간 유배되는 처지에 놓이긴 했지만, 그의 저작은 당대에 상당한 영향력을 지니고 있었다. 앞서 보았듯이 『흠흠신서』를 초록한 책들이 상당수에 달하며, 이외에도 다산의 저술들을 인용하는 저서들은 수없이 많다. 심지어는 정약용의 이름을 가탁하여 실무적인 의서를 편찬하는 경우도 있었다. 1869년에 편찬된 『경험두방經驗痘方』은 책의 권위를 높이기 위해 정약용의 명성을 가탁하고 있다.[30]

실학사상가 중에 핵심인물인 반계–성호–다산의 저작들은 그의 사후에 대다수 지식인들에게 매우 중요한 저서로 평가되고 널리 읽히고 있었다. 비록 사환의 길에서는 소외되었다고 해도 이들의 학문적 위력은 당대 다른 학자와 견주기 힘들 만큼 강력한 것이었다. 실학자들은 당대 지식세계의 주류적 위치에 있었던 것이다.

실학자들의 저작은 첫째 유교경전을 재해석함으로써 성리학적 교의에서 벗어나고자 하는 철학적 지향, 둘째 신분제와 지주제, 농업과 농민문제, 상공업문제 등 사회문제에 대한 개혁방안, 셋째 행정과정에서 도움을 줄 수 있는 각종 실무적 지침서와 지리서, 의학서 등 다양한 분야를 포괄하고 있다. 그동안 실학사상에 대한 성격 규정은 첫째와 둘째 문제에 집중되어 논의되어 왔다. 그러나 조선후기 지식세계 전체의 확대현상과 관련해서는 셋째 측면도 간과해서는 안 될 중요한 측면이다. 『성호사설』과 같은 백과전서류의 저작이나 『목민심서牧民心書』와 같은 실무적인 행정지침서, 『흠흠신서』와 같은 법률서, 기타 지리역사서, 의학서 등은 현실적 필요에 의해 널리 보급되고 있었기 때문이다.

이렇게 보면, 실학사상은 도시경제의 성장과 지식세계의 확대과정에서 실용적인 지식세계에 관심을 지닌 사대부층의 사상이라고 규정할 수 있다. 성

30 김호, 「'經驗痘方' 해제」, 『규장각한국본도서해제』, 서울대 규장각, 1998.

리학과 달리 실학사상은 평민층의 생활상의 문제와 사회개혁에 관심을 가짐으로써 농민적 지식인과 연대할 수 있는 여지를 지니고 있었다.[31] 그러나 실학사상은 농민적 지식인이 지녔던 실용적 세계에는 관심을 같이했지만, 복술과 같은 신비주의적 세계를 공유할 수는 없었다. 1894년 동학농민전쟁을 이끌어간 사람들은 실학자들이 아니라 훈장이나 소장대서인들을 중심으로 형성된 농민적 지식층이었다. 이들은 실학사상보다는 복술과 같은 농민적 지식세계에서 잉태된 동학사상에 경도되었다. 동학사상은 합리성을 결여하긴 했지만, 농민적 생활체험에 적합한 사유구조를 내포한 것이었기 때문에 농민대중에게 실학적 사유보다 더 큰 영향력을 미칠 수 있었던 것이다.

6. 맺음말

17세기 후반 조선사회는 한중일 중개무역의 이윤이 집적되면서 도시경제가 성장할 수 있는 계기가 마련되었다. 도시경제의 성장과 도시문화의 발흥 속에서 지식세계의 확대도 성취되었다. 성리학일변도였던 학문적 연원도 육경고학과 서학, 양명학, 고증학 등으로 다양화되었으며, 지식과 정보의 유통 속도 또한 서울이라는 도시를 배경으로 더욱 빨라졌다. 지식세계의 확대는 지식계층의 확대를 수반하였다. 종전 사대부층들에 국한되었던 지식계층이 초등교육기관인 서당교육의 확대와 함께 문자를 해독할 수 있는 농민적 지식인층이 발생한 것이다. 이들은 농촌에 정착하여 의업과 복술, 훈장, 소장대서업 등과 같이 농민생활과 밀접한 분야에서 자신의 지식을 판매함으로써 생계를 유지했던 세력이었다. 조선후기 지식세계의 확대과정에서 지식인층의 분

31 김용섭, 『조선후기 농학사연구』, 일조각, 1988.

화가 발생하였고, 고급지식인인 양반사대부들의 사상도 변화했다. 이 과정에서 도시경제의 세례를 받으면서 수기修己나 예禮에 집중되었던 지적 관심을 실용세계로 변화시킨 학자들이 바로 실학자들이었다. 실학사상은 도시경제의 성장과 지식세계의 확대과정에서 실용적인 지식세계에 관심을 가진 사대부층의 사상인 것이다.

일반적으로 실학은 그 시대 현실에 적합성을 지닌 학문을 의미한다. 중국 송나라 때에는 도교, 불교의 비실용성에 대해 유학의 현재적 성격을 부각시키기 위해 사용했으며, 고려말기에는 불교나 사장학에 대해 성리학을 실학으로 규정하였다. 이와 같은 실학의 역사적 용례를 보면, 실학은 역사적으로 통시성을 지닌 용어로 이해될 수도 있다.

그러나 우리가 개념화하여 사용하는 실학이라는 용어는 통시대적 개념은 아니다. 1930년대 조선학운동의 일환으로 제기된 특정시대의 사상경향을 의미한다. 오늘날 우리가 실학개념을 발전시키고, 실학사상에 주목하는 까닭은 이들 사상경향이 거대한 사회변혁기인 조선후기의 사회성격을 가장 잘 보여주기 때문이다. 그렇지만 조선후기 사회성격을 총체적으로 보여주기 위해서는 실학사상에만 초점을 두어서는 결코 만족할 만한 성과를 거둘 수 없다. 조선후기 사회성격을 제대로 드러내려면 이 시기 지식세계 전체의 변화 속에서 새로운 사상 경향으로서 실학의 위상을 짚어야 할 뿐만 아니라, 지식세계의 확대과정에서 나타난 농민적 지식인층의 등장도 주목해야 할 것이다.

한말 한국을 방문했던 서양인들은 중국이나 인도에서는 천 명 가운데 한 명이 글을 읽을 수 있는 데 비하여 한국에서의 읽기는 거의 보편적이며, 한강 유역에는 하층민조차 한글을 읽을 수 있으며, 나라의 변방 끝인 북부지역에도 마을마다 서당이 있고, 읽고 쓰지 못하는 한국인은 거의 없다고 기록하고 있다.[32] 20세기 전반기 식민지를 거치고, 민족내부의 전쟁으로 모든 사회적 기반이 파괴된 이후 불과 30년 남짓한 기간 동안 급속하게 경제성장과 민주주의의 발전을 이룩한 사회적 동력은 교육을 통해 배출된 숙련된 노동력과 지식세계의 결합이 뒷받침되었기 때문이다. 이러한 지식 자체에 대한 존경과 높은 교육열은 조선후기 사회변동과정에서 우리 역사가 성취해낸 중요한 자산인 것이다.

32 정연태,「19세기 후반 20세기 초 서양인의 한국관」,『역사와현실』34, 1999.

'海外'를 바라보는 北學

–『열하일기』를 중심으로–

이태진

1. 머리말
2. 『열하일기』 새로 읽기
3. 피서산장에서 있었던 일
4. 연암 박지원의 홍분과 형안
5. 맺음말

1. 머리말

우리 고전 중에 연암 박지원(1737~1805)의 『열하일기』만큼 널리 알려진 것도 드물다. 내가 수년 전 이를 정독할 때 이 책이야말로 우리의 진정한 고

李泰鎭 서울대학교 명예교수, 대한민국학술원 회원, 현 국사편찬위원회 위원장.

저서로는 『증보판 한국사회사 연구』(지식산업사, 2008), 『朝鮮儒敎社會史論』(지식산업사, 1989), 『朝鮮後期의 政治와 軍營制 변천』(한국연구원, 1985), 『왕조의 유산–외규장각도서를 찾아서』(지식산업사, 1994), 『고종시대의 재조명』(태학사, 2000), 『의술과 인구 그리고 농업기술』(태학사, 2002), 『동경대생들에게 들려준 한국사』(태학사, 2005), 『韓國社會發展史論』(공저, 일조각, 1992), 『서울상업사』(공저, 태학사, 2000) 등이 있다. 편저서로는 『조선시대정치사의 재조명』(태학사, 2003), 『일본의 대한제국 강점』(까치, 1995), 『한국병합, 성립하지 않았다』(태학사, 2001), 『한국병합의 불법성연구』(서울대학교출판부, 2003), 『한국병합과 현대–역사적 · 국제법적 재검토』(태학사, 2009) 『영원히 타오르는 불꽃–안중근의 하얼빈 의거와 동양평화사상』(지식산업사, 2010) 등이 있으며, 그 밖에 한국의 정치사, 사회사, 대외관계사 등에 관한 많은 논문이 있다.

전古典이라는 찬사가 절로 나왔다. 기행문을 소설처럼 써나가면서 격조 높은 논조로 그 많은 문물과 역사를 평하고 시세와 인물들을 읽었으니 높은 반열에 올리지 않을 수 없다.

조선왕조는 명, 청 두 나라를 섬기는 가운데 북경으로 사행 가는 횟수가 수백 번에 이르렀다. 사신들은 일종의 보고서로서 기행문을 남겼다. 명나라 조정에 다녀온 사신들은 그 나라를 상국上國으로 모시는 관념에서 책 이름을 조천록朝天錄(천자를 배알한 기록이란 뜻)이라고 부르기를 주저하지 않았던 반면, 청나라를 다녀온 사람들은 대국大國으로만 인식한 가운데 그 수도의 이름 연경燕京을 따서 연행록燕行錄이라고 한 것이 태반이다. 박지원의 것을 열하일기라고 한 것은 예외이다.

열하熱河는 북경에서 북쪽으로 420리 정도 떨어져 있는 곳으로 현재의 지명은 청더承德이다. 이곳에는 강희제가 하궁으로 지은 피서산장避暑山莊이 있고, 건륭제가 1780년에 70세 만수절 잔치를 이곳에서 벌였다. 연암은 조선의 축하 사신단의 정사 박명원朴明源의 수행원으로 따라가서 그 지명을 서명에 넣었다. 조선 사신단이 열하를 다녀오기는 이때가 처음이었다. 1860년의 북경사건으로 함풍제咸豊帝가 이곳으로 피신해 있을 때 이듬해 위로차 사신이 이곳을 다녀왔는데, 공교롭게도 연암의 손자인 박규수가 부사로 다녀왔다. 열하를 다녀온 사행은 이 둘이 전부다.

『열하일기』는 북학파의 대표적 저술로 꼽힌다. 이 책이 대표적 실학서로 평가받는 이유는 대체로 두 가지로 집약할 수 있다. 하나는 청나라를 오랑캐의 나라로 낮추어 보지만 말고 중국 한족 문화를 포용하여 높은 수준에 이르고 있는 그 역량을 인정하자는 것, 다른 하나는 실현하기도 어려운 북벌 주장을 버리고 청나라를 중국의 실체로 인정하자고 한 점 등이다. 이 책이 두 가지에 관한 기술을 많이 담은 것은 사실이다. 그러나 이에 관한 것은 주로 압록강을 건너 연경에 이르기까지의 여정에서 주로 많이 언급한 것으로 이 책의 전체에서 보면 범위의 반을 넘어서지 않는 것이다. 연암이 보다 더 역점을 둔 것은 그 이후의 여정, 즉 건륭제의 만수절이 열리는 곳인 열하로 가서 눈으로 본 것들이다. 다시 말하면, 건륭제가 티베트 불교 지도자인 판첸班禪 라마를 대접하는 광경을 보고 충격을 받은 대목이다. 연암은 건륭제가 한 이국의 불교 지도자를 평등의 예 내지 스승의 예로 대하는 광경을 보고 큰 충격을 받고 그 배경을 읽어내는 글을 여러 차례 썼다. 이를 놓쳐서는 『열하일기』를 제대로 평가할 수 없다.

2. 『열하일기』 새로 읽기

『열하일기』에서 열하에 당도하기까지의 여정에 관한 글은 다섯 편으로 나뉘어 있다. ①「도강록渡江錄」, ②「성경잡식盛京雜識」, ③「일신수필馹迅隨筆」, ④「관내정사關內程史」, ⑤「막북행정록漠北行程錄」이 그것이다. ①~④는 압록강에서 연경까지 40일간의 기록이고, ⑤는 연경에서 열하까지 5일간의 글이다. 구체적으로, ①은 압록강에서 요양까지 15일간의 기록으로 책문柵門의 이용후생의 이점, 성곽제도, 벽돌의 효용성, 그리고 요동 역사 등을 특별히 언급하였다. ②는 십리하란 곳에서 소흑산까지 5일간의 일정 중에 머문 곳의 선비, 상인 등과 필담으로 나눈 얘기를 「속재필담粟齋筆談」 등 3편의 글로 실었다. 그리고 성경 곧 선양瀋陽의 이모저모에 관한 글도 실었다. ③은 신광령에서 산해관까지 11일간의 기록으로 수레제도, 연희, 시장 점포, 객점, 다리 등에 관한 견문과 의견을 적었다. ④는 산해관에서 북경까지의 11일간의 기록으로 백이숙제 사당을 비롯해 행로에서 만난 작은 고적들을 소개하였는데 특히 옥전玉田(옛 幽州)이란 곳에서 들른 한 상가의 벽에 걸려 있는 「호질虎

叱」이란 글을 베껴 쓴 얘기가 흥미롭다.

「호질」은 보통 연암의 자작으로 알고 있지만 일기에는 다음과 같이 밝혀져 있다. 즉 옥전현의 성안의 한 점포의 벽에 걸려 있는 이 글을 발견하고 주인에게 지은이를 물었더니 계주薊州 장터에서 산 것이라고 하였다. 연암은 저녁 식사 후에 정 진사를 데리고 이 점포로 다시 와서 주인의 허락 아래 글을 베꼈는데, 정 진사가 잘못 적거나 빠트린 것이 적지 않아 나중에 자신이 가감을 하여 완성하였다고 밝혔다. 연암이 밝힌 이 글의 이런 내력에 따르면 이를 연암이 직접 지은 것이라는 소개는 고쳐 마땅하다. 연암의 이런 친절한 소개에 대해서도 그가 예상되는 정치적 공세를 피하기 위해 만든 것일 뿐이라는 해석이 있지만 찬동하는 마음이 쉬이 생기지 않는다. 이렇게 이해한다면 『열하일기』의 모든 내용의 진실성이 의심받을 위험성이 생기기 때문이다. 뒤에서 언급하듯이 「옥갑야화玉匣夜話」에 실린 다른 하나의 유명한 글 「허생전」의 경우, 연암이 스스로 자신이 한 얘기라고 밝히지 않았던가.

연암 일행은 40일 만에 어렵게 북경에 도착하였다. 그런데 여기서 건륭제의 만수절이 열하에서 열린다는 것을 처음 알게 되었다. 일행은 수를 반으로 줄여 8월 5일부터 잠을 자지 않고 걸어서 공식 일정이 시작되기 하루 전인 9일 오전에 열하에 도착하였다. 연암은 중간 지점쯤인 밀운성密雲省을 지나면서 하룻밤에 아홉 번 강을 건넌 얘기(一夜九渡河), 고북구의 만리장성을 본 얘기, 범의 울음소리가 세 번 들리자 열하로 향하는 각국의 사절단이 약속이나 한 듯 멈춰 서서 함께 소리를 지른 일 등을 적었다. 연암은 강을 건너면서 조선 옷의 긴 소매가 말의 눈을 가리는 불편을 직접 보면서 서애 류성룡의 『징비록』에서 이 폐단을 지적했던 것을 떠올리면서 속히 고칠 것을 촉구하는 여유도 보였지만, 한편으로는 졸음이 너무 심하여 주위를 제대로 보지 못한 곳이 많았다고 아쉬워하기도 하였다. 건륭제는 군기軍機대신에게 조선 사신들에게 말을 여러 필 내주어 연경에서부터 특별히 잘 안내하도록 지시하였지만 길이 엇갈려 그 우대를 받지 못한 사정도 적혀 있다. 열하에 도착한 일행은 태학을 숙소로 배당받았다.

조선 사신단은 8월 10일부터 3일간 만수절 행사에 참여하고 15일에 다시 북경으로 향하였다. 열하 도착 후 사신들은 황제를 알현하고 만수절 행사에 참여하는 것이 가장 중요한 일이었다. 그러나 그것만이 다가 아니었다. 10일부터 황제가 1년여 전 이곳에 미리 와 있던 티베트 불교 지도자인 판첸 라마를 만나라고 지시하여 뜻하지 않은 일들을 겪게 된 것이다. 이 대목이 사실은 연암이 일기를 통해 가장 중요하게 전달하고자 한 내용이었다. 이 일과 관련하여 연암은 3편의 글을 따로 쓰기까지 하였다.「라마교에 대한 문답黃敎問答」,「판첸의 내력班禪始末」,「판첸의 행궁札什倫布」등이 그것이다. 지금까지 『열하일기』 연구에서 이에 관한 연구가 많지 않았다는 것은 깊이 반성할 점이다. 이에 관한 연구가 없지 않았지만 그 중요성을 일깨우는 노력이 부족했던 점도 반성할 필요가 있다. 다시 말하면 『열하일기』는 새로 읽어져야 고전으로서의 진정한 가치가 드러날 수 있다.

3. 피서산장에서 있었던 일

열하에는 청나라 강희제(재위 1662~1722)가 1703년에 새로 지은 별궁 피서산장避暑山莊이 있다. 청나라 황제들이 태조 누루하치의 무덤이 있는 선양瀋陽에 제사를 지내러 가는 길에 머무는 곳으로 자연이 수려하고 풍경이 아름답고 온천도 있는 곳이다. 강희제는 매년 가을 20여 일에 걸친 사냥을 나갔다가 피서산장으로 돌아와 쉴 때가 많았다. 산장 정궁의 오문에 걸려 있는 '피서산장' 이라는 현판은 그가 직접 쓴 것이다. 이곳은 선양으로 가는 길목이기도 하지만 동서로 뻗는 길의 중심이기도 하여 군사적 요충으로 그 중요성이 아주 높았다.

청나라는 중원을 평정한 뒤 주위의 소수 민족들을 평정해 나갔다. 그 과정에서 몽골 42개 부족 가운데 서쪽의 준가르의 저항을 크게 받았다. 이에 청나라는 강희제 때부터 시작하여 건륭제 때까지 근 70년간 정복 사업을 계속하여야 했다. 열하는 준가르부를 압박하는 중심지로서 기능하였다. 열하는 다시 말하면 대소의 북방 유목민족에 대한 통제에서 전략적 요충지였다. 황제들은 북방의 여러 소수민족들의 지도자들을 이곳에 초치하여 달래기도 하였다. 열하의 행궁 주변에 있는 사당에서는 소수민족의 종교 의식이 거행되기도 하였다. 티베트 라마 불교 관련 사원과 행궁은 그 가운데 가장 규모가 큰 것이었다.

몽골족은 16세기에 이미 황교黃敎로 불리는 티베트 라마 불교를 믿기 시작하여 모든 족속이 그 신도가 되었다. 청나라는 준가르부가 종교적 관계 속에 티베트와 제휴하는 것을 가장 경계하였다. 순치제(1644~1661) 때부터 이에 대한 회유책이 강구되어 연경에 동, 서 황사黃寺를 지어놓고 라마 불교의 지도자를 초대하는 공작을 시도하였다. 여러 차례의 초청 끝에 1652년 12월에 5대 달라이 라마가 3,000여 명의 승려들을 거느리고 북경으로 와서 2개월 여 머물고 돌아갔다.

티베트 라마 불교는 1447년에 황교란 이름으로 시작하여 1세 달라이 라마가 지도자가 되었다. 황교는 일종의 현세 불국토 신앙으로 지도자 달라이 라마를 활불(活佛, 관음보살)로 받들었다. 활불의 지위는 후계 양성체제로 이어졌는데 달라이 라마가 지명한 차세대 활불을 가리켜 판첸班禪 라마라고 하였다. 두 이름의 활불이 번갈아 최고 지도자의 지위를 이어갔다. 연로한 라마가 연소한 라마를 키워나가는 형식으로 대를 이었다. 순치제 때 온 '활불'은 5대

달라이 라마였지만, 건륭제의 초대를 받아서 온 지도자는 6대 판첸 라마였다. 그는 건륭제의 70세 만수절이 열리기 1년여 전인 1779년 6월에 피서산장에 2천여 명의 승려를 거느리고 왔다.

라마 불교의 지도자는 항상 수천 명의 승려를 거느리고 다녔기 때문에 초청을 하기 위해 반드시 대규모 사원과 숙소가 먼저 마련되어야 했다. 순치제 때 북경에 동, 서 황사가 미리 지어졌듯이 건륭제 때도 열하의 피서산장 주위에 대규모 사원과 행궁이 지어졌다. 보타종승지묘普陀宗乘之廟와 수미복수지묘須彌福壽之廟가 이때 지어진 것이다. 전자는 티베트 라사에 있는 달라이 라마의 본궁인 포탈라궁을 본뜬 것으로 소포탈라궁이라고도 불리고, 후자는 티베트 시카제(가장 좋은 장원이란 뜻)에 있는 판첸 라마를 위한 타쉬룽포 사원을 본뜬 것이다. 수미복수지묘는 티베트어의 찰십윤포札什倫布의 한역어로서, '위대한 승려가 사는 곳' 또는 길상한 수미산처럼 다복多福 장수長壽를 누리는 곳이란 뜻이다. 이 사원들은 신앙의 중심 대상인 관음보살상을 대형으로 만들어 가운데에 장치하였기 때문에 거대한 고층 건물의 모습이 되었다. 수미복수지묘는 방문자인 판첸 라마의 행궁으로 지은 것이었기 때문에 건륭제는 화려함을 더하여 지붕을 금으로 칠하도록 하였다. 연암은 이곳을 방문하여 황금기와를 보고 조선의 서북 지역의 금들이 수년 전부터 끝없이 청나라로 빠져나가더니 그 금이 모두 여기에 와있는 것은 아닌가라고 놀라워하였다.

열하에 도착한 조선 사신단은 8월 10일에 예부 관헌으로부터 황제를 알현할 때 설 자리를 통고받고 11일에 실제로 황제를 알현하였다. 원래는 10일에 알현이 있을지도 모른다는 통보가 있기도 했지만 하루 뒤로 밀렸다. 이때 황제가 조선 사신들에게 판첸 라마를 만나는 것이 좋겠다는 전갈도 보내왔다.

황제는 11일에 접견하였다. 건륭제는 조선 사신을 피서산장의 어느 방에서 조선 사신들을 접견하였는데 회족의 태자를 먼저 본 다음, 조선 사신과 3인의 통사를 들라고 명하고 조선 국왕이 평안하신가를 물었다. 그리고 만주 말을 할 줄 아는 일행이 있는가를 묻고 상통사 윤모가 대략 이해한다고 답하자 기뻐하였다. 그런 다음 무사들의 간단한 활쏘기 의식을 본 다음 안으로 들어갔고, 군기대신이 황제가 조선사신은 곧바로 활불이 거처하는 찰십륜포로 가서 그를 만나라는 어명이 있었다고 전하였다. 사신 일행은 불편한 심정이었지만 황제의 명을 거스를 수 없어 이에 따랐다. 이는 조선 사신단 역사에 전에 없던 일이었다.

8월 12일 새벽에 사신들은 각국에서 온 사절들을 위한 한 응접 반열에 참여하여 연회를 관람하였다. 그리고 만수절 당일인 13일에 축하 반열에 참여하였다. 14일에도 날이 새기 전에 대궐로 가서 하직 인사의 예를 갖추었다. 그리고 그 다음날 열하를 떠났다.

4. 연암 박지원의 흥분과 형안

8월 10일 조선 사신 일행에게 판첸 라마를 만나보라는 건륭제의 전갈에서 판첸 라마에 대한 호칭은 '성승聖僧'으로 되어 있었다. 군기대신이 황제의 뜻을 받들어 조선 사신단의 숙소인 태학으로 와서 "서번(西番, 티베트)의 성승을 가서 만나보겠느냐?"고 물었다고 하였다. 이에 대해 정사는 다음과 같이 답하였다.

> "황제께서 저희 작은 나라를 사랑하여 중국 사람과 동등하게 대하여 주시니, 중국 사람들과 내왕하는 것이야 무방합니다만, 그밖에 다른 나라에 대해서는 감히 서로 사귀지 않는 것이 본래 저희 같은 작은 나라의 법도입니다."

연암은 군기대신이 이 답을 듣고 다른 말 없이 나간 뒤의 분위기를 다음과 같이 전하였다. 사신들의 얼굴에는 모두 수심이 가득 찼고, 당번 역관은 허둥지둥 왔다 갔다 하며 마치 술이 덜 깬 사람처럼 엄벙덤벙한다. 비장들도 공연히 성을 내며, "황제가 시키는 일은 참으로 고약하네. 반드시 망하지. 아무렴 망하고말고. 오랑캐들 하는 일이란. 명나라 때라면 어찌 이런 일이 있겠는가?" 라고 투덜거렸다. 이에 우두머리 통역관이 황망한 중에도 비장들을 나무라며 "지금 춘추대의를 따질 자리가 아니라" 고 하였다.

잠시 뒤 군기대신이 급히 달려와서 황제의 명을 구두로 전하기로 "서번의 성승은 중국 사람과 같은 사람이니 즉시 가 보도록 하라" 는 것이었다. 사신 일행은 술렁였다. 가서 만나면 더 난처해지지 않겠는가, 예부에 글을 올려서 따져보자는 말도 오갔다. 이 상황에서 흥미로운 것은 연암 자신의 태도이다.

연암은 이 대목에서 자신을 완전한 방관자로 그렸다. "나는 한가하게 놀려고 따라온 사람이니, 무릇 사신들의 일이 잘되고 못되고 간에 털끝만큼도 간섭할 수 없고, 또 나한테는 한 번도 의견을 묻거나 혹 내가 의견을 낸 적도 없었다" 더 흥미로운 것은 자신의 '기발한' 생각에 대한 진술이다. "이건 정말 좋은 기회이다" 라고 뱉으면서 장난스럽게 손가락을 뾰족하게 하여 허공에 동그라미를 그리며, "아주 재미있는 문제야. 지금 만약 사신이 황제의 말을 거부한다는 상소를 올린다면 의롭다는 명성이 천하에 울릴 것이고 나라를 크게 빛낼 터이지" 그러나 연암 자신이 하고자 하는 것은 그것이 아니었다. 연암은 바로 이어서 자신의 자문자답을 다음과 같이 적었다.

"(조선 사신이 거부 상소를 올린다면) 황제가 군대를 내서 조선을 칠 것인가? 아니지. 이건 사신이 저지른 죈데, 어떻게 그 나라에 대고 화풀이를 하겠는가? 결국 사신들은 저 멀리 운남雲南과 귀주貴州 쪽으로 귀양 가는 것을 막을 수 없을 테지. 내가 의리상 혼자 조선으로 돌아갈 수는 없으니, 서촉西蜀이나 강남의 땅을 내 장차 밟게 되리라. 강남은 그리 멀지 않은 곳이나, 교주(交州, 월남)와 광동 지방은 북경과 1만여 리나 되는 먼 길이니, 내가 놀러갈 일이 어찌 호화찬란하고 낭만적이지 않을 수 있겠나?"

연암의 상상의 나래는 월남, 티베트로 향하고 있었던 것이다. 그는 흥분하여 마음속으로 어쩔 줄 몰라 곧바로 달려서 밖으로 나가 동쪽 행랑채 아래에서서 견량 마두 일을 하는 하인 이동二同을 불러 "속히 가서 술을 사 오너라. 쩨쩨하게 돈 아끼지 말고. 이제 너와도 작별이다"라고 하였다. 술을 들이켜 마시고 안으로 다시 들어갔더니 아직도 회의는 결판이 나지 않았다고 하였다.

조선 사신들은 결국 황제의 명령을 거스를 수 없어서 예부의 재촉 아래 판첸 라마가 있는 수미복수지묘(판첸 행궁)로 향하였다. 그들의 머릿속은 조선으로 돌아갔을 때 이역의 불교 지도자를 알현한 사실에 대한 비난, 규탄을 어떻게 감당할 것인지로 꽉 차 있었다. 그런데 일행이 반쯤 갔을 때 예기치 못한 일이 일어났다. 홀연히 황제의 조칙이 당도하여 오늘은 이미 날이 저물었으니 사신은 돌아가서 다른 날을 기다리도록 하라고 지시하였다. 고난은 하루가 미루어졌다.

8월 11일에 이루어진 판첸 라마와의 대면에 대해 연암은 별도의 글인 「찰십륜포」에서 좀 더 구체적으로 기술하였다. "판첸 에르데니額爾德尼를 찰십륜포에서 보았다"는 서두로 시작된 이 글에서는 판첸에 대한 접견 예법이 자세히 언급되었다. 연암은 수미복수지묘(찰십륜포)에서 꼭대기 층에 있는 황금기와 지붕을 본 뒤에 판첸이 있는 내실로 들어갔는데, 판첸은 가부좌를 틀고 남향으로 앉아 있었다. 라마승 둘이 오른쪽에 입시하였고, 청조의 군기대신은 오히려 그 아래에 서 있으면서 황제 측의 일을 주재하였다. 연암은 조금 전에 바깥에서 황금기와를 보았고 전간 안은 어두침침한데 판첸이 입은 의복

이 또한 모두 금빛이어서 판첸의 모습은 마치 황달병에 걸린 사람처럼 누렇게 떠 보여 총명한 인상은 아니었다고 하였다.

건륭제는 황궁 사무를 맡아 보는 내무관內務官을 보내어 우리 사신에게 무늬 있는 옥색 비단 한필[합달哈達이라고 함]을 폐백으로 가지고 가서 판첸을 만나라는 조서를 보냈다. 판첸의 어머니가 향내 나는 헝겊을 삼켜 판첸을 낳았다고 하여 황제도 판첸을 볼 때면 매번 누런 헝겊을 잡는다고 하였다. 또 군기대신이 말하기로는 황제도 판첸에게 머리를 조아려 절을 하고, 황제의 여섯 아들도 머리를 조아려 절을 하니, 조선 사신도 그렇게 하는 것이 마땅하다고 하였다.

이국의 불승에게 황제가 평등례를 넘어 스승 대우를 하는 광경은 조선 사신에게 큰 충격이지 않을 수 없었다. 이 점은 연암도 마찬가지였다. 하지만 사신들이 판첸이 선물로 내려준 불상 처리 문제를 두고 황당한 고뇌에 빠진 것과는 달리 연암은 여기서 천하대세와 경륜을 읽고 있었다. 연암은 「황교문답」이란 글의 서두에서 다음과 같이 논파하였다.

"내가 열하에 이르러 묵묵히 천하의 형세를 살펴본 것이 다섯 가지였다. 황제는 해마다 열하에 잠시 머무는데 열하라고 하는 곳은 곧 만리장성 밖의 황량한 벽지이다. 천자는 무엇이 '괴로워서' 이런 변방 밖의 쓸쓸한 벽지에 와서 거주하는 것일까? 명분으로는 피서를 위한 것이라고 하지만, 그 실상은 천자 자신이 몸소 나서서 변방을 방어하려는 목적이다. 그렇다면 여기서 몽고의 강성함을 알 수 있겠다.

황제는 서번의 승왕僧王을 맞이하여 스승으로 삼고 황금 전각을 지어 거기에 거처하게 하고 있다. 천자는 무엇이 '괴로워서' 이런 격에 넘치고 사치한 예우를 하는가? 명목은 스승으로 모시면서도 기실은 황금전각 속에 그를 감금해두고 세상이 하루하루 무사하기를 빌고 있는 것이다. 그러고 본즉 서번(티베트)이 몽고보다 더 강성함을 알 수 있겠다. 이 두 가지 일은 황제의 심정이 이미 '괴롭다'는 것을 보여준다."

그리고 연암은 이 글의 끝맺음을 다음과 같이 하였다.

> "지금 열하의 지세를 살펴보니 열하는 천하의 두뇌에 해당하는 지역이다. 황제가 북으로 열하에 연이어 가는 것은 다른 특별한 이유가 없다. 두뇌를 깔고 앉아서 몽고의 숨통을 조이려는 것일 뿐이다. 그렇게 하지 않았다면 몽고가 이미 매일같이 출몰하여 요동을 흔들어 놓았을 것이다. 요동이 한번 흔들리면 중국 천하의 왼쪽 팔뚝이 잘려 나가는 것이다. 천하의 왼쪽 팔뚝이 잘려 나가면 중국의 오른쪽 팔뚝인 청해성清海省 지방만 가지고는 움직일 수 없을 것이다. 그렇게 되면 내가 본 서번의 여러 오랑캐들이 슬슬 나오기 시작해서 감숙성과 섬서성 지방을 엿볼 것이다."

강희제 이래 청나라 황제들이 열하 피서산장을 자주 나간 것은 몽골 42부족을 비롯한 대소의 주변 종족들을 다스리기 위한 것이었다. 아시아의 종족들뿐만 아니라 러시아가 동쪽으로 와서 하바로프스크를 개척하고 남진해 내려오고, 영국이 중국의 서쪽으로 파고들기 위해 미얀마를 통해 들어오려는 기미도 나타나고 있었다. 청나라 황제들에게는 한족을 다스리는 것 못지않게 외치가 큰 과제였다. 그 가운데 가장 두려운 몽골족이 신앙을 매개로 티베트 라마 세력과 제휴하는 것은 가장 경계해야 할 대상이었다. 양자의 제휴를 가로막기 위해 건륭제는 판첸 라마에게 스승의 예까지 하기를 주저하지 않았다. 이 충격적 광경은 연암으로 하여금 조선이 나아가야 할 길이 무엇인가를 새삼 깨닫게 하였다. 건륭제가 취하고 있는 이 고등전략에 비하면 남한산성의 치욕을 씻겠다고 이루지도 못할 북벌론을 부르짖고 있는 조선 사대부들의 모습이 얼마나 어리석고 우스꽝스럽게 여겨졌을까. 연암은 귀국길에 있었던 「옥갑야화玉匣夜話」에서 허생의 입을 빌려 이 허위에 대한 질타를 아끼지 않았다.

연암의 허생 이야기는 두 가지 면에서 열하일기의 결론을 담은 것이라고 하여도 좋다. 허생이 변승업에게 만금을 빌려 백만금의 이익을 낸 상업 활동은 무대가 일본의 나가사키, 중국의 마카오로 뻗어 단연 해외로 향하는 시대적 선각의 면모를 보이고 있다. 요동으로 가는 길에 수없이 강조한 이용후생의 뜻을 이 얘기로 대단원을 맺은 것이다.

다른 하나는 어영대장 이완李浣을 빌린 북벌론의 허구에 대한 질타이다. 그는 전혀 다른 차원에서 대국 청나라를 공략하는 방안을 이 글에서 갈파하였다. 천하의 대의를 외치려면 먼저 천하의 호걸들과 사귀어 결탁하는 법을 쓰고, 남의 나라를 정벌하려면 먼저 첩자를 쓰지 않으면 성공을 거둘 수 없는 법이라고 하였다. 만주족은 천하의 주인이 되었으나 아직 중국을 완전히 손아귀에 넣어 친하게 지내지 못하는 형편이니 조선이 다른 나라보다 먼저 솔선수범하여 복종한다면 신뢰를 받을 것이다. 만약 당나라, 원나라 때처럼 우리 자제들을 청나라에 파견하여 학교에 입학하고 벼슬도 할 수 있게 하고, 장사치들의 출입도 금하지 말도록 저들에게 간청한다면, 저들도 자기네에게 친근하고자 하는 우리를 보고 반드시 기뻐하여 이를 허락할 것이다. 이렇게 되면 나라의 자제들을 엄선하여 머리를 깎여 변발을 하게 하고, 오랑캐 복장을 입히고, 선비들은 빈공과에 응시하고, 일반 사람들은 멀리 강남까지 장사를 하게 만들어서 그들의 허실을 엿보아 한족의 호걸들과 결탁한다면, 천하를 도모할 수 있을 것이며 나라의 치욕도 씻을 수 있을 것이다.

연암은 조선의 사대부들이 실제로 나라의 치욕을 씻을 뜻이 있다면 상대의 속 깊숙이 파고들어 제 편으로 만드는 방책을 써야 한다는 것을 주장하였다. 건륭제가 판첸 라마를 스승의 예로 모시는 것에 비하면 조선인들이 변발 복장으로 청국을 사로잡는 일을 못할 것이 없다는 논조였다. 이완이 사대부들에게 오랑캐 옷을 입히는 것은 불가능한 일이라고 하자, 허생은 "도대체 사대부란 게 뭐하는 것들이냐, 오랑캐 땅에서 태어난 주제에 자칭 사대부라고 뽐

내고 앉았으니, 이렇게 어리석을 데가 있느냐? 입는 옷이란 모두 흰옷이니 이는 상복이고, 머리는 송곳처럼 뾰족하게 묶었으니 이는 남쪽 오랑캐의 방망이 상투이거늘, 무슨 놈의 예법이란 말인가?" 이 질타는 조선 자체를 객관화하는 경종의 소리였다. 마지막으로 조선 옷의 너풀거리는 소매에 대해 "장차 말을 달려 칼로 치고 창으로 찌르며, 활을 당기고 돌을 던져야 하는 판에 그따위 너풀거리는 소매를 바꾸지 않고서, 그걸 자기 딴에 예법이라고 한단 말이냐?"라고 말하였다. 밀운성에서 열하로 갈 때 하룻밤에 아홉 번 강을 건너면서 조선 옷의 거추장스런 소매에 대해 피력한 소견이 실은 이렇게 큰 뜻을 담은 것이었다. 허생은 자신이 준 계책을 하나도 해내지 못하겠다고 하는 이완 대장을 두고 너 같은 신하는 목을 잘라야 옳을 것이라고 하고 칼을 찾는 시늉을 하는 것으로 우화는 끝이 난다.

5. 맺음말

18세기 후반에서 19세기 초반까지 조선의 대표적 지성이라고 할 연암 박지원의 『열하일기』는 단순한 사행 기록이 아니다. 그것은 새로운 시대의 여건에서 조선이 나아가야 할 방향을 제시하는 큰 담론이었다. 연암은 「황교문답」의 끝에서 다음과 같은 말을 하였다.

> "즉 우리나라는 다행히 바다 모퉁이에 치우쳐 있어서 중국 천하의 일과 무관하다. 그리고 나는 지금 머리가 희끗희끗한 나이인지라 앞날에 벌어질 일을 미처 보지 못할 것은 당연하지만, 앞으로 30년이 지나지 않아서 천하의 근심거리를 근심할 줄 아는 사람이 있다면 내가 금일 하는 말을 의당 다시 생각하게 될 것이다."

『열하일기』는 후세에 어떤 영향을 주었을까? 그가 말하였듯이 30년이 지난 뒤 조선이 처한 상황은 그가 예언한 것과 같이 국익을 위해 새로운 차원의 국가 전략을 구사하여야 할 정도로 달라졌던가? 그가 죽을 무렵 조선 연안에는 이양선異樣船(외양이 다른 배)이 나타나는 횟수가 늘어나고 있었다. 그리고 1840년대를 넘어서면서 동아시아 바다에 서양 열강국의 증기선들이 출현하고 있었다. 시대는 분명히 북벌론과 같은 명분에 매달릴 때가 아니었다. 나라를 보전하기 위해 '해외'로 눈을 돌려야 할 상황이 눈앞에 벌어지고 있었다. 그러면 이른바 서세동점西勢東漸의 새로운 시대에서 그의 뜻은 어떤 힘을 발휘하고 있었던가?

과거 실학의 개화사상과의 관계에 대한 연구가 있었다. 거기서 연암이 속한 이른바 북학파의 이용후생론이 주목을 받았던 것은 사실이다. 그러나 그때는 '열하에서 일어난 일'에 대한 인지도가 낮았다. 따라서 『열하일기』의 진정한 저술의 뜻이 제대로 검토되었다고 하기 어렵다. 나는 연암 박지원의 뜻은 청년 군주 고종에게 큰 영향을 주었다고 믿고 있다. 이에 대해서는 수년 전 그 연유를 잠시 밝힌 바 있지만, 이번 글을 작성하면서 허생전을 통해 더욱 그런 확신을 얻었다.

고종은 조선왕조를 대한제국으로 재탄생시키면서 국가체제의 근대화, 산업의 근대화를 나름대로 추진하였지만 정한론征韓論에 근거한 일본의 침략주의를 이겨내지 못하고 망국의 치욕을 겪어야 하였다. 그 때문에 그는 유약하고 무능한 군주로 몰리고 말았지만 서양 열강과의 통상 수교를 빠르게 진행시킨 것에서 보듯이 분명한 개화주의의 개명군주開明君主였다. 이를테면 아버지 대원군이 '선준비 후개방'의 정책을 썼다면 그는 '개방 선진문명수용'의 길을 걷고자 하였다. 나는 고종의 이 노선은 연암 박지원의 세계로부터 영향을 크게 받았다고 보고 있다. 그가 1870년 전후하여 연암의 손자 박규수를 측근 요직에 기용하고 있었던 것으로 보면 그러한 가능성이 많다. 그리고 그의 개화 정책이 1880년대에 연암이 내세운 "복고창신復古創新"을 방불케 하는 성향이 있었고, 1890년대 중반 이후에는 이를 더 발전시켜 신분제 타파 위에 "구본신참舊本新參"으로 슬로건을 바꾸어 나가고 있었다. 1880년대의 개화정책은 다시 말하면 박지원, 박제가, 홍대용 등의 이른바 노론 청류의 개방통상론에 영향을 받은 것이라고 볼 수 있다.

1873년에 친정에 나설 뜻을 세운 청년 고종은 경복궁의 후원에 내탕금으로 건청궁乾淸宮을 새로 지었다. 거기에 군주의 서재로 집옥재集玉齋, 협길당協吉堂, 팔우정八隅亭을 나란히 세웠다. 이 건물들에는 1880년대 중반에 상해로부터 사들인 서적 수천이 진열되어 있었다. 이 대규모 서적 구입이 청나라를 배워야 한다는 북학파 제현들의 뜻과 무관하다고 볼 수 없다는 것은 집옥재의 건물 양식이 중국식 벽돌 건물이란 데서 읽을 수 있다. 놀랍게도 집옥재의 현판이 '집고창신集古創新'을 내세운 송대의 서예 대가 미원장米元章의 글씨이다. 그리고 옆에 한옥으로 지은 협길당은 미원장을 추앙한 명대의 명필 동기창董其昌의 것이다. 미원장과 동기창은 18세기 후반, 19세기 조선 지식인들이 '법고창신'의 세계를 구축할 때 사종師宗과 같은 존재였다. 황현黃玹이 『매천야록』에서 군주 고종과 왕비(명성후)를 노론이라고 지적하여 많은 불만을 쏟아낸 것은 근거가 없지 않은 듯하다. 이전의 다른 글에서 밝혔듯이 순종이 일본의 강제 병합의 압박을 눈앞에 둔 1910년 8월 19일에 박지원을 문장과 나라를 운영하는 방법[經濟]이 일세에 탁월하였다는 사유로 좌찬성(종1품)에 추증하였다. 순종은 아버지와 어머니로부터 직접 훈도를 받은 군주였다. 고종의 개방 선진문명 수용정책과 연암을 비롯한 북학파의 통상개방론과의 관계에 대한 탐구는 바른 근대사 맥락 찾기의 주요 과제이다.

참고문헌

박지원 지음, 김혈조 옮김, 『열하일기』 1~3, 돌베개, 2009.

김석근, 「티벳 불교와 달라이라마의 역사정치학」, 『동양정치사상사』, 4-2, 2005.

任桂淳, 「18世紀 淸朝 제2의 政治中心地, 承德 避暑山莊」, 『명청사연구』, 21, 2004.

鄭仁在, 「티벳(西藏)불교와 판첸라마의 還生」, 『東亞研究』, 36, 1998.

金明昊, 『'熱河日記' 研究』, 창작과비평사, 1990.

______, 『환재 박규수 연구』, 창작과비평사, 2008.

박종채 지음, 박희병 옮김, 『나의 아버지 박지원』, 돌베개, 1998.

민두기, 「〈열하일기〉의 일연구(熱河日記)」, 『歷史學報』, 20, 1963.

이태진, 「집옥재에서 청년 고종의 비전을 읽다」, 『문화와 나』, 85, 2007.

______, 『고종시대의 재조명』, 태학사, 2000.

______, 『동경대생들에게 들려준 한국사』, 태학사, 2005.

실학자들의 '한국사' 탐구

정재훈

1. 조선후기 이전의 '한국사' 인식
2. 고대사 시·공간의 재발견과 기자의 재인식
3. 역사서술 방법의 변화
4. 실학자들의 '한국사' 탐구의 의미

1. 조선후기 이전의 '한국사' 인식

현재의 한국사와 같이 우리나라의 역사를 통사적으로 이해한 것은 언제부터일까? '국사'라는 교과목으로 한국사를 어려서부터 학습해온 입장에서는 우리나라의 역사가 정리된 것이 매우 오래 전의 일이라고 여길 수 있다. 하지만 유구한 한민족의 역사에 비추어 볼 때 통사로서 한국사에 대한 분명한 인식과 그에 알맞은 한국사 체계가 형성된 것은 그리 오래된 일이 아니다.

단군에서부터 시작하여 삼한-삼국-고려-조선으로 이어지는 한국사 체

鄭在薰 서울대학교 인문학연구원 HK연구교수.
저서로는 『조선전기 유교정치사상 연구』(2005, 태학사), 『조선시대의 학파와 사상』(2008, 신구문화사), 『조선의 국왕과 의례』(2010, 지식산업사)와 공저가 다수 있으며, 옮긴 책으로 『東史』(2004, 공역, 소명출판)가 있다. 논문으로는 「조선후기 史書에 나타난 中華主義와 民族主義」(『韓國實學研究』 8, 2004), 「17세기 후반~18세기 전반 서울지역 학예(學藝)의 변화」(『역사문화논총』 5, 2009), 「Meeting the World through 18th century Yŏnhaeng」(*Seoul Journal of Korean Studies* 23-1, 2010) 등이 있다.

계는 특히 조선시대에 들어와서 본격적으로 정리되었다. 삼국시대의 역사서들은 주지하다시피 이름만 전할 뿐 그 내용이 거의 전하지 않으므로 논외로 한다면, 삼국시대를 정리한 사서로는 고려시대의 『삼국사기三國史記』와 『삼국유사三國遺事』가 거의 대표적인 사례에 해당한다. 그러나 이 사서들 역시 관찬이나 사찬을 막론하고 삼국 이전의 역사를 포함하여 통사로서 구성된 것이 아니었다. 즉 고구려·백제·신라의 삼국에 관해 한 시대를 끊어서 설명하는 단대사斷代史의 형식을 취하였던 것이다.

비록 『삼국유사』에 고조선古朝鮮에 관한 서술이 나오기는 하지만 본격적으로 통사체계를 갖추어 서술한 것으로 평가하기에는 부족하다. 왜냐하면 고조선의 역사를 단군-(기자)-위만의 계열로 순차적으로 파악하기는 하였으나 이를 삼국시대와 연결하는 인식이 없다. 또 위만조선과 마한을 병렬적으로 보았으며, 그 이후에는 국가만이 아니라 독립된 정치세력을 모아 놓아 체계성을 찾을 수 없기 때문이다.

그렇다면 언제부터 단군에서부터 유래되는 '한국사'의 체계가 생긴 것일까. 이제까지의 연구를 종합해본다면 대체로 고대부터 이어지는 '한국사'의 체계는 고려 말에 형성된 것으로 이해된다.

13세기 후반에서 14세기 전반에 이르는 동안 당시 세계제국이었던 원元의 침략과 간섭은 고려사회에 큰 타격을 주었고, 이를 극복하려는 노력이 역사의식에 반영되었다. 『삼국유사』의 고조선에 관한 기록도 이러한 역사의식 아래 고조선을 새롭게 조명한 것이었다. 이승휴李承休의 『제왕운기帝王韻紀』 역시 서사시 형태를 취하였지만 단군-기자-위만으로 이어지는 '3조선설'을 처음으로 제시하였고, 이어서 삼한-삼국-고려로 이어지는 흐름을 서술하였다는 점에서 의미가 있었다.

그러한 결과, 고려를 이은 조선의 건국은 단군조선으로 대표되는 전근대적 민족의식의 흐름과 기자조선으로 상징되는 유교적 보편주의의 만남과 재발견 속에서 이루어진 사건이었다. 나라 이름이 조선으로 정해진 것 역시 이러한 역사의식의 반영이었다. 이는 조선 초에 추진된 역사서 편찬 작업을 통해 잘 드러난다. 고대사를 정리(『삼국사절요三國史節要』)하고 이를 고려사(『고려사절요高麗史節要』)와 연결하여 '한국사'를 편찬하였는데, 그 대표적인 사서가 『동국통감東國通鑑』이다.

『동국통감』은 조선전기를 대표하는 관찬官撰 역사서이다. 이 책의 가장 큰 의의는 조선 이전의 역사를 모두 모아 하나의 역사, '한국사'를 만들었다는 데 있다. 『동국통감』은 3조선(단군·기자·위만조선)-삼한-4군(2부)-삼국-신라-고려로 이어지는 흐름을 주류역사체계로 설정하였다. 또 삼한의 역사에서 마한馬韓을 별도의 항목으로 독립시킴으로써 마한을 기자조선에서 유래한 유학이 발달한 문명국가의 후예로서 강조하였다. 한편 신라를 독립시켜서 신라통일의 의의를 강조하고 상대적으로 발해를 낮추었으며 대체적으로 만주지방의 북방사보다는 한반도 중심의 남방사에 중점을 두었다. 삼국 이전을 외기外紀로 처리한 것은, 자료가 부족해 왕조사를 체계적으로 서술할 수 없다는 점도 한 요인이었겠지만, 무엇보다 3조선을 충분히 인정하지 않음을 보여준다.

이러한 '한국사' 인식은 조선의 건국이념으로 작동한 성리학의 이념을 보편주의로 전제하여 유학의 발달이 문명 발전의 기준이 되며 이를 기준으로 역사를 해석하였음을 의미한다. 그리고 상고사를 단군 중심으로 재편하여 왕권의 취약성을 보완하려던 세조의 의도가 덧붙여 있었다. 전반적으로 『동국통감』의 역사인식 성리학의 보편주의적 속성을 전제하면서도 이것이 자국사에서 어떻게 구현될 수 있는지를 충분하게 고민하지 못한 상태에 머물러 있다. 그래서 기자조선과 마한을 높이 평가한다든지 신라의 삼국통일을 재평가하여 정통으로 파악하고, 후백제와 고려를 신라의 반역집단으로 보기도 하였다.

그러나 전체적으로 『동국통감』은 '동국'이라는 '한국사'의 계통과 범위를 제시하였고 그와 함께 성리학의 보편주의를 우리 역사에 적용하였다는 점에서 의미가 있다. 『동국통감』에서 파악한 한국사는 이후 한편으로는 계승의 대상이, 다른 한편으로는 비판의 대상이 되었다. 16세기 중반 이후 본격적으로 등장한 사림세력의 역사의식도 크게 보아서는 『동국통감』에서 제시한 틀을 벗어나지 못하여 그들이 편찬한 역사서도 이를 요약하는 '사략史略' 형태의 것이 많았다.

2. 고대사 시·공간의 재발견과 기자의 재인식

임진왜란과 병자호란의 양란 이후 역사인식에 과거와 크게 다른 면모가 나타났다. 특히 명나라와 청나라의 교체로 인해 중화-소중화로서의 중국-조선 관계는 큰 변화를 겪게 되었다. 한족漢族-중원中原대륙-중화中華문화의 실체를 가졌던 중국에서 만주족滿洲族-중원대륙-이夷문화계통을 가진 청나라의 등장은 조선의 역사인식에도 변화를 가져오게 되었다.

조선에서는 중원대륙이 오랑캐의 차지가 되어버린 현실을 넘어서려는 시도가 등장하였다. 현실에서 중원대륙을 차지한 만주족을 넘어설 수 있는 방법으로, 중화문화의 정통성을 조선이 계승하고 있다는 의식은 이러한 측면에서 나온 것이었다. 동시에 청나라와 맞서는 과정에서 종래에 부정적으로 보았던 고구려의 역사를 재인식하게 되었다. 이미 임진왜란 중에 고구려는 중국과의 전쟁을 수행한 강력한 나라라는 인식이 형성되어 있었다.

이러한 흐름에서 고대사의 시·공간에 대한 탐구가 일어나게 되었고, 실학자들의 새로운 '한국사' 서술 대상으로 고대사가 크게 주목받게 되었다. 종래까지의 역사서술에서 충분하게 고려되지 못했던 삼국시대, 나아가 그 이전의 역사까지 새롭게 주목하는 계기가 만들어졌다. 역사지리적인 면에서 이러한 고대사 인식의 선구는 한백겸韓百謙(1552~1615)이다. 그는 시간과 공간이라는 양 측면에서 이전보다 한국사의 영역을 더 위로, 더 넓게 설정하였다. 즉 단군을 요와 병립하고, 고구려와 한사군의 영역을 한반도 북부와 요동지방에 비정하여 고대의 상한을 중국과 대등한 수준까지 올리고 고대국가의 영역을 만주까지 넓혔다. 또한 한강을 중심으로 북에서는 삼조선이, 남에서는 삼한이 독자적으로 역사를 전개하는 이원적 국사체계를 세우고, 삼한을 한사군 이전에 서술하여 우리 역사의 주체적인 성장을 강조하였다. 삼한 가운데서는 마한은 백제로, 진한은 신라로, 변한은 가야로 계승되었다고 이해하였다. 이러한 그의 역사인식은 유형원, 홍만종, 신경준, 안정복, 정약용 등의 실학자들에게 영향을 미쳤다.

이익李瀷(1681~1763)도 고대사에서 고대국가들의 강역疆域을 비정하면서 이 국가들이 한반도 내에 있었다는 설을 부정하고, 대신에 단군조선 이래 우리 민족의 활동무대였던 요동과 만주에 깊은 관심을 보였다. 그는 고구려와 발해의 옛 영토를 환기시켜 북방의 고대사에 대한 관심을 일으킨 선두였다. 이 견해는 안정복·이긍익·이종휘 등 후대 사학자들에게 영향을 주었다. 이익은 발해에 대해서도 깊은 관심을 가져 『성호사설』 「경사문經史門」 '발해'에서 발해가 본래 고구려의 별종으로 영토의 중심부는 요서와 요동 지방이라고 하였다. 고려가 끝내 발해의 옛 땅을 회복하지 못한 것에 대해 "이 기회를 잃고 물러나 천하의 약한 나라가 되어 조롱 속의 새와 우물 안의 개구리 신세를 면치 못하게 되었고, 사람의 기풍도 이로 말미암아 악착스러워졌다"라고 한탄하였다. 그는 발해사 연구는 허목에서 비롯한 내용을 심화하여 이후 안정복의 『동사강목』, 유득공의 『발해고』, 정약용의 『아방강역고』로 이어지는 다리 역할을 하였다.

역사지리 연구는 신경준申景濬(1712~1781)의 단계에서 더욱 심화되었다. 한백겸이 역사지리학을 확립한 선구자였다면 유형원柳馨遠·남구만南九萬 같은 이들은 한백겸의 연구를 심화하였다. 이에 비해 신경준은 고증을 통해 사실을 사실대로 밝히려는 태도로써 고증적 역사지리 연구를 종합하였다.

고려시대의 역사지리 연구는 한반도라는 지리적 범위를 넘어서지 못했으나 조선전기에 들어 고조선의 영역을 요동까지 확장하는 영역관의 변화가 나타났다. 그러나 고조선 후기의 영역에 관해서는 한반도를 넘어서지 못하였는데, 한백겸도 그러하였다. 이후 유형원은 요동지역을 고조선 전 시기의 활동영역으로 상정하였고, 이후 남구만·이이명·허목·이종휘 등 거의 모든 학자들이 고조선의 영역을 요동까지 확장시켜 보게 되었다. 이러한 인식은 신경준에 이르러 정리되었고, 『동국문헌비고』「여지고」를 통해 관찬으로 확정되었다. 이후 정약용에 이르러서는 국내자료에 중점을 두게 되면서 상고사의 중심무대가 다시 한반도 중심으로 환원되었다.

이러한 고대사의 강역에 대한 인식은 서인계의 역사인식과 비교하면 많은 차이가 있었다. 예를 들어 유계兪棨(1607~1664)의 『여사제강麗史提綱』에서는 상고문화를 황당무계한 이단으로 간주하여 아예 국사체계에서 제외해버리고 고려시대만을 서술하였다. 성리학적 도덕평가가 기준이 되는 강목체綱目體 형식을 취하고 정통론을 내세운 서인계는 유교사상의 합리주의에 입각하여 상고사 체계를 믿을 수 없는 것으로 보아 서술대상에서 제외한 것이다.

이 시기에 나타난 기자箕子에 대한 재인식 역시 고대사에서 핵심적인 부분이다. 기자는 사실 중국문화의 전래자로서, 또 삼대三代(하·은·주) 문화의 상징으로서 유교의 보편주의를 한반도에 전한 인물로 인식되었다. 조선 초에도 기자를 주목하는 움직임이 있었고, 사림이 등장한 16세기에도 기자는 이이李珥의 『기자실기箕子實記』, 윤두수尹斗壽의 『기자지箕子志』에서 다루어질 만큼 중시되었다. 따라서 17세기 후반 이후에 기자가 재인식된 것은 새삼스러운 일이 아닐 수도 있다.

그러나 이전과는 달리 기자는 단군을 넘어설 정도까지 정통을 상징하는 존재가 되었다. 예를 들어 18세기 초 소론의 영수 윤증尹拯의 문인이었던 임상덕林象德(1683~1719)은 『동사회강東史會綱』에서 삼국 이전 상고사를 단군-기자-위만-(한)사군四郡 · 이부二府 · 삼한三韓으로 잡고 정통은 거론하지 않았다. 단군조선의 건국을 요임금 때로 비정하고, 단군의 수명壽命으로 전해지는 1418년을 단군조선의 역년歷年으로 보아 단군조선의 실재를 인정하였다. 그리고 기자가 각종 문물과 교육을 전래하여 조선의 의관과 제도가 중국과 같아졌다고 보아 조선중화의 기원을 기자에게서 찾았다. 한편 기자와 주周나라의 모든 관계를 부정하여 주 무왕武王이 직접 기자를 조선왕에 봉했다는 기자수봉설箕子受封說을 부인하였다. 이는 기자를 통해 조선의 문화가 중화의 문화 안에 있게 되기는 하였으나 기자와 주나라의 관계를 부정하여 중국과 분리된 시기를 끌어올리는 효과가 있었다.

비단 임상덕만 이러한 인식을 가졌던 것은 아니다. 이전 시대인 17세기 중반 영남 남인인 홍여하洪汝河(1620~1674)는 『동국통감제강東國通鑑提綱』에서 단군조선을 정통에서 제외하고 기자를 정통의 시작으로 설정하였다. 기자-마한-신라로 이어지는 정통체계를 설정하였으며, 기자조선의 계승여부, 즉 도덕적·주관적 요소를 역사발전의 기준으로 삼았다. 고려사를 서술한 『휘찬여사彙纂麗史』에서도 마찬가지이다.

소론계였던 이종휘李種徽는 『동사東史』에서 고구려가 기자의 문화를 이어받고 부여와 함께 단군족의 혈통을 계승하여 정통을 형성하였다고 보아 고구려를 중심으로 삼국사를 인식하였다. 즉 북방 중심의 역사무대, 기자문화의 계승을 전제하고 여기에 종족적으로 단군을 강조하였으며, 이후 기자로 대표되는 도덕의 유무가 역사발전을 판단하는 가장 중요한 기준이 되었다. 그런 관점에서 고구려는 기자의 도덕문화를 실현하였기에 정통으로 인정할 수 있다고 이해하였다.

3. 역사서술 방법의 변화

조선후기에 들어서는 역사서를 서술하는 방법에도 중요한 변화가 일어나게 되었다. 그러한 변화 가운데서도 가장 먼저 들 수 있는 것은 강목체綱目體가 중시되었다는 점이다. 사실 강목체는 역사서의 서술방식 가운데서도 성리학의 특징을 가장 잘 드러내는 방식이다. 강목 형식에서는 춘추대의春秋大義의 명분과 전통을 중시하여 문자 표기로 포폄褒貶을 가리는 강綱과 목目을 구분함으로써 성리학적 도덕 평가의 잣대로 삼았다.

강목체 형식으로 편찬된 역사서에는 고려시대에 김관의金寬毅가 편찬한 『본조편년강목本朝編年綱目』과 같은 책도 있으나 현재 전해지지 않는다. 강목체는 조선후기에 본격적으로 역사서 서술에 적용되어 홍여하의 『동국통감제강』, 유계의 『여사제강』, 임상덕의 『동사회강』, 안정복安鼎福의 『동사강목東史綱目』 등이 편찬되었다. 이러한 흐름 안에서 강과 목을 정하는 과정에서 필연적으로 어느 나라를 정통으로 삼을지가 결정되어 이는 자연스럽게 정통론적인 역사서술로 이어졌다.

정통론적 역사인식의 강화는 양란 이후, 특히 병자호란 이후 청나라가 중국을 장악하고 있는 상황에서 청의 정당성을 인정하지 않고 대신 과거사에서 정통의 근거를 확보하려는 노력에서 나온 것이었다. 예를 들어 단군에서부터 조선시대까지 다룬 『동국역대총목東國歷代總目』에 홍만종洪萬宗은 정통론 체계를 도입하였다. 홍여하가 『동국통감제강』에 처음으로 정통론을 도입한 이래 정통론 계열의 역사서들이 대체로 기자를 정통의 시발로 파악하였으나 홍만종은 단군을 정통의 시조로 보았던 것이다. 그는 단군-기자-마한-신라로 이어지는 정통론의 체계를 설정하여 '단기정통론檀箕正統論'을 제시하였다. 이러한 단군-기자-마한으로 이어지는 정통론 체계는 이익의 『성호사설』과 안정복의 『동사강목』에 계승되었다.

임상덕의 『동사회강』에서도 강목체를 따랐고, 정통성 유무가 중요한 문제로 취급되었다. 임상덕은 삼국 이전 상고사의 흐름을 단군-기자-위만-(한)사군四郡·이부二府·삼한三韓으로 잡고 정통을 거론하지 않았다. 삼국시대는 무통無統의 시대로 보고 신라가 삼국을 통합한 다음해와 고려가 후삼국을 통일한 해부터 정통으로 보았다. 삼국무통론三國無統論은 영남 남인계 인사들의 '신라정통론'에 대비되는 것으로 이후 『동국역대총목』, 『동사강목』과 같은 근기지역 인사들의 역사서에서 공통적으로 나타났다.

이익은 조선전기의 『동국통감』과 홍여하의 『동국통감제강』, 임상덕의 『동사회강』에서 단군조선을 정통에서 제외한 사실을 비판하면서 단군조선을 한국사 정통의 시발로 설정하였다.

그는 "우리나라의 역대 홍망은 대략 중국과 서로 시대를 같이한다. 단군은 요임금과 동시대에 일어났으며, 무왕이 천명을 받아 주를 건국하였을 때 기자가 조선에 봉해졌다"라고 하여 한국사와 중국사의 대등함을 강조하였다. 이익은 단군조선이 이미 출발했을 때부터 중국과 대등한 문화를 가진 화국華國이었다고 하여 단군조선-기자조선-마한-통일신라-고려-조선으로 이어지는 정통론을 주장하였다.

이익은 삼한에 정통성을 부여한다는 점에서 자신의 관점을 스스로 '삼한

정통론'이라고 명명하였다. 핵심은 단군조선과 기자조선의 중국에 대한 문화적 대등성과 정통성을 인정하는 '단기정통론'이었다. 기존의 정통론보다 조선의 독자성과 개체성을 인정한다는 점에서 이 이론은 한 단계 진일보하였다고 할 수 있다.

이종휘李種徽의 『동사東史』의 경우에는 단군조선, 기자조선, 삼한, 고구려, 발해에 정통성을 부여하였다. 그는 단군조선을 처음으로 기전체紀傳體의 본기本紀에 서술하였는데, 단군의 국가적 기원과 문화가 중국의 그것과 대등하다고 보았다. 또 '단기정통론'을 계승하였는데 이는 홍만종의 『동국역대총목』의 영향이다.

안정복은 선배들이 지은 이전의 역사서 가운데 강목체를 채택한 것들은 형식의 일관성과 내용면에서 문제가 있다고 보았다. 또 『동국통감』에서 단군조선과 기자조선, 위만조선을 3조선이라 하여 외기外紀로 처리한 것은 잘못이라고 보았다. 안정복은 『동사회강』을 비판하면서도 그 가치를 인정하는 입장에서 『동사강목』을 만들었다. 따라서 강목체 사서는 17세기 『여사제강』(노론), 18세기 초의 『동사회강』(소론), 18세기 후반의 『동사강목』(남인)으로 이어졌다고 할 수 있다.

그는 정통의 변별을 중요하게 보아 그 기준으로 도덕성과 혈연성을 중시하였다. 『동사강목』에서는 단군-기자-마한-통일신라-고려를 정통으로 취급하였고, 삼국시대를 무통無統으로 간주하였다. 우리나라의 독자성을 전제로 하여 조공을 통한 평화질서의 유지를 사대교린으로 설정하고 이를 이상적인 국제질서로 옹호하였다. 결국 안정복은 홍만종-이익이 주장한 단군정통론, 홍여하-홍만종-이익으로 이어지는 마한-기자정통론, 임상덕-이익의 주장인 삼국무통론을 각각 수용하여 체계화하였다는 점에서 강목체 사서의 '완성본'을 만든 셈이다. 한편으로 안정복은 고증적 학문 태도를 유지하였다.

역사서술의 방법 가운데 두 번째 변화의 요소로 들 수 있는 것은 화이론華夷論의 괴리현상이다. 호란 이후에 종래 중화주의中華主義에 심각한 균열이 생겼음은 앞서 살핀 바와 같다. 즉 청이 등장함으로써 종래 명으로 대표되는 종족적·지리적·문화적인 면에서 중화주의가 깨어졌으며 이를 회복하는 방법은 문화적인 측면에서 중화주의를 제창하는 것으로 나타났다.

이런 현상의 전조는 이미 서인계인 유계의 『여사제강』에서 나타났다. 그는 주자의 강목법의 범례에 의거하여 고려시대사를 정리하면서 자치·자강에 힘쓰지 않다가 호원胡元의 간섭을 받게 된 고려 후기를 집중적으로 비판하였다. 그는 고려의 대외항쟁사와 송과의 문화교류사를 기술하였는데, 특히 본국기년本國紀年을 중국기년中國紀年보다 위에 쓰고, 고려의 독자 연호年號 제정이나 북진정책을 비판 대상에서 제외하였다. 병자호란 이후 중원에서 화이가 뒤섞인 것에 대해 '화華'(세계사)에 대한 대응요소로서의 '한국사'를 강조했던 것이다.

남인인 홍여하의 『휘찬여사』나 『동국통감제강』에서는 세가世家 속에 세계사로서의 중국사(송·금·원)를 포함시켜 세계사에서 중국의 종주宗主로서의 위치를 분명히 하였다. 열전 속에 거란(여진 포함)과 일본을 '외이外夷'로 서술, 『춘추』의 형식으로 우리도 중국의 제후였음을 확인하였다. 우리나라의 고대사를 서술하는 데 중국사를 국사 속에 포함시킴으로써 마한-신라의 역사를 세계사로서의 중국사와 연계하여 서술해 정통성을 확보하였던 것이다.

임상덕의 『동사회강』에서는 요遼나 금金 등 북방족의 국가와 중화족의 국가를 뚜렷하게 구분하여 중화국의 국가만을 정통으로 간주하였다. 이에 따라 중국의 정통국가와 우리나라와의 관계를 군신 관계의 명분으로 설정하여 서술하였다.

이익은 역사서를 저술하지는 않았지만 사론史論에서 주목할 만한 견해를 많이 제시하였다. 그는 전통적 화이관, 즉 중국의 강역과 한족漢族에 의해서만 중화가 성립된다는 지리적·인종적 화이관을 부정하였다. 대신에 누구든지 우수한 문화를 건설하면 바로 '화華'라는 문화주의적 화이관을 주장하였다. 또 소중화의식을 비판하였는데, 노론계의 '존아尊我적 화이관' 역시 부정하였다. 나아가 소중화의식에 입각하여 청을 이적夷狄으로 보아 청의 생재生財와 기용器用의 발달 상황을 보지 못했다고 파악하였다. 이는 청조긍정론과 연결되었으며, 이러한 상대주의적 세계관은 일본에도 그대로 적용되어, 그는 일본의 실상과 변화 양상을 긍정적으로 평가하기도 하였다.

이익은 화이관적 인식 대신에, 즉 역사의 흥망이 개인의 재주와 덕으로 이루어지는 것이 아니라 시세時勢라는 객관적 형세에 의해 좌우된다고 보았다. 「진적론성패陳迹論成敗」에서 "나의 생각으로는 고금의 흥망이 모두 시세의 흐름에 따라 이루어지지 않은 것이 없으며, 반드시 사림의 재덕으로 말미암은 것은 아니었다"라고 하였다. 시세를 통해 역사를 좀 더 현실적인 안목으로 보려고 하였던 것이다. 또 「독사료성패讀史料成敗」에서 "그러므로 나는 '천하의 일은 시세가 제일 중요하고 행·불행이 다음이며, 시비는 제일 마지막이다'라고 하는 것이다"라 하였다.

이러한 인식은 역사에서 시비라는 도덕적 판단보다 우연성이 중요하다는 것을 지적함으로써 전통적인 경사일체經史一體의 시각에서 벗어날 가능성을 열어주었다. 물론 이때의 시세는 완전히 우연이 아니며 '조명造命'(『성호사설』「천지문天地門」)을 설정하여 천명에 대해 인간의 주체적 대응이라는 측면을 정하여 인간이 주체적으로 역사에 참여할 여지를 둔 것이었다. 대신 역사에서 도덕적 선악이나 시비가 지닌 의미를 낮게 보았을 뿐이다.

안정복의 『동사강목』의 경우, 강목체를 적용한 것은 중국 중심의 세계관을 탈피하여 우리 역사의 독자성을 강조한 것이라기보다는 '한국사'를 도덕적 기준으로 체계화하려는 시도에서 나온 것이었다. 강목체를 통해 통계統系를 밝히고 시비是非를 바르게 하여 정통의 변별을 중요하게 파악하려고 한 것으로서, 그는 정통 여부는 국력이 아니라 도덕성과 혈연성을 중시하는가에 달렸다고 보았다. 또한 '한국사'의 독자성을 전제로 하여 조공을 통한 평화질서의 유지를 사대교린으로 설정하고, 이를 가장 이상적인 국제질서로 옹호하였다. 한사군이나 정동행성의 설치, 명 태조의 철령위 설치 시도를 비판하면서도 고구려가 중국을 침략한 것 역시 망국의 화근으로 파악하였다.

한치윤韓致奫의 『해동역사海東歷史』는 화이관을 따른 역사서 중 명분론적 입장을 가장 많이 탈피한 사서이다. 한치윤은 북학北學의 입장에서 서술하면서 강목체나 정통론을 따르지 않은 대신, 백과전서적인 유서類書 체재를 사용하였다. 광역의 동이東夷문화권을 설정하여 주류의 자리에 우리 자신을 놓고, 화華와 이夷, 이夷와 이夷 사이의 문화교류사를 정리하였다.

역사서술에서 변화된 세 번째 요소는 '방법'으로서 공간에 대한 관심이 확대되었다는 점이다. 이는 지리지적 지식의 적극적 활용이 가져온 현상이었다. 이익은 실증적인 방법론을 제시하였다. 그는 「독사료성패」에서 "옛날 사서를 두루 살피고 여러 서적을 방증하며 이리저리 참작하고 비교해야지, 실로 오로지 한 책만 믿고서 단정해서는 안 된다. 옛날 정자程子는 사서史書를 읽다가 반쯤에 이르면 문득 책을 덮고 깊이 생각하였다. 그리고 성패를 헤아려본 다음에야 다시 읽었으며, 맞지 않는 곳이 있으면 다시 깊이 생각하였다 한다"라고 하였다.

한두 사서에 의존하지 말고 여러 책을 참고하여 상호 비교해 보고, 성패를 뒤집어 생각해 논리적으로 추론함으로써 객관적 사실을 파악해야 함을 강조한 것이다. 자국사를 연구할 때는 국내 사서를 중심으로 해야 할 뿐만 아니라 종래에 무시된 야사나 패관류도 중시할 것을 주장하였다. 유가 내지 성리학사관 역시 문헌의 실증이나 객관성을 강조하였으나 도덕적 합리주의의 틀 내에서 주장된 것임을 고려해 볼 때, 이러한 주장은 이보다 한 걸음 나아간 것임이 분명하다.

안정복은 "역사를 연구하는 자는 반드시 강역을 정한 연후에야 점거占據의 실태를 알 수 있고, 전벌戰伐의 득실을 살필 수 있으며, 분합分合의 연혁을 알 수 있다"라고 하여 지리고증의 중요성을 강조하였다. 『동사강목』에 「지리고」를 작성하고 수권의 역사지도를 작성한 것은 강역의 확정이라는 지리고증이 역사에서 선결과제임을 보여준 것이다.

이중환李重煥은 『택리지擇里志』에서 사대부가 살 만한 곳을 고르는 과정을 통해 '한국사'의 이상향을 지리적으로 구현하고자 하였다. 이는 한백겸의 역사지리학적 방법을 계승하여 왜란 이후 각 지방의 재개발 노력을 해당 지방의 역사적 체험과 연결하고, 중국과는 다른 '한국' 각 지방의 풍토조건에 따라 형성된 문화를 바탕으로 삼아야 한다는 허목의 의식을 계승한 것으로 볼 수 있다.

실학의 거목인 정약용의 '한국사' 탐구를 잘 보여주는 것이 『아방강역고我邦疆域考』이다. 그는 이 책에서 우리 역사에 대한 인식체계가 영토의식과 밀접한 관련이 있음을 보여준다. 그는 단군이 평양에 도읍했음을 뒷받침할 만한 자료가 없다는 점에서 단군조선을 부정하였고, 이에 반해 『상서尙書』를 근거로 기자조선을 긍정하여 문명을 일으킨 존재로 파악하였다. 고대사를 이원적으로 파악하여 한강 이북이 (고)조선이며, 한강 이남이 삼한이라고 이해하였다. 삼한을 삼국으로 보는 견해를 비판하고, 마한은 백제가, 진한과 변한은 신라가 계승한 것으로 이해하는 등 조선시대의 입장에서 고대사의 계통을 재구성하였다.

4. 실학자들의 '한국사' 탐구의 의미

지금까지 실학자들이 '한국사'를 어떻게 이해했는가를 살펴보았다. 실학자들의 '한국사' 탐구의 실체를 설명하기 위해서는 다음 두 가지 면에 대한 설명이 전제되어야 보다 객관적인 이해에 접근할 수 있을 것이다.

실학자들의 '한국사' 탐구를 이해하기 위해서는 실학자들과 비교되는 '비' 실학자들의 '한국사' 탐구를 설명해야 한다. 이때 '비' 실학자란 통시적으로는 조선전기의 역사가이며, 공시적으로는 실학자들과 동시대에 살았던 '비' 실학자 역사가이다. 그리고 '한국사'를 설명하기 위해서는 그에 대응하는 '세계사'를 어떻게 이해하였는가를 설명해야 한다. 각 나라의 역사를 서술할 때 그러하듯이 '한국사' 역시 그 내부의 원리로 설명되더라도 결국은 외부세계와의 관계가 전제되어 그 안에서 설명되는 면이 크기 때문이다.

그런데 이때의 '세계사'는 당시 사람들이 보았던 세계 전체를 가리키지는 않는다. 조선후기에는 서양의 지리지식이 알려져 세계지도 등을 통해 유럽과 아프리카, 아메리카까지도 알 수 있었다. 그러나 객관적으로 알려진 세계와 당시 사람들의 의식 속에 구현된 세계는 차이가 있었을 것이다. 즉 지식 자체로는 현재와 같은 세계사의 세계를 상정할 수 있지만 19세기 중반 이전의 사람들의 의식 속에 세계사는 중국사를 포함한 동아시아사를 의미하였을 것으로 보인다. 따라서 당시 동아시아사의 핵심인 중국사의 변화를 중심으로 세계사를 이해하였다고 전제할 수 있다.

당시에 역사는 역사 자체로 독립된 존재였을까? 경사체용經史體容, 경경위사經經緯史, 경사일체經史一體 등 경사經史를 함께 파악하는 관점은 전근대적 시각이라고 보아 실학자들의 역사탐구는 경과 사의 분리를 지향하였고, 그 점에서 근대적인 것으로 이해되어 왔다. 하지만 조선후기의 역사학이 경과

사를 분리하는 쪽으로만 진행되었다고 보기에는 어려운 면이 적지 않다.

조선후기의 역사학을 검토한 이제까지의 연구에 따르면, 이른바 실학자로 알려진 이들의 '한국사' 탐구가 역사학 패러다임의 전반적인 변화 속에서 나타났다는 점은 주목할 만하다. 성리학의 가치를 가장 잘 드러내는 역사서술 방식인 강목체綱目體에 주목하여 역사서술에 적극적으로 적용한 점이나 중화주의中華主義의 상징적 존재라고 할 수 있는 기자箕子를 재해석한 경향이 그 대표적인 예에 해당한다.

구체적으로 실학자들이 '한국사' 탐구에서 취한 두 가지 주요한 입장은, 이전에는 없었던 요소를 발견한 것(고대사 시·공간의 재발견)과 종래에 있었던 요소를 재인식한 것(기자)이다. 이러한 역사서술 대상의 변화는 동시에 역사서술 방법의 변화와 함께 일어났다. 역사서술 방법으로서 강목체의 중시, 화이론 내지 중화주의의 적용, 방법으로서의 공간에 대한 탐구 등도 종래에는 없거나 재인식된 요소들이다.

그러나 실학자들이 '한국사' 탐구에서 중요하게 파악하였던 대상이나 방법론이 종래에 존재하지 않았던 것이 아니라는 점은 시사하는 바가 적지 않다. 오히려 조선전기 이래 꾸준히 탐구되어 온 '한국사'로서의 동국東國에 대한 탐구가 강화되거나 다양화된 것으로 이해할 수 있다. 조선전기에 탄생한 '동국'이라는 개념은 성리학적 보편주의와 조선사와의 만남을 통해 만들어진 것이었다.

그러다가 조선중기에 사림이 등장하면서 강목에 대해 본격적으로 이해하게 되었다. 성리학적 보편주의가 확대되고, 기자가 본격적으로 탐구되면서 기자를 통한 중화주의가 확대되는 계기가 되었다.

조선후기에는 양란과 명청의 교체라는 배경 위에서 본격적으로 이러한 탐색이 깊어짐에 따라 새로운 동국으로서 '동東~강綱'류의 제목을 단 책들이 연이어 편찬되었다. 이러한 새로운 경향은 대체로 고대사의 발견, 기자의 재인식, 발해의 재발견, 새로운 한국사 공간의 확대, 역사 연구방법의 진전 등을 내용으로 한 것이었다.

조선후기에 각 정치세력은 자기의 처한 현실에 따라 역사인식과 서술 면에서 조금씩 차이가 있었다. 서인-노론계는 현실을 장악하면서 중화주의를 대명의리로 연결하였다. 소중화주의를 심화하여 조선중화주의를 주장하였고, 이는 현재의 조선이 보편을 구현하는 존재임을 상정한 것이었다. 이러한 인식은 진경시, 진경산수화 등의 형태로 표현되기도 하였다. 한편, 현실을 의리명분으로 합리화하는 작업으로 당시 근현대사에 해당하는 조선역사에서 의리명분상에서 잘못된 사실을 바로잡는 작업을 시도하였다. 임진왜란과 병자호란 등 국가가 위기에 처했을 때 의리를 지킨 이들을 표창하는 작업 등이 이에 해당한다.

이에 비해 소론이나 남인은 보편으로 기능한 중화를 현실에서 찾지 않고 과거로 올라가서 찾았다. 그래서 현실보다는 과거에서 정통, 즉 중화주의를 구현한 것을 찾았다. 대체로 강목 형식으로 기록된 '동사'는 이들이 많이 저술하였다.

이렇게 보면 실학에서 이루어진 '한국사' 탐구는 근대의 전조로 나타났다기보다는 조선 역사의 발전과정에서 나타난 현상 가운데 하나로 이해된다. 실학자들에 대해 근대라는 눈길을 통해 보는 시각을 거둔다면 훨씬 다양한 면모를 볼 수 있다. 그리고 소위 실학자뿐만 아니라 주자성리학자로 분류되는 이들 중에서도 많은 이들이 이러한 변화에 동참하였음을 알 수 있다.

실학자들의 '한국사' 탐구에는 다양한 경향들이 혼재해 있었다. 즉 성리학이 강화 내지 심화되는 측면으로 강목체, 정통론이 유행하였다. 반대로 성리학과 멀어지는 측면으로 경사가 분리되어 해석되거나 실증적인 경향의 증대,

지식의 상대화 등이 나타나기도 하였다. 이러한 경향들에 대해서는 적어도 이전처럼 근대의 측면에서 거꾸로 찾아가기보다는 조선에서 성리학을 중심으로 다양한 전개가 이루어지고 이어졌다는 면에서 살피는 것이 보다 유용하리라 판단된다.

실학자들에 의해 발견된 혹은 재인식된 '한국사'는 성리학의 중화주의, 문화적 보편성과 관계를 맺으면서 해석됨으로써 자국사를 강조하는 경향이 독단, 독재 혹은 민족적 우월성으로 빠질 우려가 적어졌다고 할 수 있다. 보편에 대한 고민과 그에 대한 연결, 보편(세계사)과 자존(한국사)의 균형 있는 인식 위에서 '한국사'가 탐구된 것이므로 현재에도 전범으로 삼아 해석될 가치가 있는 것이다.

참고문헌

김영심 · 정재훈, 「朝鮮後期 正統論의 受容과 그 變化–修山 李種徽의 『東史』를 중심으로–」, 『韓國文化』 26, 2000.

裵祐晟, 「朝鮮後期 實學者들의 國土觀과 地域認識」, 『韓國史硏究』 108, 2000.

오항녕, 「조선시대 사학사 : 전제의 검토, 과제의 제기」, 『조선후기사 연구의 현황과 과제』, 창작과비평사, 2000.

李萬烈, 「17 · 8세기의 史書와 古代史認識」, 『韓國의 歷史認識 (下)』, 창작과비평사, 1976.

정재훈, 「조선후기 史書에 나타난 中華主義와 民族主義」, 『韓國實學硏究』 8, 2004. 12.

조광, 「朝鮮後期의 歷史認識」, 『韓國史學史의 硏究』, 을유문화사, 1985.

조동걸 · 한영우 · 박찬승 엮음, 『한국의 역사가와 역사학 (상)』, 창작과비평사, 1994.

조성산, 「조선후기 소론계의 古代史 연구와 中華主義의 변용」, 『歷史學報』 202, 2009.

조성을, 「조선후기 사학사 연구현황」, 『韓國中世社會解體期의 諸問題』, 한울, 1987.
한영우, 『조선후기 사학사 연구』, 일지사, 1989.
허태용, 『조선후기 중화론과 역사인식』, 아카넷, 2009.

실학시대의 언어연구

이병근

1. 15 · 16세기의 언어연구를 이으며
2. 실학시대 언어연구의 관심은 어디에 있었나
3. 실학시대 언어연구는 무엇을 남겼나
(1) 문자 · 음운에 대한 관심은 진일보했나
(2) 어원 · 어휘 자료의 정리는 어떠했나
(3) 다양한 자료와 논의는 또 어디에 수록되었나
4. 실학시대 언어연구는 무엇을 넘겼나

1. 15 · 16세기의 언어연구를 이으며

우리 민족의 문자체계인 '훈민정음'의 창제는 세계사적 사건이라 해도 과언이 아니다. 근대의 학문이 '과학science'으로 불렸던 시절에 학자들은 훈민정음이 '과학적'으로 창제되었다는 평가를 했다. 전 세계 문자 중에서 이러한 평가를 받은 문자체계가 또 있겠는가. 현대에 와서는 훈민정음의 현대적 표현인 '한글'이란 문자체계는 세계에서 유례를 보기 힘든 '자질체계featural

李秉根 서울대학교 국어국문학과 명예교수.
저서로 『어휘사』(태학사, 2004), 『한국어사전의 역사와 방향』(태학사, 2000), 『음운현상에 있어서의 제약』(탑출판사, 1979), 『한국 근대 초기의 언어와 문화』(공저, 서울대학교출판부, 2005), 『한국 근대사회와 문화 I』(공저, 서울대학교출판부, 2003), 『한반도와 만주의 역사 문화』(공저, 서울대학교출판부, 2003), 『한반도와 중국 동북 3성의 역사 문화』(공저, 서울대학교출판부, 1999), 『국어연구의 발자취 (1)』(공저, 서울대학교출판부, 1985), 『국어국문학연구사』(공저, 우석문화사, 1985), 『문법』(공저, 태학사, 1979), 『언어과학이란 무엇인가』(공편, 문학과지성사, 1977) 등이 있다.

system'로 해석되기도 한다.[1] 이것은 기본 문자에 일정한 음성적 특징을 체계적으로 문자화했다는 말이다. 물론 우리의 문자체계가 서양의 이론으로 온전히 해석된다고는 믿지 않으나 이러한 현대언어학적 해석이 시도될 만한 문자체계는 전 세계의 문자 가운데에 한글 외에 없는 것은 분명하다.

우리 언어연구는 15세기에 비롯되었다고 할 수 있다. 그 이전의 『삼국사기三國史記』, 『삼국유사三國遺事』, 또 『고려사高麗史』 등과 같은 문헌에 '어원'과 관련 있는 주석들이 없는 바는 아니나 그것은 체계적 서술이 아니라 단편적인 언어지식의 지적이라 할 민간언어학folklinguistics적인 차원에 지나지 않았다. 그 대표적인 한 예로 "탈해가 말하기를 무릇 덕이 있는 이는 치아가 많다 하니 마땅히 잇금(=齒理)으로 시험하자 하고서 떡을 물어 보았다. 왕이 치아가 많으므로 먼저 즉위하고 인하여 이질금尼叱今(尼師今=닛금)이라 하였으니, 이질금이란 칭호는 이 왕에서부터 시작되었다"[2]고 하는 식이다.

학문적인 수준에서의 언어연구는 역시 훈민정음 창제이론이 들어 있는 『훈민정음 해례본』으로부터 시작됐다.[3] 이 책의 저자들은 잘 알려진 바와 같이 집현전 학자들인 강희안, 박팽년, 신숙주, 성삼문, 이개, 이선로(후에 이현로), 최항이었는데, 세종의 명에 따라 언어정책을 이행했던 음운학자들이었다. 여기서 가장 궁금한 것은 '훈민정음'이란 문자체계를 누가 무엇 때문에 만들었나 하는 문제다. "세종어제훈민정음世宗御製訓民正音"이란 표현이 실록에 있는데도 불구하고 역사의 기록은 이후 엇갈려 왔다. 창제자가 세종인

1 G. Sampson, *Writing Systems: A linguistic introduction*, London: Hutchison Publishing Group, 1985.

2 脫解云 凡有德者多齒 宜以齒理試之 乃咬餠驗之 王齒多故先立 因名尼叱今 尼叱今之稱 自此王始(『三國遺事』 1 第三弩禮王, 『三國史記』 1 儒理尼師今). 이와 거의 같은 내용이 또 곳곳에 있으며 『芝峯類說』 같은 후대의 문헌에도 자주 등장한다.

3 이숭녕, 「국어학사」, 『사상계』 4·6, 1956.

가 세종과 위의 집현전학자들인가. 만약 창제자가 세종이라면 누가 그를 도왔는가. 직접적이든 간접적이든 관여한 사람들은 문자창제 배경이론을 어느 정도로는 알았어야 할 것이다.[4] 또 책자로서의 『훈민정음 해례본』의 해설 내용도 그 핵심인 해례, 즉 '제자해制字解, 초성해初聲解, 중성해中聲解, 종성해終聲解, 합자해合字解'의 다섯 해설과 하나의 '용자례用字例'의 예시는 1940년까지 거의 5세기 동안 알려지지 않았다. 『세종실록世宗實錄』조차도 훈민정음의 「세종어제서문」과 각 문자의 「예의例義」 및 정인지 「후서後序」만을 싣고 있다. 왜 이리 '해례'라는 알맹이는 없이 이러했는지 그 역사적 이유를 우리 어학자들은 알 수가 없다. 내용을 알 수 없던 후세의 학자들은 안개 속을 헤매며 중구난방의 해석들을 쏟아놓았다. 예컨대 훈민정음이 창제될 때에 이미 태어나(1439년) 훈민정음이 반포되고서 겨우 50년 좀 지나 세상을 뜬(1504년) 성현成俔의 『용재총화慵齋叢話』에는 "세종이 언문청을 설치했는데, 신숙주·성삼문 등에게 언문 창제를 명하여 초·종성 8자, 초성 8자와 중성 12자를 만들게 했다. 그 글자의 체는 범자梵字를 따라했다"[5]라고 적고 있다. 문자를 세종이 몸소 만든 친제가 아니고 신하의 도움을 받은 협찬도 아니라 신하에게 명하여 만든 명제로 언급했다. 문자에 대해서는 비슷하면서 꼭 같지는 않게 설명했는데 느닷없이 문자의 범자기원설을 꺼내니 "아닌 밤중의 홍두깨"가 된 것이다. 이 시대에 이미 혼돈에 빠졌으니 『훈민정음 해례본』의 내용을 몰랐던 실학시대엔 어떠했겠는가.

---

4 훈민정음 창제와 관련하여 비교적 최근의 종합적인 재조명으로는 李基文, 「훈민정음 창제에 대한 재조명」, 『韓國語硏究』 5, 韓國語硏究會(2008)를 참조. 여기서 훈민정음은 세종이 창제하여 왕실 주도의 사업으로 튼튼한 기반을 구축하고 많은 책을 간행하여 그 효능을 입증하고 우수성을 입증하였으며 높은 품위를 갖출 수 있었다고 강조하였다.

5 世宗設諺文廳 命申高靈 成三問等製諺文 初終聲八字 初聲八字 中聲十二字 其字體依梵字爲之(『용재총화』 권7).

15세기는 '훈민정음'을 창제함에 관련 있는 중국의 음운학적 연구로서의 작업들이 행해졌다. 그러나 그것은 대부분 한자漢字의 음音, 즉 '자음字音' 중심의 발음사전인 운서 편찬과 관련된 작업이었다. 곧 『동국정운東國正韻』 등의 운서 편찬이었다. 『훈민정음 해례본』의 해설에 함께 참여한 신숙주 등 일련의 인물들이 그 핵심이었다. 철학적 배경이었던 성리학, 특히 「황극경세서皇極經世書」의 이론은 서경덕의 '성음해聲音解'로 이어지긴 했으나 체계적인 것은 아니고 중국어 발음 위주의 단편적인 것이었다.

이와 같이 15세기는 문자 창제와 관련된 서술 그리고 그 배경이 되었던 음운학 연구의 응용 작업으로서의 운서 편찬과 같은 연구들이 주류를 이루었던 시대였고 그것이 차츰 정리되면서 최세진 등에 이어지기는 했으나 더 이상의 깊이 있는 연구는 진행되지 않았다. 어휘에 있어서도 13세기의 『향약구급방鄕藥救急方』이나 강희맹의 『금양잡록衿陽雜錄』의 '곡품穀品' 같이 자료들이 일부 정리되기는 했으나, 크게 진전되지는 않았었다. 이런 상황이 실학시대 이전까지의 언어연구 사정이었다.

이렇게 중세의 연구 상태조차 풀리지 않은 상황에서 그 이후의 연구가 억측과 혼돈에 빠지게 되는 점이 꽤나 많았다. 그러나 이런 속에서도 15세기 훈민정음 창제와 관련된 언어학적 연구들, 특히 음운학 연구가 확산되고 또 새로운 언어연구를 위한 준비로 어휘 수집과 정리를 했던 시대가 실학시대가 아니었나 한다. 어문연구의 면에서 실학시대는 이전시대의 전승·확산이며 돌연변이를 보인 혁신 시대는 아니었다.

2. 실학시대 언어연구의 관심은 어디에 있었나

실학시대 언어연구의 주제가 무엇이었는지 연구사로서의 '학(술)사'가 등장한 지 반세기가 훨씬 지났건만 아직 통일된 서술이 없다.[6] 유창균은 『신고국어학사』(1969)에서 "다양성: '훈민정음과 운서의 학' 외에 '어원학 · 이두학 · 어론語論' 등의 다방면으로 확대되어 갔다"고 했고, 김민수는 『신국어학사』(1980, 전개정판)에서 대체로 문자음운학의 발달과 사서편찬의 심화를 들었으며, 강신항은 『국어학사』(1988)에서 이수광의 17세기 『지봉유설芝峰類說』부터 윤정기의 철종 때 『동환록東寰錄』까지 2세기 이상의 업적들을 대별해 그 결과로 종전의 연구태도를 답습 또는 진전한 것으로는 ① 중국음운학 위주, 부차적인 국문자(음운) 연구, ② 송학적 이론의 답습, ③ 운학연구의 진전, ④ 상형설의 진전 등을 들었고, 새로운 과제의 등장으로는 ① 어원, 방언 연구, ② 언어자료의 정리, ③ 신자新字의 창제[7], ④ 숫자 계산[8], ⑤ 언문의 기원을 논함 등을 들었다. 결국 이로부터 보면 훈민정음과 관련된 문자의 문제와 음운학의 연구가 깊어지는 가운데 몇 가지의 새로운 연구, 특히 어휘 정리

---

6 조선 중기의 국어연구와 관련해서는 이병근, 「국문 보급과 국어 연구」, 『한국사 31(조선 중기의 사회와 문화)』(국사편찬위원회, 1998)에서 소략하게 언급했고, 조선시대 국어학사에 대해서는 이병근, 「조선시대 국어학사 개관」, 『조선시대 국어학사 자료에 대한 기초 연구』(2003년도 서울대학교 한국학 장기기초연구비 지원 연구과제 결과보고서, 장소원 · 이병근 · 이선영 · 김동준, 2003)에서 개관했다. 이 글은 자료를 검토한 위의 보고서에 힘입은 바 크다. 공동연구자들께 감사한다.

7 박성원, 신경준 등이 새로운 문자 ◇(중국음 중 일종의 순음), ᆢ('여덟'의 '여'의 방언음)의 창제를 제안한 것은 운학연구에서 한자음을 표기하기 위한 언문을 검토하다가 제시한 것에 지나지 않는다.

8 이 숫자 계산이란 문자들의 결합에 의해 독립된 단위로 발음할 수 있는 표기 단위를 계산하는 중국 송나라 음운학의 방법을 이른다는데, 15 · 16세기 인물인 최세진의 『훈몽자회』(중종 24년, 1527년)의 범례 속의 '諺文字母'에는 다음과 같은 숫자 계산의 일부가 나오고 있다. 초성과 종성에 통용되는 8자(ㄱㄴㄷㄹㅁㅂㅅㆁ)와 초성 단독으로 쓰이는 8자(ㅋㅌㅍㅈㅊㅿㅇㅎ)를 제시하고 또 중성으로만 쓰이는 11자(ㅏㅑㅓㅕㅗㅛㅜㅠㅡㅣㆍ)를 보이고서 합자해서 (초성 8자+8자)×중성 11자=176자를 계산해 놓았다. 이규경도 「언문변증설」에서 숫자 계산을 시도했는데, 이 合字 또는 作字의 예가 온전하게 계산된 것은 柳僖의 『諺文志』(1824)에서였고 姜瑋(1820~1884)의 「東文字母分解」에서는 숫자뿐만 아니라 가능한 음절 전체 목록을 거의 모두 제시하였다. 따라서 이 숫자 계산 방법은 순전한 실학시대의 것이라 보기는 어려울 것이다.

의 문제가 등장한 셈이다.

그러나 지금까지의 서술들은 실학시대의 언어연구와 관련이 있을 듯한 자료를 전반적으로 검토한 것은 아니었다. 자료를 차츰차츰 확대해 나가면서 내용도 조금씩 더 추가해 서술되어온 것이 사실이다. 예컨대 강신항의 『국어학사』 개정증보판에서는 이규경의 『오주연문장전산고五洲衍文長箋散稿』에서 과거 언문변증설의 내용을 일부 소개해오던 것을 전반적으로 확대해 어문 관련 40여 항목을 추려 제시했다. 이는 역사적인 관점에서의 취사선택의 차이에서 비롯된 것이 아니고, 아직도 새로운 자료의 발굴이 필요하다는 사실을 역설한 것이 아니겠는가. 이제 자료를 보완해 실학시대 전반에 걸친 언어연구의 경향과 특징을 짚어 보자.

3. 실학시대 언어연구는 무엇을 남겼나

(1) 문자 · 음운에 대한 관심은 진일보했나

조선 초기의 언어연구는 한자음 중심의 음운학이 주류를 이루었다. 이러한 방향은 실학시대에도 마찬가지로 이어졌는데 이론적으로는 앞의 시기에 비해서 한 걸음 앞섰다. 즉 중국의 조음음성학에 바탕을 두고 음音들을 분류하고[9] 일정한 순서로 배열하면서 다시 여기에 운韻을 맞춰 배열하되 해당 한자들을 묶어 넣는 구조의 발음사전인 『운서韻書』[10]를 편찬하려는 작업은 실

9 흔히 말하는 '아, 설, 순, 치, 후음'의 분류는 구강의 기본 위치에 따른 것으로 중국 음운학에서 빌려온 것인데, 원래 이 오음 분류는 고대 인도의 음성학에서 비롯되었었다. 지금도 국제음성부호(I.P.A.)의 음성분류의 기본으로 이용되고 있다. 그만큼 세계 모든 언어에 적용될 수 있는 보편성을 지니는 것이다. 이 보편성에 따라 세종은 훈민정음 기본 초성자 'ㄱ ㄷ ㅁ ㅅ ㅇ'을 각각 음성기관을 상형하여 훈민정음을 창제하고 나머지는 가획 또는 합자로 제자했던 것이다. 중성자는 동양사상에 따라 天地人 삼재에 따랐다.

10 중국에서 오랜 전통을 이어온 『韻書』란 보통 '牙 舌 脣 齒 喉'의 五音과 '平 上 去 入'의 四聲

학시대에도 계속되었다. 그리고 여기에 한자음의 언문 표기를 위해 언문의 논의가 함께 전개되곤 하였다.

박성원의 『화동정음통석운고華東正音通釋韻考』란 운서는 예컨대 '東'이란 한자에 '春方'이란 뜻을 보이고 그 밑에 '화음'으로 최세진의 『사성통해四聲通解』의 발음을 옮겨 한글로 적고 '동음', 즉 우리 한자음도 한글로 적은 책으로, 예컨대 중국음 '둥'과 조선음의 '동'과 같이 두 언어의 발음을 대조시켜 표시하려 했었다. 말하자면 '화동華東' 간의 대역발음사전의 성격을 띠게 했던 것이다.

홍계희의 운서 『삼운성휘三韻聲彙』는 박성원의 그것과 동시대의 것이면서도 차이를 보여 독특한 가치를 지닌다고 흔히 평가되어 왔는데, 화음은 여전히 『사성통해』를 따르되 동음은 속음, 즉 현실 한자음을 써서 자모별로 분류해서 만든 '화동' 대역 발음사전이었던 것이다. 『삼운성휘』가 『사성통해』를 따르고 『화동정음통석운고』를 참고했다고 하더라도 거의 동시대의 것이면서도 차이가 있고 자모배열도 이전의 것들과 다르면서 현대의 것에 가까워졌으며 자음字音과 자의字義에 있어서도 현실음을 고려함으로써 홍계희 자신이 독창성을 보여 주게 되었다는 점 때문에 지금까지 어학사 서술에서 그가 높이 평가되었던 것이다. 우리나라에서 나온 이러한 대역사전은 한어, 즉 중국어의 경우가 유일한 것으로 발음 교육에서나 한시 창작에서의 운韻의 교육에서나 한어와 한문이 당시에 사회적으로 또는 국제관계에 있어서 그만큼 중요시되었던 것이라고도 볼 수가 있다.

훈민정음이 창제된 이후 운서에서 발음을 한글로 일정하게 배열시켜 표시

에 따라 한자음을 분류하여 같은 부류의 음을 나타내는 한자들을 묶어 제시하는 일종의 분류 발음사전인데, 字音의 정확한 해득과 한시 창작에 활용한다. 중국의 사전은 전통적으로 字音 중심의 '운서' 외에 字形 중심의 '字典'과 字義 중심의 '訓詁' 세 가지로 나눈다.

하려 했기 때문에 자연히 언문의 자모와 그 배열 순서에도 관심을 가지게 되어 이에 대한 논의가 흔히 있었다. 두 언어의 대역사전이었기에 한글도 두 언어의 음운체계의 차이에 따라 달랐음은 물론이다. 예컨대 동음은 'ㄱㄴㄷㄹㅁㅂㅅㅇㅈㅊㅌㅋㅍㅎ'과 'ㅏㅑㅓㅕㅗㅛㅜㅠㅡㅣ(ㅢ)ㆍ(ㅘㅝ)'와 같았고, 화음은 훈민정음을 변형시키기까지 하여 'ㄱㅋㄲㆁㄷㅌㄸㄴㅂㅍㅃㅁㅸㅹㅱᅎᅔᅏᄼᄽᅐᅕᄾᄿㆆㆅㅇㄹㅿ', 그리고 중성에는 위의 것에다가 'ㆉ ㆌ'도 포함시켰다. 이렇게 한글 자모는 당시의 음운학에서는 한자음을 표기하는 데 쓰인 셈이다. 훈민정음의 역사를 서술했던 과거의 책들에서 이 부분을 따로 떼어 강조했던 것인데, 그리 분리하면 논의의 의미가 전혀 이해될 수가 없을 것이다.

위에서 언급한 운서들이 편찬되는 과정을 거치면서 서명응의 『규장운서奎章韻書』(1778)도 나오게 되었다. 그리고 더 정교한 수준에 이른 운서가 잘 알려진 정조 명찬인 『규장전운奎章全韻』(1796)이었다. 여기에는 이덕무를 비롯해 윤행임, 서영보, 남공철, 이서구, 이가환, 성대중, 유득공, 박제가 등이 편찬에 참여했다. 배열은 홍계희의 『삼운성휘』와 같이 'ㄱㄴㄷㄹㅁㅂㅅㅇㅈㅊㅌㅋㅍㅎ'와 같이 거의 현대에 가깝게 하되 평상거입 사성 순서로 4단으로 분류해 배열하였는데, 수록된 한자는 모두 13,345자였다. 뜻풀이는 물론 간단하였다. 이 운서는 일반인에게 널리 읽혀져 많은 판을 거듭 간행했으며 윤정현의 범례가 있는 『어정시운御定詩韻』(1846)이라는 복각판도 나오게 되었다. 이렇게 하여 드디어 『규장전운』을 바탕으로 하되 『강희자전康熙字典』처럼 획인자전의 성격도 부여하고 뜻풀이도 하여 붙인 『전운옥편全韻玉篇』이란 자전字典이 나왔는데, 중국 한자음을 무시하는 등 실용자전에 가까워 일반인들에게 더욱 다가갔다. 이것이 현대적인 자전의 효시에 가까운 것이라 할 만한데, 조선광문회의 현대판 획인자전 『신자전新字典』(1914)과 함께 쓰였을 정도로 오래 일반화되어 있었다.

음운학 연구에서 또 하나의 분야는 운도韻圖의 연구였다. 이 또한 15·16세기에 최발의 『약운도約韻圖』 등이 있었기에 전혀 새로운 연구는 아니었다. 이제는 볼 수가 없어 그 내용과 수준을 알 수는 없다. 최석정의 『경세정운經世正韻』(1678), 신경준의 『운해韻解』(1750) 등이 운도 연구 방면에서 대표적으로 언급되고 있다.[11] 자학字學에 조예가 깊었던 조부 최명길과 또 성음학에 깊은 관심이 있었던 화담 서경덕의 영향을 받은 최석정은 소옹의 〈황극경세성음창화도皇極經世聲音唱和圖〉를 바탕으로 해서 『경세정음』을 저술했다. 여기서 그는 우선 훈민정음의 체계를 위의 소옹의 이론에 비추어 해석하고 그것을 토대로 한자음의 음운을 일정한 등급으로 분류하여 한자음 중심의 음운체계를 도식화하는 등운도等韻圖를 작성하려 했다. 즉 우선 훈민정음의 원리와 체계를 중국 음운에 꿰맞추어 나름대로 기술하고 이 체계에 따라 한자음을 도식화하는 '운도'를 작성하려 했으며, 끝으로 종래의 여러 운도와 운서를 보이며 비판한 음운학 연구를 덧붙였다. 여기서도 실학시대의 대부분의 음운학자들처럼 훈민정음(또는 언자諺字, 언음諺音, 언문諺文 등)의 논의를 조선시대의 한국어가 아니라 한자음과 중국 음운학에 맞추어 해석하려 했다.

이상의 대표적인 것들 외에도 문자와 음운에 관한 글들이 적지 않았다. 훈민정음 자형字形의 원리를 이른바 원圓(天)과 방方(地)의 상형으로 본 이사질의 『훈음종편訓音宗編』, 「언문자음기례諺文字音起例」와 「오음초성五音初聲」이 포함된 금영택의 『만우재집晩寓齋集』, 혼동되기 쉬운 언자諺字와 한자漢字를 각기 분간하기 좋게 꾸민 첩경의 편람으로 언자의 경우 표제어를 현대의 사전에 가깝게 배열하기도 한 석범의 『언음첩고諺音捷考』의 책머리에 실린 「범

11 각각 『經世正韻圖說』, 『經世訓民正音圖說』 등과 『韻解訓民正音』, 『訓民正音韻解』 등 여러 서명들이 있다.

례」와 「언문원류諺文源流」, 이규경의 『오주연문장전산고五洲衍文長箋散稿』 속에 실린 「언문변증설諺文辨證說」, 정윤용의 『자류주석字類註釋』의 부록, 강위의 『동문자모분해東文字母分解』, 노정섭의 『광견잡록廣見雜錄』의 훈민정음 관련 기술, 그리고 권정선의 『음경音經』(1906) 등은 국어학사 교재에서 빠짐없이 등장하는 예들이다. 많은 경우가 문집 속에 수록되어 있는데, 이 밖에도 중모음과 관련된 음운사와 또 지명유래 등도 언급한 남극관의 『몽예집夢囈集』, 이광사의 『두남집斗南集』「논동국언해토論東國諺解吐」, 홍양호의 『이계집耳溪集』(권10) 「경세정운도설서經世正韻圖說序」, 박치원의 『설계수록雪溪隨錄』(권24) 「자음字音」, 이의봉의 『고금석림古今釋林』(권40 부록) 「훈민정음訓民正音」, 배상렬의 『서계쇄록書計瑣錄』(상), 홍희준의 『전구傳舊』(제4책) 「언서훈의설諺書訓義說」, 유신환의 『봉서집鳳棲集』(권6 잡저雜著) 「삼십육성역三十六聲譯」, 이유원의 『임하필기林下筆記』(권17, 18, 19) 일부, 오쿠라문고小倉文庫에 소장된 저자 미상의 『언문諺文』, 박문호의 『호산집壺山集』에 실린 「자음복고설字音復古說」(권38), 「언문설諺文說」(권38), 「이두해俚讀解」(권49), 「여소학女小學」(권34) 및 『여소학』(1908)에 추보된 「자훈방언동이고字訓方言同異考」, 노정섭의 『연곡집蓮谷集』에 실린 「광견잡록」, 그리고 저자 미상의 『동문집음東文集音』 등등 수많은 문헌들이 음운이나 문자에 관한 내용을 담고 있다. 과거의 것을 그대로 옮겨놓은 것도 없지 않아서 이들이 높이 평가받기는 쉽지 않을 것이나 일단 검토해야 할 대상들이다.

(2) 어원 · 어휘 자료의 정리는 어떠했나

실학시대의 새로운 관심이 집중된 또 하나의 분야는 어휘 분야로, 이전처럼 어떤 단어의 어원을 밝혀 정확한 의미를 알게 한다든가 어휘를 일정한 기준으로 분류하여 어휘집을 편찬하려 했다든가 하는 언어자료의 정리가 주류

를 이루었다.[12]

이 시기 어원과 관련된 대표적인 책은 황윤석의 『화음방언자의해華音方言字義解』와 정약용의 『아언각비雅言覺非』로 여겨져 왔다. 황윤석의 것은 한자로 쓰인 '舒發翰/角干'과 같은 경우도 있고 '한아비/한어미'의 '한/大' 라든가 '코키리/고기리'의 '코/코가 길다' 등처럼 의미로 고증하려 한 것도 있다. 그러나 '나[我]'는 '儂[능]'에서 '갈(女)'은 '他'에서 '가[去]'는 '去'에서 왔다는 등 한자어에 기댄 무리한 해석과 고증이 너무나 많다. 어원에 대한 관심은 『삼국유사』, 『삼국사기』, 『고려사』, 『고려사절요高麗史節要』 등 역사 서술의 경우 때때로 협주로 풀이해 놓아 원문을 이해함에 도움이 되도록 해왔다. 따라서 어원풀이를 한 책에 모아 묶은 것은 새로운 방식이 아닐 수 없기는 하다. 이의봉의 『동한역어東韓譯語』(권27, 28), 『동언고東言考(약略)』나 『동언고략東言攷略』도 이와 유사한 성격의 어원집이라 할 수 있다. 단편적으로 어원풀이를 하려 한 것은 여기저기 많다. 특히 이수광의 『지봉유설』에서처럼 문집에서 어원에 관심을 보인 예가 많았던 것이다.

어휘집의 간행도 그 역사가 짧지만은 않다. 현재 제일 오래된 어휘집은 13세기 중엽의 『향약구급방鄉藥救急方』으로 알려져 있는데, 그 뜻풀이는 순수 언어사전식 풀이로가 아니라 향약 안내서답게 백과사전식 풀이로 요약했다. 어휘집은 아니지만, 강희맹의 『금양잡록衿陽雜錄』의 「곡품」도 이런 방식이었다. 『향약구급방鄉藥救急方』은 훈민정음 창제 이전의 양식으로 표제어의 표기는 한자를 빌려 쓴 차자借字 표기였고 풀이는 한문으로 이루어졌고 『금양잡록』 '곡명'의 풀이는 그 후 많은 농서들에 자주 실렸고 대상 품목이 시대에 따라 일부 바뀌기도 하였다. 성해응의 『연경재전집研經齋全集』 등 문집에까

12 洪允杓, 「國語 語彙 文獻 資料에 대하여」, 『素堂千時權博士華甲紀念 國語學論叢』을 참조(1985).

지도 실렸다. 이들 후세의 곡명 어휘들은 대부분 우리말 어휘를 언문으로 기록했다. 그리하여 시대에 따른 표기상의 차이가 부분적으로 보이기도 했다. 이상의 어휘집들은 일정 분야의 물명 어휘를 모은 어휘집들인데, 실학시대의 어휘집도 물명이 중심이었다.[13] 『동의보감東醫寶鑑』의 「탕액」편에 수록된 물명이나 『시경언해』의 앞머리에 첨부한 물명 외에 『시물명고詩物名攷』, 『물보物譜』, 『재물보才物譜』, 『물명고物名攷』, 『청관물명고靑館物名攷』, 『몽유편蒙幼編』, 『광재물보廣才物譜』, 『만물초萬物草』, 『만물록萬物錄』, 『만물류萬物類』, 『만물전서萬物全書』, 『양방금단良方金丹』, 『물명괄物名括』, 『시명다식詩名多識』, 『명물기략名物紀略』, 『군도목羣都目』, 『제물평諸物評』 등이 그것들인데, 많은 경우 순수하게 어휘의미를 풀이한 것이 아니라 책의 편찬 목적과 어휘 분야에 따라 백과사전식으로 풀이하면서 필요에 따라 문헌고증적인 면을 보완하였다. 그러나 유희의 『시물명고』는 『시경』의 물명에 대해 원전의 편명에 따른 순서대로 배열하되, 예전에 잘못 풀이하였던 점을 여러 문헌들에 의거해 더욱 철저히 고증하여 수정하려 하였다. 일종의 주석연구에 해당한다. 대당되는 단어로 우리말이 있을 경우 언문으로 표시되었음은 물론이다.

실학시대의 어휘집은 표제어는 대부분 한자어로 그에 대당되는 우리말이 있을 때는 그것을 풀이에 이용하면서 백과사전식 주석을 한문으로 보태되 여기에 짤막한 문헌고증 풀이를 보태기도 하였다. 안타깝게도 이들 '물명고'류의 어휘집들은 출판되지 않은 필사본 상태이기 때문에 당시 사회에서 많은 독자를 확보하기는 어려웠을 것이다.[14]

---

13 홍윤표, 「실학시대의 어휘자료집 간행 역사」, 『국어생활』 22, 국어연구소, 1990 참조.

14 어휘 자료로 별도의 어휘집으로 간행되지는 않았다 하더라도 가정백과전서, 농서, 의서 등에 실린 것들도 수도 없이 많다. 『山林經濟』나 『林園十六志』 등과 『海東農書』 『月餘農歌』의 「俗諺字解」, 『음식디미방閨壼是議方』 『酒方文』 『群學會騰(博海通攷)』 등과 방언이 반영된 『村家救急方』 등등이 눈에 띄는 언문 물명어휘가 많은 문헌들이다.

순수한 어원집 또는 어휘집과는 달리 정약용의 『아언각비』는 그 목적이 달랐다. 이 책은 '雅言覺非', 즉 바른 말로 그릇된 점을 깨닫게 하려는 목적으로 지은 것인데, 말하자면 배움은 깨닫는 것이요 깨닫는 것은 그릇된 점을 깨닫는 것이라고 하면서 그릇된 점을 깨닫는 것은 바른말에서 깨달아야 한다고 설명한다. 예컨대 '장안長安'과 '낙양洛陽'은 중국 두 서울의 이름인데, 우리나라 사람들이 이를 취하여 '서울'의 일반적인 이름으로 삼아 시문을 쓸 때나 편지를 쓸 때에도 이 말을 의심하지 않고 쓰고 있다고 하면서 이렇게 쓰게 된 연유를 우리나라 옛 지명에서 찾아 밝히고 있다. 따라서 이 책의 논의는 단순한 어원 연구가 아니다. 오히려 그동안 잘못 쓰인 용례를 추려 이를 바로잡기 위해 국내외 문헌을 근거로 고증하여 특히 단어 또는 어휘의 정확한 사용을 꾀하려 한 책이다. 모두 3권 199항목으로 단어 450여 개를 다루었다. 물론 여기서도 고유어를 차자표기 때문에 한자 차용어로 잘못 본 경우가 없지 않다. 이 『아언각비』는 『여유당집與猶堂集』(제18, 19책 잡문雜文)에 실린 「아언지하雅言指瑕」 및 「혼돈록餛飩錄」에서 다시 뽑아 체계적으로 분류 정리한 것으로 보인다. '長安, 洛陽' 등은 모두 실렸으나 '烏喇, 舍音, 烏曜' 등은 『아언각비』에는 실리지 않았다. 이들 외에 「아언각비보유雅言覺非補遺」도 별도로 있고 물명어휘집 「청관물명고靑館物名攷」까지 있다.

기본적으로는 어휘집은 아니지만 특이한 형태의 『언음첩고』(1846)란 책이 역시 필사본으로 남아 있다.[15] 표기상 혼동하기 쉬운 우리말과 한자음을 빨리 찾아 구별할 수 있도록 편집했는데, 예컨대 언문 'ㄱ' 아래에 그것으로 시작하는 우리말 단어들, 즉 'ᄀᆞ놀'을 한자어 '陰'과는 관계없이 표제어로 현대

15 최현배의 『한글갈』(1940)에 '언문'과 관련된 부분이 소개되었었는데, 그 후 이 책이 보이지 않다가 1980년대에 한국학중앙연구원이 안춘근의 해제 원고와 함께 소장하게 되어 다시 볼 수 있게 되었다. 이리하여 문자론 이외의 이 책의 특이한 구성과 또 다른 가치를 알 수 있게 되었다.

식 사전에 가깝게 언문 자모순으로 배열하고, 한자의 경우엔 '긴' 에 속하는 한자들을 묶어서 제시하였다. 우리말에 한정시키면 이 책이 현대식 사전 양식에 접근한 교량적 모습을 보인 셈이다.

어휘집으로서 문헌 해석을 위한 주석으로 편집된 어휘집으로 대표적인 것은 『자류주석字類註釋』,『사류박해事類博解』 등이 있다. 한자를 중심으로 표제화하였기에 '일자류, 이자류, 삼자류……' 등과 같이 단어 구성 한자의 수로 분류하였다. 그러나 어휘집에서 표제어의 배열은 이와 달리 대체로 중국식으로 어휘의미 중심으로 '천문天文, 지리地理, 하해河海' 등과 같이 분류하든가 '천보天譜, 지보地譜, 인보人譜' 등과 같이 삼재로 분류하고 「물보物譜」를 '화품, 초훼, 수목' 등으로 다시 하위분류했었는데, 다만 특이한 배열 순서를 가진 것은 유희의 『물명고』로 유정류有情類, 무정류無情類, 부동류不動類, 부정류不定類로 크게 분류하고 다시 세분화하였다. 이 분류가 '불전佛典'에 바탕을 둔 방식[16]으로 고대 인도의 향약재鄕藥材 분류방식이라 보기도 하나 우리나라에서의 유래를 아직은 알 수 없다. 유희가 직접 농사를 지으며 자신의 주장까지 풀이에 반영해 엮은 조선시대 최대의 어휘집인 이 『물명고』는 어휘사 연구의 귀중한 자료가 되고 있다. 지금까지 국어학에서 주목하지 않은 어휘자료로 가정백과전서라든가 농서, 의서, 기타 식생활관련서 등이 있는데 이에 관련 어휘들이 산재해 있음에 유의할 필요가 있다.

분야별 어휘집 중에서 대표적인 어휘집으로는 정약전이 흑산도黑山島(玆山島) 유배지에서 저술한 『자산어보玆山魚譜』가 있다. 현지인 장덕순을 제보자로 하여 채록했으나, 모두 한자로 기록하고 풀이했다. 때로 어명의 유래도 밝히려 했다.

조선 중후기에 이루어진 어휘집 중에는 외국어를 대상언어로 한 어휘집들

16 三木英, 『朝鮮醫學史及疾病史』, 日本 大阪, 1955.

이 있다. 즉 사역원에서 역관들이 편찬한 한漢·한韓 대역어휘집인 『역어유해譯語類解』(1682)와 『역어유해보譯語類解補』(1775), 한漢·한韓·몽蒙 대역어휘집인 『몽어유해蒙語類解』(1790), 한漢·한韓·만滿 분류어휘집인 『동문유해同文類解』(1748) 및 『한청문감漢淸文鑑』(1779년경), 한韓·일日 대역어휘집인 『왜어유해』(18세기 초기) 등이 그것들이다. 종합적인 『방언집석方言集釋』도 있다. 이들 어휘집은 일정한 의미부류에 따른 분류어휘집인데, 언어상으로 보면 한어, 즉 중국어를 표제어로 삼고 우리말로 풀이를 한 다음에 그에 대당하는 만주어 또는 몽고어를 곁들인 구조로 되었다. 다만 한일 대역사전의 구조를 지닌 『왜어유해』만은 표제어가 한자 또는 한자어로 중국어가 아니었다. 2개어 또는 그 이상의 대역사전은 그 기능이 외국어 학습에 있기 때문에 표제어와 주석과의 관계는 대외적인 관계를 보일 수도 있다. 따라서 중국은 물론 만주(청) 및 몽고의 경우에도 표제어를 한어로 삼고 일본의 경우에는 그렇지 않다면, 그 대외관계가 차이가 있었을 가능성을 배제할 수는 없다. 언어상으로는 일본은 직접적인 관계요, 만주와 몽고는 중국을 통한 제삼국으로서의 관계가 되는 셈이다.

(3) 다양한 자료와 논의는 또 어디에 수록되었나

실학시대의 한 특징으로 백과전서류 문헌이나 방대한 문집 등의 출현을 말하기도 한다. 이것은 흔히 다양한 분야의 논의를 포함하기 때문에 언어 문자에 관한 내용이 포함된다.

우선 이 실학시대를 대표한다고 언급했던 이수광의 『지봉유설』의 경우를 보자.[17] 이 책은 25개 부문 182항 총 3,435조목으로 구성되어 있다. 「천문부」

17 이수광의 언어연구에 대해서는 이병근(1995) 「지봉유설의 국어학사상의 성격」, 『대동문화연구』 30. 이현희(2004), 「이수광의 국어학적 인식에 대하여」, 『진단학보』 98을 참조.

를 비롯한 25개 부문 중 어문 관련 부문은 「문자부文字部」와 「어언부語言部」의 둘로 이 둘 사이에 문학과 관계되는 「문장부文章部」를 두고 있다.

문자부 : 문의文義, 자의字義, 자음字音(권7, 11~31엽)
어언부 : 잡설雜說, 속언俗諺, 방언方言, 유오謬誤, 해학諧謔(권16 전권 33엽)

여기서 단어로서의 한자어(예: '風聞' 등)의 올바른 뜻과 '한자'의 올바른 뜻과 발음을 고증하여 언어 사용의 정확성을 기하려 한 것이 「문자부」요, 단어 내지 문장 차원에서의 변증을 하여 언어 사용의 정확성을 기하려 한 것이 「어언부」다. 조선시대의 언어연구 가운데 이만한 분량의 서술은 『훈민정음 해례본』을 비롯해 그리 많은 것이 아니었다. 그럼에도 지금까지의 어학사 서술에서는 이 『지봉유설』은 '어원' 아니면 문자 기원으로서의 '범자기원설'을 언급하고 있을 뿐이었다. 여기서의 어원의 서술은 앞에서도 지적한 것처럼 옛 문헌에서의 주석적 뜻풀이의 수준을 넘는 것이어서 긍적적 평가를 받을 수는 있으나 「어언부」의 일부 항목인 '방언', 그것도 몇 개의 어원만을 소개하였다는 점에서는 지금까지의 어학사 서술은 흡족하지 못하였다. 더욱이 이수광이 「기예부技藝部」의 '서書'에서 훈민정음과 관련하여 "아국언서자양我國諺書字樣 전방범자全倣梵字"라고 한 마디 말한 것을 범자기원설로 서술하여온 어학사 서술이 지금까지 대부분이었는데, 어째서 우리나라 글자 모양이 전적으로 '범자'에서 기원했다는 것인지 이수광은 아무런 소설小說조차 제시하지 않았다. 이러한 언급을 '설說'이랄 수가 있을까.

이덕무의 『청장관전서青莊館全書』도 그 속에 들어 있는 「한죽당섭필寒竹堂涉筆」의 '신라방언新羅方言'에서 어휘 자료를 제시한 것을 지금까지 부각시켜 왔다. 이는 이덕무가 경남 함양군 사근역 찰방으로 근무할 때의 그 지역어의 단어 몇 개를 차자표기로 적어놓은 것들이다. "거치居穉(거적)가 온전치 않으면 나락羅洛(벼)에 물이 새게 된다. 청이請伊(키)로 까분 뒤에 사창귀沙暢歸(새끼)로 단단히 묶어서 정지간丁支間(부엌)에 들여놓아라"라는 말의 명사 어휘가 그것들이었다. 그러나 『청장관전서』는 모두 71권 33책인데 현재 확인한 자료 중에 언어와 관련된 부분은 예절과 수신에 관련된 '언어'가 들어 있는 「사소절士小節」(권27~29), 석독해독 자료, 훈민정음 초·종성통용팔자의 고전한자기원 자료, 「동국다범어東國多梵語 몽고어」 등에서의 어휘비교, 「도서훈점島嶼訓點」에서의 '도島'와 '서嶼'의 어원론, 두시언해의 언어사 중심의 가치를 언급한 「앙엽기盎葉記」(권 54, 57, 58, 59), 경기 지역의 속담을 정리한 「열상방언洌上方言」(권62), 그리고 사나운 새의 종류를 차자표기로 제시한 지조종류鷙鳥種類와 신라방언을 포함한 「한죽당섭필寒竹堂涉筆」(권68, 69) 등으로 언어와 관련된 상당히 많은 양의 항목들을 포함하고 있다. 그럼에도 지금까지 언급이 거의 없었던 것은 왜일까.

이익(1681~1763)의 『성호사설星湖僿說』과 같은 이름 높은 문헌이 어학사에서는 거의 언급이 없었다. 그럼에도 군데군데 어학과 관련 있는 내용이 다음처럼 꽤나 많이 들어 있다.

권1 두만쟁계豆滿爭界, 土門두만강
권2 「천지문」 팔방풍八方風
권4 「만물문」 만획용서漫畫舂鋤
권5 「만물문」 종제種穄, 전분䵺鐼
권8 「인사문」 붕우형제, 여제칭형처女弟稱兄妻, 조선방음朝鮮方音
권9 「인사문」 여한호칭閭閈呼稱, 부부夫婦, 홍순언洪純彥
권11 「인사문」 만획용서漫畫舂鋤, 수뢰愁牢
권15 「인사문」 부사형사父事兄事, 공주부마公主駙馬
권16 「인사문」 언문諺文 ; 我東諺字 刱於世宗朝丙寅 凡有音者莫不有字 人稱倉籒以來未始有也

권23 「인사문」 갈문왕葛文王

주로 어원, 어휘 의미, 지명유래, 호칭, 기타 물명 등 어휘 차원의 논의가 많았다. '바람' 등의 설명 등을 비롯해 체계적인 서술은 아니나 이만한 서술이 지적된 일이 지금까지 많지 않았다.

이상과 같이 실학자들이 가졌던 언어에 대한 관심은 다양하였다. 그러나 한자의 음과 뜻을 제외하면 그 대부분이 어휘 차원에서의 관심이었고 많은 경우가 여러 근거를 제시하면서 고증하는 태도를 보인 것이었다. 지금까지 황윤석을 다룰 때에 「자모변」과 『화음방언자의해』를 빠짐없이 언급해 왔는데, 실은 이 문자론과 어원론을 제외하고도 그의 『이재유고』에는 수없이 많은 문자·음운학 관련 글들이 들어 있다. 실학시대의 많은 언어 관련 글들, 특히 문자·음운학의 그것들이 독창성은 적지만 정치적으로 그리도 어려웠던 시기에 왜 이 방면의 관심이 깊었었는지에 대한 그 시대상의 이유는 앞으로 면밀히 검토해 보아야 할 것이다. 지금까지 살펴본 이른바 실학의 대표적 저작들이 대부분 단편적인 글을 그러모아 엮은 것이기에 언어의 관점에서 보면 하나의 저술로서의 체계성은 없는 듯하다. 적어도 논문이라고는 할 수 없는 '소설小說', 아니면 그보다 더 가벼운 간단한 언급에 지나지 않는 것들이었다. 그래도 이수광의 『지봉유설』은 당시로서는 상당한 기준에서 분류되어 편찬된 것으로 보인다. 그것이 「문자부」와 「어언부」였던 것이다. 그리고 본격적인 변증을 여러 항에 걸쳐 시도한 『오주연문장전산고』는 논의에서 보나 자료의 제시에서 보나 그런대로 높이 평가될 만한 것이 아닌가 한다.

그밖에도 문집 속에는 언어에 대한 서술들이 있다. 남구만의 손자로 요절한 남극관의 문집 『몽예집夢囈集』에는 음운사 관련의 중요한 한 마디 언급이 있다. 즉 『고려사』에 '묘猫'를 '고이高伊'라 했는데 이제는 '합해서 한 자로

되었다' 고 언급하고 있는 것이다. 즉 이중모음의 단모음화과정과 관련된 언급이다. 음운사에 관련된 언급으로는 조선시대 전반에 걸쳐 유일한 것이었다. 이밖에 몇 가지 지명유래 등이 언급되기는 하였다.

성호 이익의 문하에 있다가 성리학에 전념했던 신후담의 문집 『하빈잡저河濱雜著』는 어휘연구에서 특이한 관심을 불러일으키는데, 「동식잡기動植雜記」에서는 50개의 동식물의 속칭[18]과 때로 모양 및 습성 등을 간략히 밝히고, 「해동방언海東方言」에서는 '천왈대을天日大乙' '월왈달月日達' 처럼 한어와 우리말 단어를 차자표기식으로 대비시켰으며, 「속설잡기俗說雜記」에서는 '허허許許' 나 '자내子乃' 처럼 일상생활에서 흔히 들을 수 있는 의성어나 호칭 등 이른바 감탄사를 한자로 수록했다. 그리고 「중뢰통설衆籟通說」에서는 '于溲溲(비바람소리)' '札冷(물모양)' 처럼 의성의태어를 잡록해 놓았다. 의성의태어의 사용은 근대적 언어표현이랄 수 있는 감성적 표현과 관련된다. 이 시기는 때로 형용사의 경우에도 이런 감성적 의미의 확대를 보이기도 한다.

요컨대 실학시대의 어휘에 관한 관심은 한문 주석에 국문 대응을 포함시킨 것이 일반적이었으나, 『언음첩고』에 이어 『국한회화國漢會話』(1896)에 이르러서는 책의 이름대로 우리말이 표제어가 되고 그 대응어가 한자(어)가 되어 비록 대역사전 형식이었으나 근대적인 사전 형식에 근접하게 되었다. 현대사전에 들어갈 준비가 된 셈이다. 19세기 말엽 서양인들이 편찬한 대역사전들이 20세기 우리말 사전의 큰 참고서가 되었음은 물론이다. 서양인의 대역사전이나 20세기 초기에 시도된 우리말 사전에서 한자어가 많이 수록된 것은 실학시대의 자연스러운 계승이 아니겠는가.

---

18 예컨대 "鴈俗稱吉億取其聲也 又稱霜翁取其霜下時來實也 又稱蘆烏取其居於蘆田也" 와 같이 의성어 내지 의태어에 가깝게 풀이하고 있다. 신후담은 특이하게도 의성·의태어에 깊은 관심을 보이고 있다.

4. 실학시대 언어연구는 무엇을 넘겼나

실학시대의 한 면모를 반영한 표현이 유형원의 『반계수록』에 나타나 있다. 권25 「속편續篇 上」의 '언어言語'에서 한어, 즉 중국어 학습의 필요성과 방법 등을 강조하면서 끝으로

> 선왕의 뜻을 좇아 오랑캐의 습속을 고쳐 중화가 되려면, 모든 문자는 화음華音을 따르고 선비들이 배우는 경서언해도 한결같이 『홍무역음洪武譯音』을 강송하게 하면, 말은 달라도 자음字音은 같게 될 것이다. 그리고 이것도 어렵다면 경서 외에는 위의 방식대로 5품 이하의 문관에게 한어를 강습하여 승진의 근거로 삼아야 한다.

와 같이 말하였고, 한 걸음 더 나아가 박제가는 그의 『북학의北學議』의 「한어韓語」에서 중국어[漢語]는 문자의 근본이고 구어와 문어 사이가 가까워서 문구文句를 이루는 데 조선도 중국과 음성이 대략 비슷하니 온나라 사람들이 본래 말을 버려도 불가할 것도 없고 이리하면 오랑캐도 면할 수 있다고 하면서, 문어와 구어를 하나로 통일시키자고 했다. 이렇게 중국어 사용을 강조하였는바, 이것이 실용을 위한 것이든 과학기술의 빠른 수용을 위한 것이든 당시 사회의 지식인들의 한문 내지 중국어 중심 사고임에는 틀림없는 것이었다.

이러한 중국어 중심의 사고가 강조되는 가운데, 학문적으로 실학시대의 언어연구는 한자음에 바탕을 둔 문자·음운 중심의 연구와 한자음 표기의 수단으로서의 언문에 대한 논의들이 전보다는 깊숙이 들어갔으며, 나아가 중국 한자음과 우리 한자음을 대조적으로 연구하는 경향도 나타나 우리 한자음에 대한 인식도 깊어졌던 것은 사실이다. 또 한편으로는 어휘 중심의 자료 정리에 치우쳐 있었다는 점은 이상에서 서술한 바와 같은데, 이러한 어휘의 주석풀이에서 우리말 어휘에 대한 관심도 깊어졌던 것이다. 그러면 이러한 관심

은 개항기 이후의 서양식 사고의 언어연구에 무엇을 넘겨줄 수 있었을까. 그 대답은 전통의 단절이었다. 그것은 근대적인 문자생활을 누리는 인구의 확산과, 한문에서 국한문 내지 국문 사용에로의 확대라는 어문생활의 변화와 사고의 차이에 밀접한 관계가 있었던 것으로 보인다. 중국어와 한자에 빠져 있던 시대에서 단일민족이 강조되면서 통일된 단일어로서의 한국어와 언문 사용이 강조되는 시대로 넘어왔다. 엄청난 시대의 변화였다.

조선시대에 이어진 현대적인 언어연구는 1940년대 무렵에 이르러서야 새로운 언어연구로 방향을 바꾼다. 그것은 이숭녕의 '음운론연구' 등장 이후로 조선시대의 연구는 막을 내렸다고 할 수 있다. 문자나 음운을 연구해도 그것은 조선시대의 경우와는 전혀 다른 것이었다. 그 사이가 과도기였다.

과도기의 주역의 한 사람인 주시경의 초기연구는 문자음운론이었다. 조선시대 문자의 음운 가치를 논하고 시대에 맞는 언어 위에서 현실적인 문자체계를 정리·정비하려고 하였다. 여기에는 이미 없어진 문자들은 물론이고 이른바 '사이시옷' 등 실학시대에 정동유의 『주영편晝永編』이나 유희의 『언문지』 등에 의해 이미 논의되었던 문제들이 포함되었었다. 이것이 그의 국어문법에 예비가 되는 『국어문전음학國語文典音學』(1908)이었다. 그 대상은 한자음이 아니라 실학시대에 정비된 현실한자음까지 포함한 우리말이었다. 그것도 표준어로서의 서울말이었다. 엄청난 변화였다. 실학시대의 음운 및 어휘의 관심은 주로 정확한 사용을 꾀한 경우가 많았는데, 그 문제의 제기나 정리 방향은 '훈민정음'의 표준으로서의 정신에 맞추어 면면히 흘러내려온 것으로, 전체적으로는 한자음 논의 결과와는 달리, 표준적이고도 현실적인 것의 추구였다. 이수광의 논의의 대부분과 정약용의 『아언각비』의 방향 등이 그러한 사고였다.

실학과 개화사상

김명호

1. 실학에서 개화사상으로?
2. 박규수인가 오경석인가
3. 박지원에서 박규수로
4. 남은 문제

1. 실학에서 개화사상으로?

영·정조시대[영조英祖(재위 1724~1776)~정조正祖(재위 1776~1800)시대]에 꽃피운 실학이 고종高宗(재위 1863~1907)시대에 대두한 개화사상과 어떤 관계에 있는가 하는 문제는 아직 명쾌하게 밝혀지지 못한 난제 중 하나라고 할 수 있다. 종래의 통설은 실학에서 개화사상으로 연속적인 발전이 이루어졌다고 보는 것이다. 그러나 이는 가설 수준에 머문 것으로, 엄밀한 실증에 의해 뒷받침된 주장은 아니었다. 최근 들어 이러한 통설에 대한 비판의 목소리가 점차 커지고 있다. 실학과 개화사상은 관련성이 희박한 별개의 사상들로

金明昊 서울대학교 국어국문학과 교수.
저서로 『열하일기 연구』(창작과비평사, 1990), 『박지원 문학 연구』(성균관대 대동문화연구원, 2001), 『초기 한미관계의 재조명』(역사비평사, 2005), 『환재 박규수 연구』(창비, 2008)가 있고, 역서로 『연암집』 전3권(신호열 공역, 돌베개, 2007)과 『지금 조선의 시를 쓰라』(돌베개, 2007)가 있다.

보아야 한다는 것이다.[1] 그리하여 양자의 관계에 대해 '연속론'과 '단절론'이 대립하고 있는 형국이다.

그런데 필자가 보기에 연속론이든 단절론이든 담론 차원의 논의에 맴돌고 있는 듯하여 불만스럽다. 실학이 '실사구시實事求是'를 추구한 만큼 실학과 개화사상의 관련성도 철저히 실사구시적으로 연구되어야 하지 않을까 한다. 실학을 근대지향적이고 민족주의적인 사상으로 해석함으로써 개화사상과 연결 짓는 것이 과연 타당한가를 따지는 것은 쉽게 결론이 나지 않을 문제라고 본다. 이는 근대성이나 민족주의에 관해 한층 더 복잡한 논쟁을 유발하기 때문이다. 결국 근대관이나 민족주의론 차원의 합의에 이르지 않는 한 시비를 가리기는 힘들 것이다.

그에 비하면 실학과 개화사상의 관련성을 인적 계보에 의해 입증하려는 시도가 타당한가 하는 것은 자료를 통한 검증이 가능한 문제라고 볼 수 있다. 연속론을 주장하는 학자들은 실학을 개화파에게 전수한 대표적 인물로 박규수朴珪壽(1807~1877)를 꼽았다. 실학자 박지원朴趾源의 손자인 박규수의 문하에서 김옥균金玉均·박영효朴泳孝·유길준兪吉濬 등과 같은 개화파가 배출되었다는 사실이야말로 실학이 개화사상으로 이어진 확실한 증거라는 것이다.

그러나 이러한 주장은 20세기 이후에 쓰인 몇몇 야담류의 자료에 의거하고 있을 뿐이다. 이광수李光洙의 「박영효 씨를 만난 이야기」, 신채호申采浩의 「지동설의 효력」, 문일평文一平의 「명상名相 박규수 집터」 같은 글이 근거로서 제시된 자료의 전부라고 해도 과언이 아니어서 신빙성이 크게 떨어진다.

---

1 조광, 「실학과 개화사상의 관계에 대한 재검토」, 강만길 엮음, 『조선후기사 연구의 현황과 과제』, 창작과비평사, 2000, 501~533쪽. 이태훈, 「실학담론에 대한 지식사회학적 고찰」, 전남대 박사논문, 2004, 제7장 실학과 개화사상의 관련성에 대한 비판적 고찰.

게다가 박지원의 손자라고 해서 박규수가 반드시 실학을 계승했으리라는 법은 없다. 따라서 그가 남긴 사상적 저술들을 분석하여 과연 조부의 실학을 계승했는지 살펴보아야 하는데 그런 작업은 이루어지지 않았다.

일부 학자들은 이와 같은 실증적인 취약점을 들어, 연속론은 식민사관을 극복하고자 만들어낸 허구적 담론이라고 비판하였다. 그리고 박규수 역시 실학자나 개화사상가로 보기 힘든 데도, 실학과 개화사상을 연결 짓는 데 적합한 요건을 갖춘 것처럼 보이는 인물이라는 이유로 선정된 것은 아닌지 의심하였다.

그리하여 박규수는 실학과 개화사상의 관련성을 에워싼 논쟁의 중심에 놓이게 되었다. 한편에서는 연속론을 전제로 하여 '우리나라 최초의 개화사상가'인 박규수가 실학에서 개화사상으로 전환하게 된 시기와 그 요인에 관해 논의를 벌여왔다. 사상적 전환 시기에 관해서는 박규수가 처음 중국에 사신으로 다녀온 1860년대설과, 두 번째로 중국에 다녀온 1870년대설이 제기되었으며, 사상적 전환 요인에 관해서는 위원魏源의 『해국도지海國圖志』나 당시 중국의 양무운동洋務運動의 영향 등이 거론되었다. 그러나 다른 한편에서는 박규수가 실학에 그치고 개화사상의 단계까지 나아가지는 못했다거나, 심지어 실학파보다 사상적으로 후퇴했다는 반론을 제기하기도 하였다.

그런데 이와 같은 기존의 논의들은 매우 한정된 자료에 의거하고 있다는 점에서 공통적인 한계를 안고 있다. 박규수의 문집인 『환재집瓛齋集』 말고도, 『상고도 회문의례尙古圖 會文義例』와 『거가잡복고居家雜服考』, 『수계繡啓』뿐 아니라 진주농민항쟁 때 안핵사按覈使로서 작성한 보고서들, 제너럴셔먼호 General Sherman號(이하 셔먼호) 사건부터 신미양요辛未洋擾에 이르기까지 작성한 외교문서들, 그리고 친지나 벗들과 주고받은 수많은 편지들이 현재 전하고 있으나, 제대로 활용된 적이 드문 실정이다. 이처럼 풍부하고 구체적인 자료에 입각해서 박규수의 사상적 성격을 실사구시적으로 규명할 때 실학과 개화사상의 관련 여부가 판가름 날 수 있으리라 본다.

2. 박규수인가 오경석인가

물론 실학에서 개화사상으로 사상적 발전을 보여준 인물로 박규수만 거론된 것은 아니었다. 신헌申櫶(1810~1884)이나 강위姜瑋(1820~1884), 오경석吳慶錫(1831~1879) 등도 개화파의 선구자로 함께 거론되었다. 그중 특히 오경석은 박규수보다 앞서 개화사상에 도달했을 뿐더러 박규수의 개화사상 형성에 영향을 끼친 '한국의 첫 개화사상가'로 평가되기도 하였다.[2] 누가 '최초의' 개화사상가인가를 묻는 것은 그다지 바람직한 문제 설정은 아니다. 하지만 오경석을 그러한 인물로 내세우는 주장이 허다한 실증적 오류를 내포하고 있는데도 지금껏 하나의 학설로서 존속하고 있는 현상은 문제 삼지 않을 수 없다.

그 주장에 따르면, 오경석은 1853년에서 1859년 사이 우리나라에서 최초로 개화사상을 형성했다고 한다. 그를 한국의 첫 개화사상가로 보는 이러한 주장은 다음 세 가지의 실증적 근거를 제시하고 있다. 오경석이 누구보다 앞서 개화사상을 형성할 수 있었던 첫 번째 요인은 박제가의 실학을 이어받았기 때문이라고 한다. 그에 대한 증거 자료로서 『근역서화징槿域書畫徵』의 「박제가朴齊家」조에 실린 오경석의 글(『천죽재차록天竹齋箚錄』)이 인용되었다. 그 글에서, 오경석은 박제가의 학문과 시문이 극단적이었다고 전해지는 세평에 대해 '오전誤傳'이라고 단정하고 '박제가는 어떠한 사물에든지 혹惑하여

2 신용하, 「오경석의 개화사상과 개화활동」, 『역사학보』 제107집, 1985(신용하, 『한국근대사회사상사연구』, 일지사, 1987에 재수록).

염染되는 일이 없었다'고 자신 있게 설명하고 있는데, 이는 그가 박제가를 깊이 연구한 증거라고 주장하였다.

하지만 이는 오역에서 나온 확대 해석이다. 인용된 한문 원문[3]의 뜻은 '박제가가 중국에 화가로 잘못 알려졌다'고 하면서 그는 '점염點染', 즉 그림이 무엇인지 알지 못했다고 비판적으로 말한 것이다.

다음으로, 오경석이 누구보다 앞서 개화사상을 형성할 수 있었던 두 번째 요인은 그가 북경에서 교제한 중국 인사들이 대부분 양무파洋務派 개혁사상가였기 때문이라고 한다. 그에 대한 증거 자료로서 장지동張之洞·오대징吳大徵·왕의영王懿榮 등이 오경석에게 보낸 초대장이 제시되었다. 연도가 적혀 있지 않은 이 초대장의 작성 시기를 1858년 또는 1863년으로 추정하고, 장지동 등을 그때 만나 사상적으로 영향을 받았으리라고 본 것이다.[4]

그러나 오경석이 장지동 등을 만난 것은 그가 박규수를 수행하여 북경에 갔던 1872년이다. 당시 장지동 등이 오경석에게 증정한 매화 그림과 제화시題畵詩가 전하고 있다. 게다가 그들은 한림원의 신진 관료로서 양무파에 대해 비판적인 보수적 청류파清流派에 속했다. 장지동이 청류파에서 양무파로 전향한 것은 오경석의 사후인 1880년대 초이다. 왕의영은 청류파의 주요 인물로 남았다.

마지막으로, 오경석이 누구보다 앞서 개화사상을 형성할 수 있었던 세 번째 요인은 중국에 갈 기회가 많았던 역관 출신이기 때문이라고 한다. 오경석

3 "朴楚亭齊家, 嘗受知於正廟, 以別賚官, 三入燕京, 與當時名士, 莫不證交, 唱酬載於陳雲伯畵林新詠. 故致有誤傳也. 楚亭未曾窺點染是何物." (밑줄—인용자)

4 만약 초대장의 작성 시기가 1858년이라면, 당시 장지동은 21세, 오대징은 23세, 왕의영(장지동의 처남)은 13세(!)가 된다. 그리고 초대 장소에 대해서도 북경의 순치문 밖 '서전西塼 아호동사공사兒胡同謝公祠라는 요리점'이라고 했으나, 이는 '서전아호동西塼兒胡同의 사공사謝公祠', 즉 송나라 충신 사방득謝枋得의 사당을 잘못 소개한 것이다. 사공사는 조선 사행이 즐겨 찾던 명승지의 하나로, 1861년 박규수도 그곳을 유람하였다.

은 북경사변北京事變(1860)이나 병인양요丙寅洋擾(1866) 직후에도 중국에 다녀왔으며, 그와 마찬가지로 북경사변 직후 중국에 다녀오고 셔먼호사건(1866)과 병인양요를 겪으면서 개화사상을 정립하게 된 박규수와 의기투합하게 되었다는 것이다.

이처럼 오경석과 박규수가 1860년대에 이미 절친한 사상적 동지였다는 증거 자료로서 박규수가 오경석에게 보냈다는 편지가 거론되었다. 이 편지에서 박규수는 오경석에 대해 '혜인惠人'이라는 호칭을 사용하면서 친밀하게 안부를 묻고 중국인들에 대해 문의하고 있는데, '혜인'은 정3품 당하관 이하의 인물에게 쓰는 예의상의 호칭이고 오경석은 1869년에 정3품 당상 역관이 되었으므로 그 편지는 1869년 이전에 쓰인 것이 명백하다는 것이다.

그런데 오경석의 후손가에 보존되어 있는 그 편지를 살펴보면 봉투에 "혜인 인형仁兄 안계案啓"라고 수신인이 적혀 있다. '혜인'은 조대비趙大妃의 조카로 권세를 누렸던 조영하趙寧夏(1845~1884)의 호이다. 편지 전문을 번역하여 소개하면 아래와 같다.

> 한더위에 대감께서 청왕淸旺하시다는 편지 받잡고 송축頌祝합니다. 매양 한번 방문하고자 생각하면서도 뜻을 이루지 못하고, 이토록 오랫동안 만나지 못해 안타깝습니다.
>
> 북경에서 보낸 편지를 뜻밖에도 얻게 되어 몹시 기쁩니다. 반무원半畝園에 대한 기記와 중국 남방의 붓, 휘주徽州의 먹과 비단 부채는 숭독산崇犢山('독산'은 숭실崇實의 아들 숭신崇申의 호임 - 인용자)이 부친 것으로, 형으로 하여금 나에게 전달해주도록 요청한 것인데 그의 편지는 아직 오지 않았던가요?
>
> 이번에 온 편지에 '허재 수함憮齋手椷('허재'가 보낸 편지라는 뜻임)'이라고 칭한 것은 곧 동문찬董文燦(동문환董文渙의 아우로, 호가 허재임) 군입니다. 형은 아마 독산의 편지로 아신 듯합니다. 혹시 독산도 나에게 편지를 보냈는데 빠트린 걸까요? 점검해서 알려주시면 감사하겠습니다. 마씨馬氏가 서우徐友(박규수의 문인 서

상우徐相雨를 가리키는 듯함)에게 부친 편지와 시전詩箋은 전달되었을 테지요. 이만 줄입니다.

아우 규수 拜拜.[5]

박규수는 1872년 중국에 갔을 때 북경의 반무원에서 숭실·숭신 부자를 만났다. 또한 첫 번째 중국 사행 때 친교를 맺은 동문환은 만나지 못했으나 그의 아우 동문찬을 만날 수 있었다. 이 편지의 수신인 조영하는 1870년 중국에 다녀왔으며 그때 동문찬의 부탁으로 그의 형 동문환의 편지를 박규수에게 전해준 적이 있다. 위에서 인용한 편지는 박규수가 두 번째 중국 사행에서 돌아온 이듬해인 1873년경 조영하에게 보낸 답서로 판단된다. 조영하가 동문찬의 편지를 숭신의 편지로 오인하고 전해주었으므로, 숭신의 편지를 마저 찾아서 보내달라고 요청한 내용이다.

오경석을 '한국의 첫 개화사상가'로 내세운 주장은 거의 추론의 연속으로 이루어져 있거니와, 그나마 실증적 근거로서 제시된 자료들의 실상이 위와 같다. 그밖에, 오경석의 1860년대 개화사상을 보여주는 자료로 제시된 『양요기록洋擾記錄』도 그의 저술이 아니다. 『양요기록』 중 조선 사신들이 북경에서 중국 관인들과의 필담을 통해 수집한 정보를 기록한 사람은 오경석이 아니라 1866년 주청奏請 사행에 참여한 진사 심유경沈裕慶이고, 오경석의 견해로 잘못 소개된 내용 역시 조선 사신들과 필담을 나눈 중국인 황운혹黃雲鵠(상운翔雲은 그의 자임)의 견해이다. 오경석은 당시의 주청 사행에는 참여하지 않았으며, 그보다 수개월 뒤 재자관으로서 북경에 파견되었다.

끝으로 언급하고 싶은 것은 1872년의 중국 사행에 관해서이다. 당시 오경석이 수역으로서 정사 박규수를 수행한 것은 사실이다. 그러나 양자의 귀국

5 편지 원문이 『위창 오세창』(예술의전당, 1996), 221쪽에 사진으로 소개된 바 있다.

보고를 보면, 박규수가 양무운동에 대한 북경의 호의적인 여론을 전달한 데 비해, 오경석은 ① 두 황태후에게 휘호徽號가 더해지고, ② 황제가 내년부터 친정親政하게 되며, ③ 회교도 반란 진압을 위해 군대가 출동했고, ④ 농사가 풍년이라는 정보를 보고하는 데 그치고 있다.[6] 오경석의 귀국 보고에는 양무운동에 대한 아무런 관심도 드러나 있지 않은 것이다.

3. 박지원에서 박규수로

실학과 개화사상의 관련성을 해명하려면 영·정조시대에서 고종시대로 넘어가는 과도기에 18세기의 실학이 어떻게 계승되어 갔는지를 구체적으로 밝힐 필요가 있다. 박지원과 박규수의 관계는 영·정조시대의 실학이 19세기에 계승·발전되어간 모습을 뚜렷하게 보여주는 대표적 사례라 할 수 있다.

박규수는 청소년시절에 그의 부친 박종채朴宗采, 외종조 유화柳訸, 척숙 이정리李正履·이정관李正觀 형제 등에게 학문적 지도를 받았다. 박종채는 박지원의 문집인 『연암집燕巖集』을 편찬하고, 박지원의 언행록인 『과정록過庭錄』을 저술했다. 박종채의 처숙인 유화는 박지원을 종유從遊하고 그로부터 큰 감화를 받았으며, 이정리와 이정관은 박지원의 처남이자 막역지기였던 이재성의 아들이었다. 유화와 이정리·이정관은 당대의 유수한 문인 학자였다. 박규수는 비록 박지원의 사후에 태어났지만, 이들을 통해 조부의 실학을 착실히 전수받을 수 있었다.

스무 살 무렵인 1826년 박규수는 홍대용의 손자인 홍양후洪良厚(1800~1879)와 교분을 맺었다. 당시 홍양후는 조부 홍대용과 친교를 맺었던 중국 문

6 『일성록』, 고종 9년 12월 26일, 수역 별단.

사들의 후손을 찾아내 선대의 교분을 이어가려는 염원을 품고 사행에 참여하였다. 박규수는 홍양후의 요청을 받고 중국 여행에 관해 자상하게 조언하는 글을 그에게 지어주었다. 이를 계기로, '북학北學'의 동지였던 박지원과 홍대용의 뒤를 이어 그들의 손자 사이에도 평생토록 돈독한 우의가 지속되었다.

성균관 유생 시절의 박규수는 순조純祖(재위 1800~1834) 말에 국정을 대리했던 효명세자孝明世子(익종翼宗)로부터 각별한 인정을 받았다. 1829년경 효명세자는 『연암집』을 진상하도록 명하여, 장차 박지원의 손자인 그를 기용할 명분을 쌓고자 했다. 그때 박규수는 효명세자의 하명으로 자신의 첫 저작인 『상고도 회문의례』(약칭 『상고도』)도 함께 진상했다.

『상고도』에서 박규수는 '선비'란 특정한 신분이 아니라 '인민의 대본大本'으로서, '효제충순孝悌忠順의 덕'을 지닌 사람은 모두 선비라고 주장했는데, 이는 박지원의 '선비론'을 계승한 것이다. 뿐만 아니라 그는 박지원과 마찬가지로 지원지동설地圓地動說을 주장하면서, 홍대용이 『의산문답毉山問答』에서 제시한 천문학설을 유력한 근거로 들었다.

효명세자가 승하하고 안동 김씨가 세도를 부리던 순조 말 헌종憲宗(재위 1834~1849) 초에 박규수는 과거를 포기하고 은둔하여 학문에 전념했다. 이러한 은둔기에 집필한 『거가잡복고』에서 박규수는 천자로부터 하사下士에 이르기까지 모두 그 근본은 '선비'이므로, 현단玄端과 같은 '선비복'이야말로 의상衣裳의 근본이 된다고 보았다. 이는 박지원의 선비론을 의상에 관한 예설禮說과 결부하여 발전시킨 것이다.

뿐만 아니라 박규수는 몽골 '오랑캐'의 풍속을 답습하고 있는 부인복과 아동의 변발辮髮 등도 중화의 제도에 따라 바꾸어야 한다고 역설했다. 이와 같은 의관제도 개혁론은 박지원의 지론을 계승한 것으로, 박지원을 비롯한 북학파 역시 당시 조선의 일부 의관제도를 중국식으로 개혁하려는 사상을 지니고 있었다.

또한 박규수는 그의 벗 김영작金永爵(1802~1868)과 학술 토론을 벌인 편지(「답김덕수 논기전존의答金德叟論箕田存疑」)에서, 평양의 정전井田은 기자箕子가 시행한 은殷나라 토지제도의 유적이라고 주장하였다. 이는 박지원이 『과농소초課農小抄』의 「기자전기箕子田記」에서 피력한 견해를 계승한 것인데, 실학파는 이러한 '기자정전론箕子井田論'을 역사적 근거로 삼아 토지제도 개혁론을 제기하였다.

은둔기에 박규수는 『연암집』과 『열하피서록熱河避暑錄』을 교열하는 등, 작고한 부친 박종채의 뒤를 이어 조부가 남긴 저작들을 마무리하는 작업을 계속하였다. 한편 이 시기에 박규수는 서유구徐有榘(1764~1845)를 종유하였다. 19세기에 들어서면 영·정조시대 실학의 성과가 집대성되기에 이른다. 정약용丁若鏞의 '1표 2서'(『경세유표經世遺表』, 『목민심서牧民心書』, 『흠흠신서欽欽新書』), 이규경李圭景의 『오주연문장전산고五洲衍文長箋散稿』, 그리고 서유구의 『임원경제지林園經濟志』가 그 대표적 저술이다. 서유구는 젊은 시절에 박지원을 종유하고 그의 문학관에 깊이 영향받은 인물이다. 박규수는 『임원경제지』를 집필 중이던 만년의 서유구를 종유하면서, 경세제민을 위한 '실용'을 무엇보다 중시한 서유구의 학문관에 큰 감화를 받았다.

그런데 1840년대부터 박규수의 사상에 중대한 변화가 일어나기 시작한다. 척숙 이정리·이정관 형제의 중국 여행(1839~1840)을 계기로, 박규수는 제1차 아편전쟁기의 해외 정세를 알게 되고 해방책海防策(해양 방어책)에 점차 관심을 갖게 되었다.

그리하여 1848년에 쓴 「벽위신편 평어闢衛新編評語」에서 박규수는 주로 『해국도지』에 의거하여 천주교를 비판하고 대책을 제시했다. 그는 천주교를 미개한 종교로 폄하하면서, 서양의 우수한 천문 역법도 실은 고대 중국에서 기원한 것이라는 청나라 학자 매문정梅文鼎의 '서학중원설西學中源說'을 지지했다. 뿐만 아니라 서양의 개신교 선교사들이 싱가포르나 말라카에서 유교 경전을 번역·학습하고 있다는『해국도지』의 정보에 근거하여, 동서 교섭의 결과 서양인들이 동양의 '도道'에 감화될 날이 오리라는 낙관적 전망을 피력했다. 박규수는 동양의 문화적 우월성에 대한 자신감 위에서 서양과의 교섭에 진취적으로 대처하고자 한 것이다. 이러한 그의 사상적 대응에서 '동도서기론東道西器論'의 맹아를 발견할 수 있다.

앞서 언급한 바와 같이 오경석이 우리나라에서 최초로 개화사상을 형성했다는 주장은 그가 1850년대의 중국 사행을 통해『해국도지』와 같은 서적을 접했으리라는 추론에 의거하고 있다. 그런데「벽위신편평어」를 보면, 박규수는 그보다 앞선 1840년대 후반에 이미『해국도지』를 숙독하였음을 알 수 있다.

뒤늦게 과거에 급제하여 관직에 진출한 헌종 말 철종哲宗(재위 1849~1863) 초에 박규수는 우리나라 전도인「동여도東輿圖」를 제작하고, 지세의地勢儀 등 천문 의기儀器들을 제작하는 데 힘썼다. 지세의는『해국도지』에 의거하여 세계지리를 표시한 지구의에다 여러 관측 장치들을 부착하여 만든 독창적인 천문 의기였다. 그 구조와 기능을 설명한 글인「지세의명地勢儀銘」에서 박규수는 '서학중원설西學中源說'을 주장한 매문정과 마찬가지로, 서양의 지원설地圓說의 원류는 고대 중국의 천문학설이나 송대宋代 성리학자들의 천문학설에서 찾을 수 있다고 주장했다. 뿐만 아니라 그는「벽위신편평어」에서 피력한 바 동서 교섭의 결과 서양인들이 동양 문화에 감화될 날이 오리라는 낙관적 전망을 재차 표명하였다.

제2차 아편전쟁의 여파로 영국과 프랑스의 연합군이 북경을 점령한 소위 '북경사변'이 발발하자, 1861년 박규수는 열하熱河로 피신해 있던 청나라 함풍제咸豊帝를 위문하기 위한 사행의 부사로서 파견되었다. 당시 그의 벗들은 박지원에 이어 그 손자가 열하로 떠나게 된 기이한 인연을 강조하면서 박지원과 마찬가지로 청나라의 실정을 잘 엿보고 『열하일기』와 같은 걸작을 남길 것을 기대하는 송별 시문을 지어주었다. 박규수는 중국에 소개하고자 박지원의 글들을 뽑아 가지고 갔으며, 북경의 문천상文天祥 사당에 게시할 요량으로 『열하일기』 중의 명문인 「문승상사당기文丞相祠堂記」도 친필로 써서 가지고 갔다.

종래의 논의에서는 이러한 박규수의 첫 번째 중국 사행을 그가 실학에서 개화사상으로 전환하게 된 계기로 간주하기도 했다. 그런데 사행에 나서며 지은 시에서 박규수는 당시 동아시아의 정세에 대해 기독교의 침투로 인한 유교 문명권의 일대 위기로 진단했다. 하지만 동시에 그는 『해국도지』에 소개된 바 있는 유교 서적의 해외 수출과 영역英譯 출간 등을 근거로, 중화문명이 일시적 위기를 극복하고 나아가 서양인들을 감복시킬 날이 오리라고 낙관했다. 이로 미루어볼 때 첫 번째 중국 사행 당시 박규수의 사상은 「벽위신편 평어」나 「지세의명」에 표출된 동도서기론적 발상에 머물러 있었다고 하겠다.

1864년 철종시대가 막을 내리고 고종이 즉위하자, 박규수는 중용되어 중앙의 고위 관직을 두루 역임했다. 그 뒤 평안감사로 영전한 그는 셔먼호사건 직후에 서양 세력의 대동강 침입을 막기 위한 방략을 조정에 건의했다. 그러한 방략의 하나로 박규수는 토성을 건설할 것을 건의하면서 서양의 대포로도 토성은 뚫을 수 없다고 주장했다. 이 토성 건설은 『해국도지』에서 서양의 대포 공격에 대한 방어 전략의 하나로 제시된 것이었다.

셔먼호사건에 이어 병인양요가 발발했을 때, 박규수는 서양 오랑캐와 강화하지 말고 서울을 지키면서 싸울 것을 역설한 이항로의 상소를 칭송하고, 홍

선대원군이 양이책攘夷策을 제시함으로써 조정에서 주화론主和論이 수그러든 것을 기뻐했다. 뿐만 아니라 강화도에서 퇴각한 프랑스 군함이 대동강에 침입할 경우 셔먼호사건 때와 마찬가지로 서양 침략자들을 섬멸하고 말겠다는 결의를 표명했다. 병인양요 당시 박규수가 대표적인 주화론자主和論者였으며 그때 이미 대미對美 개국을 구상하고 있었으리라는 설이 제기되기도 했지만, 이는 근거가 박약한 주장이라 하겠다.

1867년 미국 군함 와추셋Wachusett호가 셔먼호사건 진상 조사차 내항했을 때, 박규수는 미국 측으로 하여금 아무 성과 없이 돌아가게 한 것을 큰 실수로 판단하고, 이로 인해 분쟁이 야기될 것을 우려했다. 따라서 그는 나중에라도 미국 측에게 전달하기 위한 글(「의황해도관찰사 답미국인조회擬黃海道觀察使答美國人照會」. 약칭 「의답조회」)을 지어 두었다.

박규수는 셔먼호사건의 진상 규명을 공손하게 요청한 와추셋호 함장 슈펠트의 조회照會를 보고, 미국 측을 사리事理로써 설득할 수 있는 상대로 판단했다. 그러므로 그는 「의답조회」에서 셔먼호사건에 관한 조선 정부의 입장을 진지하고 성의 있게 대변하고자 했다. 또 미국에 대해 '예양禮讓을 숭상하기로 이름난 나라'라고 칭송하면서 양국의 우호를 다짐하는 말로 글을 맺었다. 이 때문에 「의답조회」는 와추셋호 내항 무렵에 이미 그가 대미 개국을 구상하고 있었던 증거로 간주되기도 한다. 그러나 박규수는 『해국도지』에 소개된 미국에 관한 지식을 활용하여 그와 같이 미국을 호의적으로 대함으로써, 셔먼호사건의 파문이 분쟁으로 비화하지 않고 진정되기를 바란다는 메시지를 전하려 한 것일 뿐이다.

1868년 미국 군함 셰넌도어Shenandoah호가 재차 내항했으나 역시 무위로 돌아가자, 미국이 대대적인 군사 원정을 감행함으로써 신미양요(1871)가 발발했다. 종래의 논의에서는 이러한 신미양요기에 박규수가 내심 대미 수교를 원했으리라고 보기도 했다.

박규수는 미국을 호의적으로 소개한 『해국도지』의 내용을 알고 있었으며, 와추셋호나 셰넌도어호 내항 때의 경험으로 미국 측을 대화와 설득이 가능한 상대로 여겼다. 또한 그는 북학파의 후예로서, 중화 문명만이 예의를 갖추고 있다고 믿는 전통적 화이관華夷觀에서 탈피하여, 세계 각국이 그들 나름의 예의로써 다스려지고 있음을 인정하는 유연한 사고를 지니고 있었다. 따라서 그는 오직 조선만이 예의지방禮義之邦이라는 주장을 척화斥和의 논거로 삼아 미국과의 협상을 거부한 정부의 조치에 불만을 느꼈을 것이다.

그러나 당시 박규수가 원했던 바는 대미 수교가 아니라, 미국과의 분쟁을 평화적으로 타결하는 것이었으리라 본다. 척화만을 외치며 일체의 공식 대응을 기피하는 것은, 강경한 듯하지만 실은 소극적인 미봉책에 지나지 않는다. 박규수는 이러한 정부의 안이한 대책이 사태를 더욱 악화시킬 것으로 우려하면서, 유교 문명의 우월성과 동서 교섭에 대한 자신감을 바탕으로 미국과의 분쟁을 대화와 설득을 통해 적극적으로 풀어 나가기를 바랐던 것이 아닌가 한다.

신미양요 직후인 1872년, 박규수는 청나라 동치제同治帝의 결혼을 축하하기 위한 사행의 정사로서 중국에 다녀왔다. 종래의 논의에서는 박규수가 이 두 번째 사행을 계기로 실학에서 개화사상으로 전환하게 되었을 것으로 보기도 했다. 당시 그는 65세의 고령임에도 불구하고 사행 임무를 자원했으며, 북경 체류 중에 청나라의 숭실崇實 장군을 만나 프로이센·프랑스전쟁기(1870~1871)의 유럽 정세에 관한 정보를 탐문하기도 했다. 이러한 사실 등으로 미루어, 박규수가 사행에 나선 것은 첫 번째 사행 때 친교를 맺은 중국 인사들과 재회하고 싶었던 때문만은 아니었으리라 짐작된다. 아마 신미양요의 사후 대책과 관련하여 해외 정세를 탐문할 목적을 품었던 것이 아닌가 한다.

그러나 당시의 사행에서 박규수는 소기의 성과를 거두지는 못했다고 술회하였다. 첫 번째 사행 때 사귄 중국 인사들은 거의 만나지 못했고, 장지동·오대징·왕의영 등 새로 만난 '연소한 신진'들과는 문학적·학문적인 교유에 그쳤다고 한다.[7] 귀국한 뒤 고종에게 보고하는 자리에서 박규수가 중국의 양무운동의 성과를 긍정적으로 평가하는 듯한 발언을 한 것은 사실이다. 하지만 그가 보고의 말미에서 "북경의 여론은 혹 이와 같은 이야기가 있는데, 반드시 그럴 것인지는 확실히 알기 어렵습니다"라고 발언한 점을 유의할 필요가 있다. 이는 양무운동의 성과를 높이 평가함으로써 은연중 자신의 개화사상을 드러낸 것이라기보다는, 확신하기 어려운 현지의 일부 여론을 전달한다는 신중한 자세를 취한 것으로 보아야 할 듯하다. 그리고 실제로도, 박규수가 귀국 보고에서 전달한 1860~70년대 양무운동의 성과는 실상보다 크게 과장된 것이었다.

4. 남은 문제

이상에서 살폈듯이 박규수는 북학파의 후예로서 영·정조시대 실학의 성과를 누구보다 충실히 계승했을 뿐더러, 서구 열강이 동아시아에 진출한 19세기의 새로운 시대적 여건 속에서 '동도서기론의 맹아'로 평가할 수 있는 사상적 발전을 보여주었다. 그리고 명치유신 이후 일본의 신新정부가 보낸 서계書契의 접수 문제로 외교 분쟁이 빚어지자 박규수가 대원군에 맞서 서계 접수를 주장하고, 나아가 강화도조약(1876)을 체결함으로써 대일 수교와 문호 개방을 성사시키기 위해 진력한 사실은 잘 알려져 있다.

7 박규수가 아우 박선수에게 보낸 1872년 음력 12월 6일자 편지(『환재집』 권8, 장37).

그렇다면 과연 박규수는 개화사상가인가? 박규수는 '개항'을 주장한 실학자였을 뿐이지 개화사상가는 아니었다고 보는 학자들이 있다. 따라서 실학과 개화사상의 관련성을 입증하자면 마지막으로 이 문제를 돌파하지 않을 수 없다.

먼저 인적 계보의 측면에서 보자면, 박규수의 문하에서 개화파의 주요 인물들이 배출되었던 것은 의심할 수 없는 사실이다. 김윤식은 박규수의 수제자로서 박규수의 문집인 『환재집瓛齋集』을 편찬하고 그 서문을 썼다. 고아가 된 김윤식을 길러준 그의 숙모는 박지원의 손녀요 박규수의 사촌누님이었다. 이런 연고로 김윤식은 10대 시절부터 박규수의 문하에서 수학했다. 그는 박규수가 첫 번째 중국 사행에 나설 때 장문의 글을 지어 바치기도 했으며, 박규수가 주관한 과거에서 급제하여 관직에 진출했다. 김옥균 역시 1872년 박규수가 독권관讀券官으로 참여한 알성시 문과에서 장원 급제함으로써 관직에 진출할 수 있었다.

김홍집은 박규수의 절친한 벗 김영작金永爵의 아들이다. 김영작은 홍양후의 중국 여행을 계기로 박규수와 친교를 맺은 이래 평생 동지가 되었으며, 고종 즉위 초에 박규수와 함께 고종의 학문을 지도하기도 했다. 김홍집은 만년의 박규수와 이웃에 살면서 아침저녁으로 그를 종유하였다. 두 번째 중국 사행을 다녀오면서 박규수는 작고한 김영작과도 친교가 있던 중국 인사의 부탁으로 김홍집에게 선물을 전해주기도 했다.

박영효는 박규수와 친분이 두터웠던 일가친척 박원양朴元陽의 아들이다. 박규수가 박원양에게 보낸 편지 수십 편을 모은 『환재수간瓛齋手柬』이 현재 전하고 있다. 유길준은 박지원과 동시대의 저명 문인인 유한준兪漢雋의 5대 손이다. 박지원과 유한준의 뿌리 깊은 반목과 묏자리 분쟁으로 인해 두 집안은 대대로 원수지간이 되었지만, 박규수는 유길준을 자신의 문하에 받아들이고 그에게 『해국도지』를 읽도록 권했다.

덧붙여 말해두고 싶은 점은 박규수와 '개화 군주' 고종의 관계이다. 박규수는 고종 즉위 초에 강관講官으로 특별 임명되어 10년 동안이나 장기간 고종의 학문을 지도하였다. 뿐만 아니라 그는 대원군이 실세하고 고종이 국정을 주도하게 되자 우의정에 발탁된 뒤, 1877년 별세할 때까지 고종을 최측근에서 보필하는 원로대신으로 활약하였다. 그러므로 박규수는 고종의 사상적·정치적 스승이었다고 해도 과언이 아니다.

박규수의 사후에도 고종은 대외 개방 정책을 일관되게 밀고 나갔다. 1882년 고종은 미국·영국 등과도 통상조약을 체결한 데 이어, 전국에 세워진 척화비를 철거하라는 교서를 반포했다. 이 교서는 바로 박규수의 문인 김윤식이 왕명을 받들어 대신 지은 것인데, 서양의 종교는 배척하되 서양의 과학기술은 배워야 한다고 선포함으로써 '동도서기론'을 정부의 대외 정책의 기조로 공식화하였다.

다음으로 사상적 측면에서 보아도, 박규수의 사상은 실학에서 개화사상으로의 논리적 발전 과정을 선명하게 보여준다고 할 수 있다. 박지원을 비롯한 18세기의 실학파가 주장한 북학北學은 '청淸과 청 문물의 분리론'을 전제로 한 것이다. 즉, 청나라는 비록 오랑캐이지만 그 치하에서 발달한 문물은 중화 문명을 계승한 것이므로 적극적으로 배워야 한다는 것이었다. 그와 유사하게, 19세기 중반 이후 박규수가 견지한 서학중원설은 '서양과 서양 문물의 분리론'을 전제하고 있다. 이에 따르면 서양은 비록 오랑캐이지만 서양의 우수한 과학기술은 고대 중국에서 기원한 것이므로, 잃어버린 중화 문명의 유산으로서 이를 수용할 수 있게 된다. 이러한 서학중원설이 발전하여, 서양 문물을 주체적·선별적으로 수용하고자 하는 동도서기론이 된 것이다. 그러므로 동도서기론은 서학중원설을 매개로 해서 실학과 맥이 닿는다고 볼 수 있다.

또한 동도서기론은 필연적으로 대외 정책에서 '쇄국론'이 아니라 '개항론'을 지향하게 된다. 만년의 박규수는 자신의 정치적 명운을 걸고 개항론을 관철시켰다. 개항론과 개화사상을 엄격히 구별해야 한다고 주장하는 논자들이 있지만,[8] 만약 개항이 되지 않았더라면 개화사상도 존립할 수 없었으리라는 점만큼은 그들도 인정할 것이다. 개항은 개화사상이 발전하기 위한 필수불가결의 전제 조건이었다. 따라서 실학이 개화사상으로 이어졌다고 보는 것은 논리적으로도 결코 무리한 주장은 아니라고 생각한다.

지금까지 실학연구의 일환으로 박지원을 논한 수많은 학자들 중에서 그의 손자 박규수에게까지 관심을 확대한 사람은 거의 없었다. 그와 마찬가지로, 개화사상 연구의 일환으로 박규수를 논한 몇몇 학자들 중에서 그의 조부 박지원까지 거슬러올라가 연구한 이들도 없었다. 이와 같은 연구상의 단절이 사실은 실학과 개화사상의 관련성을 제대로 보지 못하게 가로막은 근본적인 장애가 아니었나 한다. 후대의 개화사상까지 시야에 넣고 폭넓게, 그리고 실사구시적으로 실학이 연구되기를 바라마지 않는다.

8 그러한 논자들은 대개 개화사상을 '갑신정변을 주도한 개화당의 사상'으로만 한정하고 있다.

『고려귀족사회와 노비』
—살아 숨 쉬는 인간을 찾아서—

홍승기

1. 머리말
2. 규정과 실제
—살아 숨 쉬는 인간을 찾아서—
3. 유기적 연관성과 다각적인 시각
—노비의 전체사를 찾아서—
4. 맺음말

1. 머리말

필자가 고려시대 신분사에 관심을 가지기 시작한 것은 1971년 필자가 서강대학교 대학원 사학과에 입학하면서부터이다. 특히 하위신분층이 필자의 주된 관심사였다. 그 결실로 필자는 이기백 교수의 지도로 1973년 고려시대의 잡류에 대하여 석사학위 논문을 썼다. 1974년 같은 대학원 박사과정에 입학하면서 필자의 신분사에 대한 관심은 더욱 깊어졌다. 필자는 1976년 무렵

洪承基 전 서강대 사학과 교수.

저서로는 『고려귀족사회와 노비』(일조각, 1983), 『고려사회사연구』(일조각, 2001), 『고려사회경제사연구』(일조각, 2001), 『고려정치사연구』(일조각, 2001), 『한국사학론』(일조각, 2001) 등이 있고, 논문으로는 「고려 무인집권시대의 유교와 민란」(진단학보 81, 1996), 「한국사연구에 보이는 구미학풍의 경향」(진단학보 86, 1998), 「민족주의사학론」(한국민족운동사연구 23, 1999) 등 고려시대사에 관한 연구 등이 있다.

부터 노비 문제에 매달리게 되었다. 이 교수의 지도를 받아 필자가 고려노비에 대한 연구로 박사학위 논문을 쓴 것이 그 결과이다. 그것이 출판된 것이 『고려시대 노비연구』(1981)이다. 이 책을 모태로 해서 낸 것이 필자가 여기서 말하고자 하는 위의 책이다. 필자의 노비 연구는 짧게는 7~8년, 길게는 10년이 좀 넘는 기간에 걸쳐 이루어졌다.

본인이 쓴 책을 스스로 말하기는 어느 연구자를 막론하고 쑥스러운 일이다. 변변하지도 못한 책을 말해야 하는 필자로서는 더욱이나 그러하다. 책을 말한다는 것은 서평을 의미한다. 서평의 요체는 해당 연구서가 관련 연구의 역사—학설사의 입장에서든, 사학사의 입장에서든, 둘 다의 입장에서든—에서 차지하는 위치—기여와 한계—를 정해주는 데 있다. 이러한 의미의 서평에 필자가 깊이 뛰어들 생각은 없다. 그것은 어디까지나 다른 연구자의 몫이라는 믿음 때문이다. 연구를 진행하면서 필자가 각별히 유념한 점이 네 가지이다. 필자는 그 가운데 고심에 고심을 거듭한 두 가지 점을 골라 나의 책의 특성과 관련지어 그것을 말하는 데 그치고자 한다.

2. 규정과 실제
—살아 숨 쉬는 인간을 찾아서—

필자는 위 책의 「서론」에서 과거의 노비 연구를 비판적으로 검토한 바가 있다. 그리고 뒤미처 필자는 과거 연구의 한계와 관련지어가면서 자신의 연구에서 유의할 점을 네 가지로 요약 정리하여 제시하였다. 아래에 보이는 것은 그 첫 번째이다.

종래의 연구는 대체로 노비를 정작 숨 쉬고 있는 인간으로 보는 데 소홀하지 않

> 았나 생각한다. 따라서 노비의 실제 생활의 면모를 보여주는 구체적인 사례의 검토는 거의 제대로 이루어지지 않았다. 그 대신 노비와 관련이 있는 여러 규정들의 내용을 소개하는 데 크게 치중하였다. 우리가 관련 규정들을 검토하는 궁극적인 목적은 그 규정들의 내용을 밝히는 데 있는 것이 아니라 그것을 통하여 그들이 실제로 어떻게 생활하고 있었는가 하는 점을 알아보는 데 있을 것이다. 노비 관련 규정들의 내용을 밝히는 것만으로는 노비의 실체를 밝혀낼 수가 없는 것이다. 가령 법제적으로 노비가 재물로 간주되었다 해도, 노비가 현실적으로 존재한 것은 재물로서가 아니고 바로 인간으로서였다. 규정을 존중하는 입장에서라면, 재물로 간주되는 고려의 노비는 언제 어디서고 재물로 있어야 하는 것이지만, 이것은 노비의 실제 모습과 너무나 거리가 먼 판단이 되고 만다. 노비는 당연히 규정 속에 갇혀 있는 한갓 재물로서가 아니고 여러 규정의 적용을 받는 인간으로 파악되어야 하며, 여기서 더 나아가 그들은 무슨 일을 했으며 어떻게 자신들의 생계를 유지했는가 하는 따위의 문제로 관심을 확대하여야 할 줄 안다(필자의 위의 책, 「서론」, 4쪽).

연구에 앞서 필자는 '숨 쉬고 있는 인간'으로서의 노비를 만나겠다고 다짐하였다. 종래의 관련 연구는 거의가 법의 규정에 대한 해석에 집중되었다. 노비의 성격에 대한 법의 규정 중 핵심은 재물로서 그를 규정한 것이다. 그는 매매, 상속, 증여의 대상이었다. 법이 노비에게 인간적인 면모를 허용하는 경우마저도 그가 재물로서 간주되었다는 사실에 묻혀 무색해지기 일쑤였다. 이것은 연구자들이 재물로 규정한 법을 앞세워서 노비의 기본 성격을 그렇게 규정한 결과이다. 그러나 하루하루 살아가는 노비의 모습도 중요하다. 이것이 오히려 노비의 진면목을 보여준다. 이것은 법의 규정으로써는 알기 어렵다. 구체적인 사례를 검토해야 그것을 제대로 알 수 있다. 그러므로 법의 검토와 함께 사례의 분석이 중요하다.

관련 사례가 반영하는 노비의 모습에서 '숨 쉬고 있는 인간'으로서 노비를 만나볼 수 있다는 것이 필자의 생각이었다. 인간의 사회생활에는 그가 본원적으로 가지고 있는 네 가지 욕망이 작용한다. 첫째, 인간에게는 남을 지배하고자 하거나 반대로 남의 지배에서 벗어나고자 하는 욕망이 있다. 정치적인 현상의 이면에는 이러한 욕망이 숨어 있다. 둘째, 살아남고자 하는 것도 인간의 본원적인 욕망이다. 이것이 일으키는 것이 경제적 현상이다. 셋째, 안전을 도모하고자 하는 욕망도 있다. 사회적인 현상은 여기서 비롯된다. 넷째, 아름다움이나 부드러움 또는 새로움을 좇는 욕망도 있다. 이것이 일으키는 것이 문화적인 현상이다. 사회생활에서 이처럼 본원적 욕망을 좇는 것이 '살아 숨쉬고 있는 인간'의 참 모습이다.

네 가지 본원적인 욕망을 좇는다는 점에 있어서 인간은 누구나 같다. 누구의 삶에 있어서도 차이가 없다. 국왕이나 귀족이나 노비나 모두 똑같다. 노비를 파는 사람이나 팔려 가는 노비나 서로 차이가 없다. 다만 각자 추구하는 삶의 형태가 다를 뿐이다. 필자는 네 가지 욕망 가운데 노비와 관련하여 우선적인 것이 지배와 생존과 안전에 관한 그의 세 가지 본원적인 욕망이라고 생각하였다. 이와 관련하여 필자는 세 가지 물음을 던져 놓았다. 위의 인용문에 그것이 있다. '그들은 무슨 일을 했는가', '그들은 어떻게 자신들의 생계를 유지했는가', 그리고 '그들이 실제로 어떻게 생활하고 있었는가'가 필자가 노비의 정치적, 경제적, 사회적 생활을 각기 염두에 두고 던진 물음이다.

'숨 쉬고 있는 인간'으로서의 노비는 연구에 앞서 내놓은 필자의 제일성이었다. 그것은 한마디로 노비의 인간해방선언이었다. 그것은 제도사중심의 역사연구에 대한 비판이었다. 고려노비의 모습을 드러낸 것은 이 계열에 속하는 연구자의 공로였다. 그 모습이 박제처럼 굳어진 채로 균형을 잡지 못한 것은 그의 한계였다. 이 한계는 노비 연구자가 법의 규정에 의해 틀이 잡힌 일정한 제도 속에 노비를 유폐시켜 놓은 것에서 주로 비롯되었다. 노비의 인간해방선언은 역사를 움직이는 것은 바로 인간이라는 필자의 믿음을 반영한 것이다. 물론 역사에서 인간을 중시하는 경향은 이미 있어 왔다. 민족주의사학이나 유물사관이 그러한 대표적 예이다. 역사에서 커다란 영향을 끼친 인물을 개별적으로 연구하는 경향도 있었다.

필자가 말한 '숨 쉬고 있는 인간'은 역사에서 커다란 영향을 끼친 인물을 중시하는 연구에 보이는 개별적 인간과는 달랐다. 필자가 말하는 인간은 개별적 인간이 아니고 집단으로서의 인간을 말한 것이기 때문이다. 필자가 말한 집단으로서의 인간은 다음 세 가지를 전제로 한다. 인간이 무수한 집단에 소속되어 있다는 점이 하나이다. 그가 소속된 집단과 이해관계에 있다는 점이 둘이다. 그리고 그러한 집단의 이해를 대변함으로써 그는 그 집단을 대표한다는 점이 셋이다. 이러한 특징이 있다는 점에서 필자의 경우는 민족주의사학과 마르크시스트 사관과 다르지 않다. 전자는 인간 집단으로서 민족을 중시한다. 이에 비하여 후자는 인간집단으로서 계급을 중시한다.

인간을 집단으로서 이해하는 경우 관련 연구에서 해당 인간을 복수의 집단으로 나누는 일은 필수적이다. 나누는 일에 기준과 단위가 따라야 하는 것도 다툴 일이 아니다. 인종의 다름을 기준으로 나뉘는 집단을 일컫는 단위가 민족이다. 경제적 지위의 다름(높고 낮음)을 기준으로 나뉘는 집단을 일컫는 단위는 계급이다. 오늘날 이 두 사학과 함께 그것이 각기 중시한 민족과 계급도 버려야 한다는 이야기도 들린다. 그러나 버려야 하는 것은 민족의 우열을 말하는 역사학이나 계급투쟁을 부추기는 역사학이지 민족과 계급은 아니다. 민족이나 계급은 인간을 복수의 유형으로 나눌 때 빌려다 쓰는 도구에 불과하다. 어떤 이념이 처음부터 거기에 묻어 있는 것은 아니다. 필자는 노비 연구에서 계급을 중시하였다.

계급과 함께 필자가 또 중요하게 여긴 것은 신분과 계층이었다. 한 계층에는 일정한 권리와 의무가 규정하는 일정한 사회적 지위가 있다. 그러한 사회적 지위가 세습될 때 우리는 계층 대신 신분을 말한다. 그러나 우리는 계층을 더 넓은 개념으로 이해하여 그 안에 신분이 포괄되는 것으로 말하기도 한다. 그 밖에 필자는 파 또는 당 또는 집단이라는 가치중립적인 용어도—특히 노비의 정치적 역할을 검토하는 경우에—인간집단의 단위로 사용하였다. 필자는 여러 자잘한(낮은 레벨의) 기준을 가지고 노비를 여러 집단으로 나누어가면서 연구하였다. 인간을 집단으로 이해하는 필자로서는 노비의 유형분석에 예민하였다. 철저한 유형분석을 통하여 필자는 '숨 쉬고 있는 인간'으로서의 노비를 만날 수 있다고 믿었다.

3. 유기적 연관성과 다각적인 시각
—노비의 전체사를 찾아서—

'숨 쉬고 있는 인간'으로서 노비는 다시 역사적 실체로서 구체적으로 부각되어야 마땅하였다. 노비는 숨 쉬고 있는 존재 그 이상이었다. 이와 관련하여 필자는 노비가 가지는 여러 관계에 주목하고 그 관계 속에서 노비가 수행한 역할을 해명하고자 하였다. 다음에 필자는 노비의 역할이 가지는 사회적 의미와 역사적 의의를 밝히고자 하였다. 이 두 숙제 가운데 필자가 더 고심한 것은 전자이다. 노비의 관계에서 우선적인 것은 물론 소유주와의 그것이었다. 노비는 소유주가 마음대로 사고팔 수 있는 그의 재물이었다. 노비는 노동력으로서의 효용가치가 컸다. 그는 소유주의 사령에 대비하기도 하였고 토지의 생산에 참여하기도 하였다. 후자인 경우 노비는 전주와 함께 생산관계에 있기도 하였다.

노비는 무력으로서의 효용가치도 컸다. 노비는 소유주의 생명과 재산을 보호하기 위한 경비를 맡았다. 무신란 이후가 되면서 권력자가 된 소유주가 노비로 하여금 자신의 신변 호위를 맡게 하는 경우가 늘어났다. 최씨가의 집권에 이르면서 그 가노가 핵심적 무력기반으로 부상하였다. 노비가 스스로 정치적 역량을 키워나가는 경향도 이 무렵부터 나타났다. 사원노비 출신인 이의민은 장기간에 걸쳐 권력을 장악하였다. 최씨가는 그를 무력으로 떠받치고 있던 그 가노집단에 의해 붕괴되었다. 최씨 정권을 무력으로 종식시키고 권력을 장악한 이는 김준이었다. 그는 대대로 최씨가의 충직한 가노였다. 원의 간섭기에 이르면서 노비출신으로 국왕이나 원의 보호와 지원을 받아서 관리가 되는 일이 낯설지 않게 되었다.

소유주의 뜻에 따라서건 자신의 뜻에 따라서건 노비는 이와 같이 끊임없이 움직이고 있었다. 사정이 이러한데 그가 숨만 쉬고 앉아 있는 존재로 이야기될 수는 없다. 노비가 법의 규정 속에 갇혀 있는 재물로서만 묘사될 수는 더욱이나 없다. 그런데 위에 보인 노비의 활동은 모두 어떤 관계 속에서 이루어졌다. 자세히 보면 그러한 관계가 중첩적이었다는 점을 짐작하게 된다. 노비가 맺고 있는 복잡다기한 관계를 파악하는 일이 긴요하였다. 그래야 그 관계 속에서 일어나는 노비의 행동이 가지는 의미를 알 수 있다. 바로 이 이유 때문에 필자는 「서론」 세 번째 항에서 '다각적인 시각'의 설정이 중요하다고 거듭 강조하였다. 필자의 이 말은 여러 관계가 서로 유기적으로 연결되어 있다는 사실을 전제한 것이다.

노비의 여러 관계는, 그 성격에 유의하여 말하면, 정치적·사회적·경제적 관계로 가닥이 잡힌다. 다각적인 시각에서 이러한 관계에 주목하자는 것이 필자의 생각이었다. 이러한 생각은 노비의 행동에 작용하는 정치적·사회적·경제적 여러 요인—관련 사실—을 다양한 관점에서 유기적으로 검토해야 한다는 것이었다. 그러한 검토의 결과 필자가 마침내 얻고자 한 것은 노비의 전체상이었다. 실제로 위의 책 내용에 필자의 그러한 의도가 실현되어 있다.

위의 책은 모두 10장으로 구성되어 있다. 서론과 결론을 뺀 본론이 8장이다. 8장 가운데 4장이 정치사관계이고 나머지 4장은 사회사(신분사)관계와 사회경제사관계가 각기 2장씩이다. 세 분야의 연구를 합하면 노비의 전체상이 나온다.

다시 말하면 고려노비라고 하는 큰 주제 아래 그것이 수렴하는 세분된 세 개의 작은 주제가 있다. 즉 사회사 관련 노비 연구, 사회경제사 관련 노비 연구, 정치사 관련 노비 연구 등이 그것이다. 노비의 전체사가 구해진 셈이다. 그러나 필자의 의도는 그 이상의 것이었다. 작은 주제 아래 그것이 수렴하는 다시 세분된 더 작은 주제가 있어야 한다는 생각이었다. 가령 사회사 관련 노비 연구도 그 안에서 사회사, 사회경제사, 정치사 관련 노비 연구가 있어야 한다는 뜻이다. 이것은 사회사, 사회경제사, 정치사 등 세 관점에서 관련 사실을 서로 유기적으로 연결시키면서 노비를 연구하는 방법이다. 이렇게 함으로써 필자는 질적이면서도 입체적인 노비의 전체사에 나아가고자 하였다.

필자가 생각한 질적이면서도 입체적인 노비의 전체사에 대해서는 조금 더 설명이 필요하다. 필자는 노비 연구에서 이러한 원칙을 지키려고 노력하였다. 여러 장 가운데 사노비의 성격을 다룬 장은 어느 연구자라고 하더라도 소유주와의 관련 속에서 노비의 성격을 검토할 것이고 그러한 신분사의 관점으로 시종하기가 십상일 것이다. 그러나 필자는 이 장에서조차도 다각적인 시각에서 여러 사실들을 유기적으로 연결시켜 사노비의 성격을 복합적이고 종합적으로 검토하였다. 예컨대 노비와 그 자신의 재산과의 관계에 주목한 것은 필자가 사회경제사의 관점을 간과하지 않은 결과이다. 노비와 국왕과의 관계에 유의한 것은 필자가 정치사의 관점을 중시한 결과이다.

필자의 연구 방법에 따르면 연구자가 노비의 실체에 일시에 입체적으로 접근할 수 있다. 연구자는 그러므로 분야별로 이루어지는 순차적인 노비 연구를 집적하는 방식을 취할 필요가 없다. 공동연구를 통해야 얻어질 수 있는 노비에 대한 연구 결과를 연구자는 그의 독자적인 연구로써도 어느 정도 수습할 수 있다. 이 연구방법의 이러한 특징에 유의하여 말하면 필자의 노비 연구는 흔히 말하는 'total history' 로서의 전체사와는 다르다. 그것은 'holistic history' 로서의 전체사에 해당한다. 필자는 1997년 봄 하와이 호놀룰루에서 열린 미국 아시아학회 연례발표에서 여기서 말하는 자신의 연구 방법을 소개하면서 그에 입각한 자신의 노비 연구를 그렇게 불러서 좋은 호응을 얻은 바가 있다.

4. 맺음말

이상에서 필자는 위의 책을 쓰면서 크게 고심한 두 가지 연구 방법에 대하여 말하였다. 유형 분석의 방법이 그 하나이고 다각적 분석의 방법이 다른 하나이다. 그런데 이 둘은 필자의 창견이 아니다. 그것은 필자가 이기백 교수의 지도에 따른 것이다. 앞서 말하였듯이 『고려귀족사회와 노비』는 필자의 박사학위 논문을 수정하여 낸 『고려시대 노비연구』를 모태로 삼아 쓴 것이다. 이 교수의 지도를 받는 과정에서 필자가 배운 것은 실로 많다. 위의 두 연구 방법은 그 가운데 일부에 지나지 않는다. 인간중심의 사학론은 이기백 사학의 기본이 되어 있다. 집단으로서의 인간도 그의 주장이다. 필자가 여기서 말한 '숨 쉬고 있는 인간' 으로서의 노비를 강조한 것은 이 교수의 인간중심 사학론의 대의에 따른 것뿐이다.

필자가 말한 다각적 분석의 방법에서 핵심을 이루는 것은 그 방법의 전제이다. 관계의 유기성이 그것이다. 이것도 이기백 사학의 연구 방법론이 가지는 중요한 특징의 하나이다. 따라서 필자가 다각적 시각에서 이루어지는 노비 연구의 필요성을 강조한 것도 이기백 사학의 방법론을 좇은 결과이다. 다만 필자가 제시한 다각적 분석론에서 필자 나름의 독창성이 찾아진다면 질적이면서 동시에 입체적인 전체사를 제시한 것 정도에 지나지 않는다. 이 교수의 가르침을 제대로 받아들이기에는 필자의 역량이 부족하고 깨달음이 느렸다. 이 책이 이 교수의 기대에 부응하기에 부족함이 많은 이유이다. 이 교수의 지도가 30년 전 일이지만 지금도 필자는 이 교수에게 부끄럽고 그저 죄송스러울 따름이다.

필자의 책은 발간 뒤 오늘에 이르기까지 찬반 간에 학계의 이렇다 할 관심사가 되지 못하였다. 그것이 크게 비판의 대상이 되지도 않았지만 그렇다고 그에 따라 후계노비 연구가 이어진 것도 아니다. 피압박을 강조하는 입장에서 말한다면, 노비는 민중 가운데서도 대표적인 민중에 해당한다. 1980년대는 역사학계에서 민중의 깃발이 크게 나부끼던 시대였다. 그런데도 이 시기에 고려 노비에 천착한 연구자가 따로 있다는 이야기는 듣지 못하였다. 민중을 유별나게 내세운 적이 없는 필자가 노비 연구에 열성을 보인 것은 아이러니컬한 일이다. 필자는 물론 노비의 신분 해방이나 계급 해방에 커다란 관심을 가졌다. 그러나 필자의 최대 관심사는 시종일관 노비의 인간 해방 그 자체였다.

필자는 귀족이 노비가 되어야 한다고 생각하지 않았다. 꼭 마찬가지로 노비가 귀족이 되어야 한다는 생각도 필자에게는 없었다. 필자는 다만 귀족이 인간이듯이 노비도 똑같은 인간이어야 한다는 입장에 있었을 뿐이다. 필자가 살아 '숨 쉬고 있는 인간'이라고 말하거나 노비의 인간 해방이라고 말할 때 인간이란 동물이나 절대자나 기계와 구별되는 존재로서의 인간을 뜻한다. 귀족과 노비가 똑같이 인간으로서 똑같은 대우를 받아야 한다는 필자의 말에서의 인간도 같은 의미이다. 사실을 다루는 역사학자를 포함하여 모든 분야의 학자는 불편부당할 수 있다면 최상이다. 차선의 선택이 현실적으로 불가피하다면 그가 들 수 있는 것은 사실주의와 인간주의(휴머니즘)의 깃발일 뿐이라는 것이 필자의 생각이다.

1983년 필자의 책이 발간되자마자 워싱턴 대학의 제임스 팔레 교수가 그 책에 대한 서평을 미국의 한 학회지에 실었다. 지금 서평에서 그가 한 말을 필자가 잘 기억하지 못하지만 분명한 것 하나는 그가 필자의 연구 태도가 'cautious' 하다고 말하였다는 점이다. 그것은 필자의 설명이 지나치게 조심스러워 답답하다는 뉘앙스의 말이었다. 이제와 다시 자신의 옛글을 읽으면서 필자도 그 글에서 팔레 교수가 가졌던 비슷한 느낌을 받는다. 그래도 지나치게 조심스러워 답답하기까지 한 그 글에서 사실에 대한 필자의 경외감도 묻어나 있는 것을 필자가 새삼 느끼게 되어 그나마 다행이다. 필자는 객관적 사실에 더욱 충실해야겠다는 다짐을 한다. 그것은 객관적 사실이 존재하지 않을 수도 있다는 바로 그 이유 때문이다.

규장각 소장 고지도 연구

양보경

1. 고지도, 규장각과의 만남
2. 규장각과 지도 전시회, 영인본 간행
3. 규장각과 고지도 연구
4. 규장각시대 이후
5. 맺음말

1. 고지도, 규장각과의 만남

학문도 인생처럼 우연인 것 같다. 대학에서 지리학을 전공하게 된 것도 고지도의 매력에 빠지게 된 것도 우연이었다. 상상력과 호기심이 많았던 내게 지리학의 넓은 세계는 매우 큰 놀라움이었다. 그중에서도 시간과 공간을 아

楊普景 성신여자대학교 지리학과 교수.

저서로는『朝鮮時代 邑誌의 性格과 地理的 認識에 관한 연구』(서울대학교 사회과학대학 지리학과 박사학위논문, 1987),『서울의 古地圖』(공저, 서울시립대학교 부설 서울학연구소, 1995),『慶尙南道의 鄕土文化』(공저, 한국정신문화연구원, 1999),『한국의 지도-과거·현재·미래』(공저, 제29차 세계지리학대회조직위원회, 2000),『고산자 김정호 기념사업 연구보고서』(공저, 국립지리원, 2001),『우리 국토에 새겨진 문화와 역사』(공저, 한국문화역사지리학회, 논형, 2003),『지명의 지리학』(공저, 푸른길, 2008),『한국지도학발달사』(공저, 국토해양부 국토지리정보원, 2009) 등이 있으며, 논문으로는「16~17世紀 邑誌의 編纂背景과 그 性格」(『地理學』 第27號, 大韓地理學會, 1983),「『大東輿地圖』를 만들기까지」(『韓國史市民講座』 제16집, 一潮閣),「일본 大阪府立圖書館 소장『朝鮮圖』의 고찰」(『書誌學硏究』 第17輯, 書誌學會, 1999),「朝鮮時代 古地圖에 표현된 東海 地名」(『문화역사지리』 제16권 제1호, 한국문화역사지리학회, 2004) 등이 있다.

우르는 역사지리학은 지리학적 상상력을 자극하며 나를 매료시켰다.

대학원 석사과정 중 규장각[1]에서 진행하고 있던 해제작업에 참여한 것은 큰 행운이었다. 역사학, 철학, 국문학, 경제학, 사회학 등 여러 분야에서 석·박사 과정에 재학 중인 젊은 대학원생들이 해제를 담당했기 때문에 당시 규장각은 한국학 관련 학문들이 교류하는 살롱이었다. 규장각은 당시 종합목록집과 한국본도서 해제작업을 진행하고 있었는데, 이는 『규장각도서한국본종합목록』(1981), 『규장각한국본도서해제』(8책, 1978~1987)로 간행되었다. 이 작업에서 나는 주로 지리지, 고지도의 해제를 담당했지만, 양안, 호적대장 등 사회경제사 자료들의 해제 작업에도 함께 참여했다. 다양한 학문 전공자들이 모여서 작업하는 장점이 얼마나 큰 것인지는 이때 활동했던 사람들이 모두 각 분야의 중진들로 자리매김한 것을 보면 잘 알 수 있다. 이는 또한 원자료를 접하는 작업의 중요성을 증명하는 것이기도 하다.

박사학위논문의 주제 선정도 규장각에서의 해제 작업의 영향이 컸다. 규장각에 소장된 지리 관련 자료 가운데 수백여 종의 조선시대의 읍지는 연구가 미치지 않은 분야였다. 당시 지리학 분야에서는 전통지리학에 관한 연구가 활성화되기 시작하고 있었다. 고 이찬 교수가 고지도를, 최창조 교수는 풍수 연구를 개척하고 있었다. 전통지리학의 한 축인 읍지邑誌를 연구함으로써 지리지의 미완된 부분을 채우고, 나아가 일제강점으로 맥이 단절된 전통지리학의 면모를 밝히는 것이 필요하다고 생각했다. 조선시대 읍지 연구로 박사학위를 받은 후 당시 규장각 도서관리실 실장이던 이태진 교수의 도움

1 규장각의 소속과 공식 명칭은 여러 차례 바뀌었다. 1945년 광복 이후 규장각도서는 서울대학교 부속도서관에 소속되었다. 1975년 서울대학교가 관악캠퍼스로 이전하면서 확대 개편된 중앙도서관 안에 규장각 도서 전담 관리 부서로 '규장각도서관리실'이 설치되었다가 1992년에 '서울대학교 규장각'으로 독립했으며, 2006년에 서울대학교 규장각과 한국문화연구소가 '서울대학교 규장각한국학연구원'으로 통합되었으나, 이 글에서는 '규장각'으로 약칭하기로 한다.

으로 1991년부터 규장각에 근무하게 되면서 읍지를 포함한 지리지연구, 실학자들의 지리사상과 지리관 추구와 함께 고지도 연구에 날개를 달 수 있게 되었다.

2. 규장각과 지도 전시회, 영인본 간행

규장각은 1990년 6월에 신축된 전용 건물로 이사하고 9월에 개관식을 거행함으로써 1992년에 규장각이 중앙도서관에서 독립하여 독자적으로 발전할 터전을 마련하고 제2 중흥을 계획하고 있었다. 이 계획을 총괄하던 규장각 실장 이태진 교수는 지리지와 지도, 역사와 지리의 관계에 관심이 많았으며, 그 중요성을 이해했던 역사학자였다. 1990년에 개관 기념으로 '규장각과 18세기 한국문화' 전시회를 개최하면서, 전시도록과 함께 1788년(정조 12)경에 제작된 아름다운 서울 회화지도의 백미인 『도성도都城圖』를 영인 발간한 것도 지도와 지리지를 중심했던 정조의 사상을 상징하는 것이기도 했다. 이후 서울대학교 규장각은 가장 활발하게 고지도의 전시회를 열고 영인본을 간행하며, 고지도 전시와 고지도의 대중화를 이끌어나갔다.

1991년 서울대학교 개교 45주년 기념 '고서와 고지도로 보는 북한' 전시회는 오랜만의 본격적인 고지도 전시회였다. 전시회 기념으로 평양을 그린 회화식 지도인 『기성전도箕城全圖』의 축소 복제본을 발간해, 가볼 수 없는 고도 평양의 아름다운 옛 모습을 전했다. 1991년은 북한과 교류가 본격적으로 이루어지던 시기였다. 1990년 3차례의 남북고위급회담과 통일축구대회·통일음악회, 1991년 남북한의 국제연합 동시 가입, 남북한 화해와 불가침 및 교류협력에 관한 합의서 채택과 한반도 비핵화에 관한 공동선언 등이 밀물처럼 이루어졌다. 이러한 사회 변화 속에서 개최된 북한 관련 전시회는 국민과 언론의 사랑을 받았으며, 규장각이 단순히 오래된 옛날 책만 보관하고 있는 곳이 아니라는 새로운 이미지를 전하는 데 좋은 계기를 만들었다.

1994년에는 서울 정도 600주년을 맞아 '고지도와 고서로 본 서울'을 주제로 전시회를 열었다. 1995년에는 '내 고향 옛 지도'를 주제로 전시회를 개최하며, 고종대의 군현지도와 지방지도 총 69매를 선별하여 '조선시대지방지도'를 대형 낱장지도로 영인 간행했다.

특별전시회들을 개최하고 전시도록을 만들어 규장각의 귀중한 원본 지도들을 직접 볼 수 있는 기회를 제공하는 것은 지도에 대한 이해를 높일 수 있는 매우 좋은 방법이라 할 수 있다. 원본을 접해야 감수성과 감각이 움직이며 감동과 울림이 오기 때문이다.

고지도 전시회는 일반에게 알려 규장각과 지도에 대한 대중적인 관심, 규장각의 문화적 중요성을 환기시키고, 규장각 소장 고지도 보존과 연구의 당위성을 알리는 효과가 컸다. 그러나 규장각에서 시급한 일은 고지도 자료의 체계적 정리, 목록과 해제를 작성하는 것이었다. 고지도를 본격적으로 활용하기 위해서는 고지도의 제작시기, 제작자, 지도의 계통을 파악하는 것이 필요했다. 1992년에 『규장각 소장 고지도 해제 (I)』이 완성되고, 이 해에 중앙도서관 산하에 있던 규장각도서관리실이 서울대학교 부속기관 규장각으로 독립하고, 초대 관장에 한영우 교수가 취임하였다. 독립기관이 되면서 인적, 재정적 발전이 가능하게 되고, 출판에 많은 비용이 소요되는 고지도와 의궤류의 영인 간행이 시작되었다. 또한 지도의 슬라이드필름 촬영, 재장정 작업 등도 병행되었다.

고지도는 마이크로필름으로 내용 파악이 어려운 자료가 많아, 채색 영인본이나 복제본의 출간이 요청되고 있었다. 1993년에 삼성미술재단은 거액의 『해동지도』 영인간행사업비를 기탁해 고지도 복제본 출간에 획기적인 전기를 마련했다. 이 기금으로 전 8책의 『해동지도』가 1995년에 영인본, 해설, 색인 등 3권으로 출간되었다. 간행과 함께 이를 기념하는 고지도 관련 국제심포지엄이 문화역사지리학회와 공동으로 개최되었는데, 고지도 관련 국제심포지엄도 한국 최초의 일이었다. 조선시대의 군현지도들에 대해서는 전국 각 지방에서 뜨거운 관심을 보였다. 이에 국토 전 지역이 고루 제작된 고종대 군현지도를 '조선후기 지방지도'라는 이름으로 1996년 전라도부터 시작, 2002년까지 도별로 엮어 간행했다. 이어 전국지도인 『동여도』(2003), 『조선전도』(2004), 『조선지도』(2005), 정상기의 『동국지도』(2006), 『조선후기 대축척 조선분도』(2007) 를 영인 간행해, 지도 원본 보기를 갈구하는 소장자, 연구자들에게 기쁨을 주었다.

새로운 테크놀로지 전산화의 물결은 규장각과 고지도 연구에도 변화를 가져왔다. 1997년에 규장각 소장 도서 목록의 전산화와 한국본 도서해제의 데이터베이스를 완성했다. 2000년부터 시작된 한국역사정보통합시스템 구축사업으로 컴퓨터를 통해 인터넷으로 고지도의 이미지를 열람하고 활용할 수 있는 신세계가 열리면서 고지도는 더욱 친근한 문화재로 애호가나 연구자에게 다가올 수 있게 되었다.

대상과 자료의 확대는 시각과 사고의 확대를 가져온다. 또 정보는 공유할 때 더 시너지효과가 큼을 지도의 영인본 간행이 보여주었다. 1990년대 중반 이후 한국의 고지도 연구는 양적, 질적으로 비약적인 진전이 있었는데, 이는 규장각 자료의 보급에 힘입은 바가 컸다.

3. 규장각과 고지도 연구

단일 지도를 영인하여 간행하는 것은 특정 지도, 나아가 특정 시기 혹은 특정 지역의 사정을 상세하게 파악하는 데 매우 유용하다. 그러나 고지도의 제작과 발달을 전체적으로 보여주지는 못한다. 다양한 내용과 형태의 지도들을 모아 의미를 부여하는 작업은 학자들의 연구에 의해 가능하다.

1) 목판본지도와 『동국지도』

1991년의 전시회 '고서와 고지도로 보는 북한' 전을 준비하면서 『동국지도』를 만났다. 도별지도인 『동국지도』를 검토하고, 지도의 편찬 시기를 1544년경으로 추정하면서 흥분이 온몸을 감쌌다. 국내에는 임진왜란, 즉 16세기 말~17세기 초 이전에 제작된 현존 지도가 거의 없다. 그런데 임진왜란보다 50년 정도 앞서 제작된 지도가 규장각에 있었던 것이다. 뿐만 아니라 『동국지도』는 목판본이다. 목판본으로 지도를 인쇄, 간행했다는 것은 당시 이미 이 지도가 중요하게 인정받고 있었다는 증거이며, 필요한 사람들에게 공급되었음을 반영한다고 할 수 있다. 이 지도는 현전하는 16세기의 가장 상세한 도별지도이고, 동람도와 달리 지리지의 부도가 아니라 독립된 지도로 편찬되어 간행된 지도책이라는 점도 매우 중요하다. 이 내용을 학술잡지인 『규장각』 14집(1991)에 「목판본 동국지도의 편찬시기와 의의」라는 논문으로 수록했다. 조선시대에는 지도 제작이 금지되어 있었으며 고산자 김정호도 그래서 죽음을 당했다는 인식이 일반화되어 있던 때였으니, 16세기 중엽에 간행된 목판본 지도의 등장은 획기적인 것이었으며, 목판본 지도의 역사를 다시 생각하는 계기가 되었다.

2) '비변사지도'와 '경위선표식 지도'

『규장각』 15집(1992) 에 수록한 「18세기 비변사지도의 고찰 – 규장각 소장 도별 군현지도집을 중심으로 –」 논문은 큰 반향을 일으켰다. 규장각에는 국정운영을 총괄하던 비변사에서 소장했던 자료임을 보여주는 비변사인備邊司印이 찍혀 있는 지도가 12종 42책 660장이 있다. 이 가운데 도를 단위로 제작한 18세기 중엽의 6종의 군현지도집, 즉 『영남지도』, 『호남지도』, 『호서지도』, 『충청좌도각읍지도』, 『해서지도』, 『함경도전도』(총 28책 250장)을 연구대상으로 삼은 논문이었다.

비변사 소장 지도들은 한국 고지도의 좌표座標체계를 논하는 가운데 부분적으로 언급된 바 있었으나,[2] 이 지도들의 의의가 밝혀진 것은 아니었다. 비변사인이 포함된 이 지도들은 기본적으로 1리 눈금 위에 그려진 1리 방안지도方眼地圖이다. 1990년대 중반 이후 많은 연구자들이 방안지도의 중요성과 한국 지도 발달사에서 지니는 의의를 집중적으로 고찰했다. 또 고산자 김정호의 불후의 작품인 『대동여지도』와 『청구도』 제작의 기반을 방안지도에서 찾았다. 그러나 당시는 주목받지 못하고 있었던 지도였다. 이 지도들은 1992년에 제1회 '규장각발표회'를 통해 공개되면서 언론의 많은 주목을 받고, 『대동여지도』보다 정밀하고 큰 약 1:50,000 축척의 지도가 18세기 중엽에 전국에 걸쳐 만들어졌다는 충격을 주면서 조선후기의 지도제작 수준을 다시 평가하는 계기가 되었다.

3) 『해동지도』와 군현지도, 군현지도집

1990년대 중엽까지만 해도 한국의 고지도에 관한 연구는 김정호의 『대동여지도』와 『청구도』, 정상기의 『동국지도』, 『동람도』 등 전도와 일부 도별지도, 그리고 『혼일강리역대국도지도』 등 세계지도에 관한 연구가 주류였다.

---

2 李燦, 「韓國 古地圖에서의 座標體系」, 『한국과학사학회지』 3-1, 한국과학사학회, 1981, 3~11쪽. 이 논문에서는 좌표방안지도를 소장처별로 소개하면서 규장각에 있는 대축척 도별 군현도인 『호서지도』, 『해서지도』에 비변사인이 있음을 언급하였다.

1995년 '한국의 고지도' 국제학술심포지엄에서 발표한 「군현지도의 발달과 『해동지도』」는 조선 후기 지도 발달에 중요한 위치를 차지하고 있는 군현지도를 본격적으로 검토한 논문이다. 비변사인 1리 방안지도와 함께 조선후기 지도제작사에서 매우 주목되는 지도들은 20리 방안 위에 그린 군현지도들이다. 이러한 동일한 축척을 가진 군현지도들은 『대동여지도』와 같은 대축척 전국지도를 만들 수 있는 바탕이 되었을 것이다.

같은 해에 발표한 「『대동여지도』를 만들기까지」[3]에서는 『대동여지도』의 제작 배경을 종합적으로 고찰했다. 1770년(영조 46)에 영조의 명에 따라 제작한 여암 신경준의 『동국여지도東國輿地圖』를 주목한 것도 이 글에서였다. 신경준은 이 지도가 열읍도列邑圖 8권, 팔도도八道圖 1권, 전국도全國圖 족자 1축으로 구성되었으며[4] 동서 76개 남북 131개의 경위선으로 나누어진 지도라고 하였다. 방안 1선의 간격이 20리라면, 동서는 76선으로 구획되었으므로 1,520리이고, 131선으로 나누어진 남북은 2,620리가 되어 우리나라 남북의 크기와 일치한다. 신경준이 언급한 '열읍도'는 전국군현지도집이며, 이는 20리 방안지도였음을 처음 지적한 것이다.

18세기 후반 정조대에도 경위선표식 지도가 제작되었다. 김정호가 만든 『청구도』의 제문과 범례에서 최한기崔漢綺와 김정호는 정조대의 경위선표식 지도를 언급하였다. 1791년(정조 15)에 전국 군현에 지도를 그려 올리도록 하였는데, 이 지도는 전국을 경선 154 위선 280여 개의 경위선표經緯線表로 나눈 지도였다고 하였다. 신경준의 지도가 20리 방안의 지도였다면, 경선과 위선의 숫자가 약 2배인 정조대 경위선표식 지도는 10리 방안의 경위선표식 군현지도였음을 알 수 있다. 이로써 18세기에 1리, 20리, 10리 방안을 가진 경

3 양보경, 1995, 「『대동여지도』를 만들기까지」, 『한국사 시민강좌』 16, 104~106.

4 申景濬, 「英廟御製輿地圖小敍」, 『旅菴遺稿』 권13 ; 「東國輿地圖跋」, 『旅菴遺稿』 권5.

위선표식 지도가 국가 주도로 여러 차례 제작되었음을 알 수 있다. 18세기 중후반에 제작된 이들 축척형 군현지도집은 축척의 적용, 대축척지도, 전국을 포괄하는 공간적 범위 등 여러 가지 면에서 '경위선표식 군현지도'로서 조선의 지도 발달사에서 중요한 의의를 지닌다고 지적했다.

4) 『동국여도』와 서울 지도

1994년은 서울 정도 600주년이 되는 해였다. 서울시립대학교에 서울학연구소가 설치되고 지역학, 도시사에 다학문적 접근, 새로운 시도들이 이루어졌다. 설립 직후 서울학연구소는 '1993 서울학 심포지엄: 현대 서울의 뿌리—조선후기 서울의 재발견'을 개최했다. 여기서 발표한 「서울의 공간확대와 시민의 삶」에서는 서울 도시공간의 확대, 지리적 생활권과 유통권의 확대를 분리보다 통합적 기능을 발휘하고 있던 한강과의 관련을 통해 조선후기 수도 서울의 역동성을 찾아보았다. 규장각 소장 『동국여도』는 이 발표와 글의 핵심적인 자료 중 하나였다.

19세기 전반에 그린 것으로 추정되는 『동국여도』는 17절로 된 도별 지도첩인데, 제1면부터 제7면까지 서울과 그 주변의 지도를 배치하고, 이어 도별 지도와 해안방어지도의 순서로 구성되어 있다. 특히 「경강부임진도」는 서쪽으로 강화와 풍덕, 즉 한강과 임진강의 합류점으로부터 임진강과 한강의 상류 지역까지 넓은 지역을 위에서 내려다본 형태로 그린 지도이다. 이 지도에 표현된 지역적 범위는 청담 이중환이 『택리지』에서 장삿배의 이익이 있다고 언급한 북한강의 춘천, 남한강의 충주, 그리고 연천 등 임진강 일대와 일치하고 있어 당시 상업의 발달과 지역적 교류의 증가 속에서 지도가 편찬되었음을 짐작케 한다. 한강과 임진강 사이 지역을 그려 한강변의 새로운 상업취락의 성장, 서울의 범위, 서울 주민의 삶터, 그리고 서울에 관련된 지리적 인식이 외곽으로 확장되고 있음을 보여준다. 서울에 관한 역사지리학적 접근은 서울학연구소에서 출간된 두 권의 책 『서울의 경관변화』(1994, 서울학연구총서 2, 이혜은 · 임덕순 · 김연옥 · 이은숙 · 양보경 공저)와 『서울의 옛 지도』(1995, 이찬 · 양보경 공저), 그리고 '100년 전 서울의 옛 모습' 심포지엄과 모형 제작(지리분야, 최영준 · 양보경 공동)으로 모아졌다. 이 세 작업 모두에 참여하게 된 것도 서울의 고지도와 근대지도가 기본 자료였기 때문이라 할 수 있다. 특히 규장각 소장의 지도와 지리지들에 힘입은 바 컸다.

4. 규장각시대 이후

1997년 8월 규장각을 떠나 대학으로 자리를 옮겼다. 규장각에서의 7년은 나의 학문적 뿌리가 되었다. 이 기간을 나의 규장각시대라 부를 수 있을 것 같다. 고지도, 지리지, 고문서, 각종 고서 자료에 대한 이해와 역사시대를 바라보는 시야가 넓고 깊어질 수 있었다. 또 고서의 보존과 관리, 서지학, 사진 촬영의 중요성과 기초지식도 습득하게 되었다. 또 연구자 못지않게 사서들의 역할이 중요함도 절실하게 깨달을 수 있었다. 규장각에서 드러나지 않게 학문 발전에 기여하셨던 이상은, 조병옥, 류오훈, 박숙희, 권재철, 김창섭 선생의 이름을 잊을 수 없다.

규장각을 떠난 이후에도 고지도는 내 학문의 가장 중요한 주제로 이어져 오고 있다. 우리나라 고지도의 또 다른 중요 소장처인 영남대학교 박물관 소장 고지도를 집대성한 『한국의 옛 지도』(도판편 · 자료편, 1998), 고려대학교 박물관 · 도서관 소장 고지도를 집대성한 『서울, 하늘 · 땅 · 사람』(서울역사박물관 · 고려대학교박물관, 2002), 한국학중앙연구원 장서각 소장 고지도를 집대성한 『조선왕실의 행사그림과 옛 지도』(2005) 발간, 전시회, 그리고 『이찬 기

중 우리 옛 지도』(2006, 서울역사박물관) 발간 등에 참여해 한국의 주요 고지도를 섭렵하면서 지도 연구의 폭을 넓힐 수 있었다.

2000년에는 4년마다 개최되는 세계지리학대회의 제29차 대회가 서울에서 개최되었다. 이 대회에 참가한 약 3,000명의 지리학자들에게 한국의 지리학과 지리적 전통을 알리기 위해 조직위원회의 권유에 의해 대한지리학회와 국토지리정보원(당시는 국립지리원)은 한국의 오랜 지리적 전통을 세계에 알리기 위한 지도 전시회를 조직했는데, 나는 부위원장으로 이 전시회를 총괄하며 영문 및 한글 책자를 제작했다.[5] 이때도 규장각의 영인본 지도들의 도움이 절대적이었다.

한편 일본, 미국 등에 소장된 한국 고지도, 서양 고지도 등에 관한 연구도 진행하였다. 그중에서도 일본 오사카 나카노시마후리츠 도서관에 소장된 『조선도』는 많은 주목을 받았다[6]. 19세기 전반에 제작된 것으로 추정되는 『조선도』는 지도의 윤곽, 도로상의 10리 점의 표시, 남북 100리 동서 70리를 한 면으로 하는 방안지도의 구성 등으로 볼 때, 『청구도』 등 이후 대형 조선전도 제작의 기반이 되었던 것으로 평가하였다.

1990년대 중엽 이후 고지도를 활용한 연구로 관심의 영역이 확대된 것은 당연한 귀결인 것 같다. 고지도에 표현된 현상들, 고지도의 내용과 표현은 문화적 상징이기 때문이다. 또 지도는 인간이 장소, 지역, 세계에 대한 인식을 내재화한 것이므로 정치·사회·문화적 콘텍스트가 되며, 이를 통해 인간과 환경과의 관계도 이해할 수 있기 때문이다. 고지도에 나타난 백두대간, 백두

5 National Geography Institute · The Korean Geographical Society, *Maps of Korea : Past, Present and Future*, 2000.
국립지리원·대한지리학회, 『한국의 지도－과거, 현재, 미래』, 2000.

6 양보경, 「일본 대판부립도서관 소장 『조선도』의 고찰」, 『서지학연구』 17, 서지학회, 421~436쪽.

산 연구를 통해 조선시대의 자연인식과 국토관 연구, 고지도를 통해 본 각 지역의 옛 모습을 추적하는 것은 실학자들의 지리관 연구와 함께 고지도를 읽는 새로운 기쁨을 주었다. 또한 고지도에 나타난 동해, 독도와 울릉도, 북방 영토인식의 문제, 고지도와 지명 등도 고지도 연구자로서 마땅히 해야 할 주제로 다가왔다. 나아가 해외에 소장된 우리나라 지도에 관한 연구[7], 일본, 중국, 서양 고지도에의 관심과 탐구도 병행하고 있다.

그러나 규장각에서 만난 지도들 덕분에 지도는 내게 단순히 연구대상이 아닌 것으로 다가왔다. 지도를 대상이 아니라 존재로 이해하고, 바라볼 수 있게 된 것이다. 예술을 좋아하는 내게 지도 연구는 문화재로서 예술품으로서 고지도가 얼마나 귀중한 존재인지를 지각하는 것으로 변모했다. 지도에는 유려한 필치의 문장이 주는 감동과는 또 다른 즉물적이고 회화적인 감동의 세계가 있었다. 나아가 그 속에 담긴 변화해버린 국토와 자연을 인식하는 상상력의 확장 세계로 발돋움할 수 있었다.

5. 맺음말

사람은 공간, 환경 속에서 세상을 살고 만들어간다. 세상을 어떻게 바라보아야 하는가에 대한 질문이 세계관과 자연관을 만들어낸다. 지리학, 특히 인문지리학은 지표, 즉 공간 속에서 인간이 세상을 어떻게 바라보고 어떻게 살아가는가를 연구하는 학문이다. 장소, 지역, 지역 위의 사람들과 문화와의 만남의 경험은 인간의 사고를 확장시키고 풍부하게 하며, 정체성과 상상력과 창조력을 확립하는 가장 중요한 바탕이다. 내가 누구인지를 깨닫게 한다.

---

7 양윤정 · 양보경, 「19세기 후반 일본 참모본부 장교들이 제작한 비밀지도: 미국 국회도서관 소장 한국 Vault본 지도를 중심으로」, 『문화역사지리』 21-3, 2009, 32~46쪽.

고지도는 옛 장소, 옛 사람들과의 만남을 간접 경험할 수 있는 기초적인 자료들이다. 또한 지도는 인간의 마음속에 그려진 세계와 공간의 표상이다. 인간만이 지도를 만들 수 있으며, 복잡한 사회와 문화계층을 가진 인간만이 특정한 사회구조를 보다 강력히 지배하기 위하여 지도를 사용하고 있다. 따라서 지도는 사회·문화적 구조의 일부라 할 수 있다.

한국 지리학의 발전과 세계화를 위해서는 전통지리학 분야의 학문적 발전과 연구가 매우 중요하다고 생각한다. 창의력과 독창성의 기반은 전통과 문화이기 때문이다. 전통이나 역사를 배우고 연구하는 것은 과거지향이 아니라 현재와 미래를 창조하기 위한 기반이자 잠재력이기 때문이다. 그러나 고지도 연구 인력은 아직도 손꼽을 정도로 소수이다.

간학문적 성격을 지닌 고지도연구의 발전을 위해서는 인력의 양성이 중요하다. 이에 한국 및 세계 각국의 고지도와 지도 연구 전문가를 양성하려면 국가, 제도의 힘이 필요하다. 고산자 김정호와 대동여지도를 외치면서도 김정호기념관도 없는 게 우리의 현실이다. 특히 동서양 고지도를 체계적으로 수집하고 연구 자료를 제공하는 고지도종합박물관이 설립되어야 한다. 또는 국토지리정보원의 기능을 획기적으로 확장해 전통지리학 분야, 지명 분야 등을 지속적으로 연구하고 발전시킬 수 있는 조직을 갖추어야 한다. 이를 바탕으로 고지도 용어를 비롯한 전통 지리학 용어 사전의 편찬과 용어의 표준화, 용어의 국제화, 특히 한문으로 쓰여 다가가기 어려운 고지도의 한글화나 GIS 등 기술과의 접목, 해외 소장 고지도의 파악과 연구 등이 추진되어야 한다.

사회과학자의 즐거운 외출[1]

송호근

1. 조선으로 잠입하다
2. 개화기 근대 탐방
3. 근대사 연구의 두 가지 경향
4. 개화기 인민과 근대
5. 조선의 통치체계와 인민의 형성
6. 아직 외출 중

1. 조선으로 잠입하다

사회학 전공자가 감히 사학을 논하려고 하니 벌써부터 두려움이 앞선다. 이건 엄살이 아니다. 경제학은 빼고, 사회과학이라면 웬만한 이론이나 주요 연구경향을 두루 섭렵했다고 자부해온 필자가 한국사 앞에만 서면 왠지 주눅

宋虎根 서울대학교 사회학과 교수.
저서로는 『지식사회학』(나남, 1990), 『시장과 복지정치』(나남, 1997), 『의사들도 할 말 있었다』(삼성경제연구소, 2001), 『독 안에서 별을 헤다』(생각의 나무, 2009) 등이 있고, 공저로는 『한국사회의 변동과 연결망』(서울대출판부, 2006) 등이 있으며, 논문으로는 「빈곤노동계층의 노동시장구조와 정책」(한국사회학 36:1, 2002), 「Continuity and Change of Korean welfare Regime in the 1990s(with Hong Kyung Zoon)」(*Journal of Social Policy*, 2006) 등이 있다.

1 이 글은 필자가 현재 학진연구과제로 진행하고 있는 연구의 '연구노트' 형식을 띤다. 과제명은 "인민의 탄생과 사회변혁: 개화기 근대의 기원과 국문담론"(과제번호 342-B00018)인데, 이 글은 연구를 진행하면서 한국사학에 느꼈던 점을 서술한 것이다. 연구결과는 책으로 묶어 3년 뒤 출간할 예정이다.

이 드는 것을 어찌할 수 없다. 한국사와 국문학이 점령해온 지적 주도권이 난공불락의 아성처럼 느껴지고, 서양 지식으론 범접할 수 없는 난해한 코드가 산더미처럼 쌓여 있다고 느껴지기 때문이다. 한국사와 국문학이 구축한 그 단단한 경계와 성곽은 사회과학자들을 주변인으로 떠돌게 만든다.[2] 여길 들어오려면 산사에서, 도서관에서 자료더미와 적어도 십 년을 씨름한 경력을 보이라거나, 사료 해독능력이 없으면 아예 사학시민권을 포기하라는 준엄한 검문의 목소리가 들리는 듯도 하다. 사회과학자들이 사학계의 시민권을 얻으려면 내부자들보다 더 겹겹이 쳐놓은 관문을 통과해야 하는 것처럼 보인다. 그 관문을 성공적으로 통과한 사회과학자들이 더러 있기는 하지만 별로 많지는 않다. 세간에 명성을 쌓은 사람에게도 정작 사학계의 인정은 매우 인색하다. 그 관문은 사회과학에 대한 세간의 관심과 보답이 커질수록 더 엄격해지는 경향이 있다. 사회과학자들은 인상적 비평만으로도 화려한 학문생활을 영위할 수 있는 데에 반하여, 사료와 이골 나게 씨름하고도 정작 할 말을 캐내지 못하는 사학자들의 현실적 빈곤이 자주 겹쳐지기 때문이다. 이 현실적 격차가 커지면 커질수록 사학계는 자격증 가격이라도 올리고 싶어 할 것이다.

나는 사학자들의 사료 집착증과 자기 전공 아니면 입을 닫는 과묵함을 존경하는 편이다. 사료가 말하는 것 외에 주관적 판단과 사설을 가능한 억제하는 그 놀라운 자제력, 자기 영역을 넘어서면 말하기를 아예 단념하는 담화통제력은 연구주제의 자유로운 변환, 이념적 변신, 영토 확장욕, 화려한 말솜씨

2 한국사학자와 국문학자는 한국학의 세계적 대가들이다. 한국학을 영문저널로 발행한다면, 이들을 따라갈 연구자를 세계에서 찾기 어렵다. 사회과학자들은 서양의 지식코드로 서양 저널에 논문을 게재하려고 안간힘을 쓰는데 여전히 주변인의 지위를 벗어나지 못한다는 사실을 잘 알고 있다. 한국에서도 세계에서도 우리의 사회과학자들은 주변인임에 틀림없다.

가 난무하는 사회과학계에 모범이 되기에 부족함이 없다. 자격증 가격을 올릴 만한 충분한 자격이 있는 셈이다. 그러나 사회과학의 그 화려한 외양을 너무 부러워할 필요는 없다. 가만 들여다보면, 화려한 외양 뒤에 어둠이 드리우고, 말을 쏟아낼수록 속이 비는 허전한 내면을 엿볼 수 있을 것이다. 이 년 전 인문학자들이 절절하게 선언했던 '인문학의 위기론'은 '수요의 위기'를 말한 것이지 '공급의 위기'를 얘기한 것은 아니었다고 생각한다. 인문학의 절규가 먹혔던지 세상은 인문학을 교양 필수과목으로 승격시켰고, 일반시민을 비롯해서 정치인과 CEO에 이르기까지 너도나도 교양 쌓기에 나섰다. 인문학의 시대가 도래한 것이다. 사회과학자들은 저항시대의 특수가 평화시대에도 지속될 것이라는 안이한 합의에 젖어 결코 위기론을 상정해볼 생각도 하지 않았다. 그런데 요즘 '독서시장'의 추세로 보면 사회과학이야말로 진짜 위기에 직면했다. 책도 팔리지 않고, 사회적 담론도 생산하지 못한다. 사회과학은 수요의 위기와 함께, '공급의 위기'라는 이중적 위기에 빠져 있다. 적어도 필자에게는 그렇게 느껴진다. 공급의 위기란, 말하자면 앞에서 살짝 언급한 허전한 내면, 즉 연구자 내면의 위기다. 연구대상이 시간과 함께 흘러가기 때문이다. 가버릴 사랑을 사랑하는 것처럼 허무한 것이 또 있겠는가.

사회과학자들은 일반이론, 개념, 분석도구를 갖추고 있기에 주제를 바꾸고 다른 영역을 드나드는 데에 아무런 거리낌이 없다. 자유롭다. 영토 확장에도 저항은 비교적 적다. 그러나 그만한 대가를 치러야 한다. 사랑의 대상이, 연구주제가 자주 변한다. 물론, 하나의 주제를 중심축으로 여러 개의 변주곡을 만드는 집착형 학자도 많지만, 여러 영역과 주제를 자유롭게 건드리는 산만형 학자들도 많다. 어찌 보면, 그것은 욕심이 아니고 사회과학자들에겐 자연스런 연령효과라고 생각한다. 젊은 시절 눈독을 들였던 연구대상이 나이가 들면서 빛이 바래고 시들해지는 것을 막을 도리가 없다. 속이 허전해지는 것도 이런 이유에서이다. 사회과학적 연구대상은 시간에 따라 흘러간다. 변화한다. 그 변화의 궤적과 내부 규칙을 철철이 따라가면 좋으련만, 공들여 해놓은 연구업적들이 시간제한성에 갇혀 폐기처분되는 것을 보면 허무하기 짝이 없다. 지금 내 서가에 가지런히 꽂혀 있는 십여 권의 저작들, 홀딱 새운 밤의 기억과 열정과 문제의식을 고스란히 간직한 저 책들은, 정말 인정하기 싫지만, 유통기한이 지났다. 저걸 밤새워 읽고 질문하는 학생들을, 심지어는 석박사 학위 논문에서 그걸 애지중지 인용하는 학생들을 잘 보지 못했다. 나의 청춘과 함께 흘러가버린 것이다. 그런 사정은 다른 사람들도 마찬가지다. 고백하건대, 요즘 생산되는 평균적 수준의 사회과학 논문들은 독자가 한정적이고 (아마 100여 명 정도 될까), 유통기간도 일 년을 넘지 않는다. 한국사회의 변화속도가 세계적이라는 사실은 한국의 사회과학도에게는 기회이자 함정이다. 할 것은 많은데 해놓은 것은 곧장 잊힌다. 이십 년 동안 써왔던 저서들이 빛이 바랜 것처럼 말이다.[3]

사정이 그러하니, 사학계와 국문학계가 한국학 문을 두드리는 외부인에게 자격증을 발부하는 데에 인색하지 말라고 당부하고 싶은 것이다. 특히 필자처럼 서양학문에 약간 염증이 나서 한국학으로 눈길을 돌리려는 초보자들에게는 더욱 그런 마음이 간절하다. 이것도 괜한 엄살이 아니다. 지난 몇 년 동안 국사학과 국문학 영역을 탐방하면서 갖게 된 소회이다. 이 분야의 논문들은 타학문과의 소통을 거부하고 있는 듯했다. 연구대상이 과거이고, 연구자들이 제한적이고, 사료와 자료가 말하는 의미가 한정적이기 때문이겠지만, 논리와 담론구조가 폐쇄회로를 이루고 있다는 생각이 강하게 들었다. 주제

3 가끔 교수들이 책을 솎아내느라 보지 않는 책을 복도에 내놓을 때가 있다. 자유롭게 가져가라는 뜻이거나 청소부에 맡긴다는 사인이다. 용도 폐기하는 그 책더미에서 나의 책, 혹은 동료 교수의 저작을 발견하는 것만큼 마음 쓰린 풍경은 없다.

별로 주요 연구자와 업적들은 손에 잡힐 듯했고, 인용도 그들 사이에서 주로 이뤄졌다. 물론, 선행 연구 검토와 비판은 학문발전의 필수요건일 터이다. 그렇다고 시선이 폐쇄적이거나 인용하는 업적들이 제한적일 필요는 없다. 그 폐쇄회로에서 생산되는 담론엔 해석의 차이가 드러났을 뿐 이론과 방법론의 차이는 별로 발견되지 않았다. 이론과 방법론 결핍, 사학이 앓고 있는 병증을 초보자가 감히 진단하라면 이것을 들고 싶다. 국문학도 그렇지만, 사학 역시 연구자의 '시선'이 곧 방법론이었다.[4] 그래서 담론의 폐쇄성이 초래되고, 연구의 논리구조가 엇비슷해진다. 사건이 전개된 본말의 스토리, 사료를 통한 입증절차, 그리고 조금 색다른 결론, 이 삼박자 리듬이 사학논문의 보편 구조라는 말이다. 다만 깊이가 다를 뿐이다.

아무튼 인문학자들도 내면의 허무를 느낄지 모르겠지만, 필자를 조선사로 안내한 것은 허무였다. 흘러가버릴 사랑을 사랑하는 것이 허무해졌기에 흘러가지 않을 대상을 찾아 나섰던 것이다. 역사는 이미 흘러가버린 것이기에 그곳에 머물러 있다. 더욱이 그곳은 나의 유래, 한국사회의 기원을 간직한 곳이다. '흘러가는 나'의 존재의 유래가 머물러 있는 곳, 그것이 나에게는 역사였다. 마침 한국사회를 관찰하고 분해하는 데에 애용했던 서양지식들이 언제부턴가 버석버석 소리를 내는 것을 애써 참고 있던 터였다. 로크, 루소, 헤

4 과문한 탓이지만, 여기에서 벗어난 연구자들이 있기는 하다. 조심스럽게 지적하자면, 국문학계의 조동일, 국사학계의 한우근, 한영우, 이태진, 김용섭 교수가 그들일 터이다. 조동일 교수의 작업은 국문학을 유교문화권이라는 더 넓은 맥락에 비춰 비교사적 의미를 캐고 있다. 사학계에는 시선의 강렬함과 해석의 깊이를 우선 지적해두겠다. 사학계에서는 그 풍성한 연구업적들을 방법론적으로 조명하는 논문이 나올 법한데, 조선시대 역사학방법론을 다룬 한우근과 한영우의 저작 외에 별다른 논고가 보이지 않는 것은 아쉽다. 시각과 입장의 차이는 구별이 되는데, 그것이 이론과 방법론적 논의로 진전되지 않는다. 한우근, 『朝鮮時代思想史硏究論考』, 일조각, 1996. 한영우, 『조선후기사학사연구』, 일지사, 1989 ; 『한국민족주의역사학』, 일조각, 1993.

겔, 마르크스, 베버, 뒤르켐 등 고전사회학자들이 우리에게 말해주고 있는 바가 고갈되고 있다는 느낌, 내가 몸담고 있는 현실과 역사적 진화경로가 국가, 시민사회, 정치사회로 쪼개는 명료한 분석틀로는 결코 설명되지 않는다는 궁핍감, 서양에서 쏟아내는 최신 연구들을 자주 퍼 날라야 한다는 자괴감, 조선의 근대가 서양 근대의 시선으론 결코 잡히지 않는다는 낭패감이 외출을 종용했다. 그것은 위험한 모험이 될 터였다. 자격증도 문제려니와, 저 높은 자존심의 아성에 진입한다는 것 자체가 무모한 욕심일 터였다. 그러나 결국 실패하면 돌아오면 된다는 편한 심정으로 문을 두드렸다. 사실은 백 년 전 조선에서 무슨 일이 일어났는가를 살펴보지 않고는 한국의 현실, 특히 이념적 혼란이 지속되는 현실, 시민들이 딛고 설 공통적 가치의 영역이 이렇게 협소해진 핍박한 현실을 설명할 도리가 없어서였다. 사회학자의 조선여행은 그렇게 시작됐다. 마치 영국의 지리학자 비숍 여사가 계획 없이 조선에 입국했다가 인상적인 여행기를 남겼던 것처럼, 필자도 사명감 같은 것은 지참하지 않은 채 백 년 전으로 돌아가 사회학적 여행기를 그냥 쓰고 싶었던 거다. 개화기에 왜 지배이념은 그렇게 허무하게 무너졌는가? 무너진 그 자리에 어떤 것들이 착근했는가? 도대체 근대의 징후를 찾아 헤매던 역사학자들은 그것을 찾아냈는가, 그렇다면 그 근대성이 지금 내가 서 있는 현실과 맞닿아 있기는 한 건가? 뭐 이런 질문들을 갖고 말이다.

2. 개화기 근대 탐방

사회과학자나 역사학자에게 근대는 항상 궁금한 신천지다. 한국의 현대사회를 결정짓는 무슨 일인가가 그때 일어났고, 나의 조부의 조부가 근세로부터 걸어 나와 당시 사람들에게는 당황스럽기 그지없는 변화에 휩쓸렸을 것이다. 그것이 무엇인가를 엿보려고 하는 순진한 호기심은 개화기 근대에 관한 수많은 연구들에 의해 그만 낭패감으로 변하고 만다. 사료와 사실로 무장한 선수들이 각 영역별, 주제별로 진을 치고 있기 때문이다. 각양각색의 물건을 파는 노점상들이 가득 찬 장시와 같다고 할까. 장을 돌아다니며 기웃거리고 먹고 마시고 물건을 흥정하는 것은 즐거운데, 파시 후에 찾아오는 막막함을 감당하기가 어렵다. 온갖 물산이 집하되는 저 장시의 특징을 뭐라 딱히 꼬집어 말할 수 없고, 예를 들어 왜 어물전, 건어전은 없는 것인지, 다른 장시에 비해 가격이 싼지 비싼지를 누가 말해주지도 않는다.

사학자들에게는 조금 불쾌한 말이겠지만, 한말 개화기 한국사회의 모습을 생생하게 보여주는 것은 오히려 선교사들의 여행기, 여러 목적으로 조선에 온 외국인들의 개략적 소개서들이다.[5] '은둔의 나라', '조용한 아침의 나라', '금단의 나라'로 묘사됐던 조선은 이들에게는 높은 문명을 간직한 채 늙어가는, 앞으로 닥칠 어두운 운명을 전혀 눈치 채지 못한 채 단단한 전통의 껍질 속에 안주해 있는 미몽의 나라였다. 한양에서 부산까지 여행한 프랑스 민속학자 샤를르 바라Charles Varat는 덤불이 무성한 산길을 헤치고 논과 밭을 지나 남하했다. 가는 길에 호랑이 은신처를 발견했고 큰 목칼을 쓰고 호송되는 죄인의 행렬을 목격했다. 스웨덴 기자 아손은 1898년 독립협회 군중대회가 열렸던 당시 남대문 성곽에 걸린 아이들의 시체더미를 목격해야 했다. 천연두로 죽은 시체였는데, 한양 도성인들은 그곳에 걸어놓으면 마마귀신이 길을 잃고 다른 곳으로 가버린다고 믿었다는 것이다. 비숍은 남한강 유역을 탐사하는 데에 드는 비용을 엽전으로 바꿀 수도 없었다. 배가 엽전 무게로 가라앉

5 최근 김학준이 이 개설서들을 검토하여 조선에 대한 외국인들의 시선이 어떠했는지를 정리했다. 김학준, 『서양인들이 관찰한 후기 조선』, 서강대학교 출판부, 2010.

을 위험이 있었다.[6] 이런 풍경들은 사회학자로 하여금 많은 질문들을 유발하게 한다. 도대체 한말 조선에는 육운陸運체계가 어떠했는가? 곡물과 주요 상품 유통수단은 보부상 외에 다른 방법은 없었는가? 그렇다면, 조선 후기 도시 형성은 어떻게 가능했는가? 당시 정치 행정 경제의 중심인 한양에는 개화된 사람과 주술신앙에 젖은 사람들이 섞여 있었다는 뜻인데, 유교, 불교, 도교, 천주교, 기독교가 뒤섞인 사회에서 일반 서민들의 정신세계를 지배했던 것은 무엇이었나? 전염병과 재앙이 닥칠 때 주로 주술신앙에 매달렸던 조선인은 문명개화의 물결을 어떻게 감당했는가? 민중사학의 성전聖戰인 동학농민전쟁, 서울로 진격했던 동학군이 가슴에 붙였던 부적 '弓弓乙乙'은 '근대적 민중'의 상징인가 아닌가?[7] 비숍의 지적처럼, 근대적 경제의 상징인 화폐가 대량 유통되었고, 지방 장시에서 은과 바꿀 수 있었다면 한말 조선경제는 근대적이었는가 아닌가? 질문이 꼬리를 문다.

근대국가의 외양을 착실히 갖춰갔던 대한제국에 대한 평가도 고종의 개혁정치의 성격을 둘러싸고 긍정과 부정이 엇갈린다. 근대성의 기원에 합당하다는 입장과 아니라는 입장은 열띤 논쟁을 거치고도 아직 정리되지 않은 가설로 남아 있다.[8] 필자가 이 논쟁에 뛰어들 능력은 없지만, 의문은 제기할 수 있다. 예를 들어, 비숍은 남한강변 어느 고을에서 거의 쓰러져 가는 남루한

---

6 샤를 루이 바라 · 샤이에 롱 지음, 성귀수 옮김, 『조선기행』, 눈빛, 2001. 아손 그렙스트 지음, 김상열 옮김, 『스웨덴 기자 아손, 100년 전 한국을 걷다』, 책과함께, 2005. 매티 윌콕스 노블 지음, 강선미 · 이양준 옮김, 『노블 일지 1892-1934』, 이마고, 2010. 이사벨라 버드 비숍 지음, 이인화 옮김, 『한국과 그 이웃나라들』, 살림, 1994.

7 한우근, 『동학란기인에 관한 연구』, 서울대학교출판부, 1971 ; 『조선시대사상사연구논고』, 1996. 조경달, 『민중과 유토피아』, 역사비평사, 2009 ; 『이단의 민중반란』, 역사비평사, 2008.

8 교수신문에서 진행된 이 논쟁에는 11인이 참여했고 그 결과가 책으로 출간됐다. 이태진, 김재호 외, 『고종황제 역사청문회』, 푸른역사, 2005. 이에 대한 개괄적 검토는 허동현, 「대한제국 고종황제의 통치철학」; 백승종 외, 『조선의 통치철학』, 푸른역사, 2010 참조.

관아를 방문한 적이 있는데, 여기 관리들은 이 낯선 이방인에게 통행세를 받고 싶어 안달이었다. 통행 허락 여부가 지방관의 자의적 권한에 달려 있었고, 그 관료적 검열권한을 이용해 뇌물을 받고 싶어 했던 것이다. 고종의 개혁정치는 이런 지방 관아에도 그 여파가 미쳤을까? 근대국가 건설을 위한 피나는 노력이 전국의 행정체계에 스며들었을까? 대한제국에 관한 연구들은 대체로 중앙정치와 한양 중심의 변화에 시선을 집중시켜 근대성의 발화를 입증하려는 경향이 있는데,[9] 필자로서는 지방의 상황, 지방민의 처지와 인식이 그 개혁에 영향을 받고 있었는지가 더 궁금하다.

선교사로 조선에 입국했던 언더우드 부부는 1888년 북부지방으로 신혼여행을 떠났다. 천신만고 끝에 도착한 평안도 어느 마을에서 도적떼를 만나 혼쭐이 났다.[10] 마을 한복판에서 그들 일행을 둘러싸고 위협을 가하는 군도群盜들이 무서워 주민들도 공포에 떨었다. 언더우드는 소지한 권총을 발사해 군도를 잠시 물리쳤으며, 군도 우두머리와 모종의 협상을 한 끝에 관아가 있는 인근 마을로 밤새 피신할 수 있었다. 제물포에서는 청군과 일군이 세력과시를 했던 때였으며, 개항장을 통해 양물이 쏟아져 들어왔던 때이고, 갑오개혁이 진행되기 직전의 시기, 말하자면 서울을 중심으로 전국에 문명개화가 화두였던 시절이었다. 언더우드 부부의 신혼여행은 북부지역에 교회거점을 구축하고 독실한 신자들을 찾아 책임자로 임명하려는 선교 활동이 목적이었다. 언더우드 부부는 기독교신자들의 신원과 지역정보를 미리 접했을 것이지만, 그가 방문한 마을에는 예외 없이 독실한 기독교 교인들이 넘쳐났다. 평

9 이태진, 『고종시대의 재조명』, 태학사, 2000. 한영우 외, 『대한제국은 근대국가인가』, 푸른역사, 2006. 이태진은 고종의 암약설이 광무개혁의 진가를 제대로 파악하지 못한 소치라고 비판하고, 대한제국의 도시계획과 산업정책을 근대국가의 기반을 만들고자 했던 개혁정책으로 규정한다. 한영우의 시각도 대한제국을 근대국가로 규정한다는 점에서 궤를 같이한다.

10 릴리어스 호톤 언더우드 지음, 김철 옮김, 『조선견문록』, 이숲, 2008.

안도와 황해도 산간벽지에서 언더우드 부부 일행은 '하늘 신'이 아닌 '새로운 신'을 믿고자 하는 열렬한 신도들과 마주쳤다. 상층계급은 물론 농민, 노동자, 상인, 부랑자에 이르기까지 상하 신분의 사람들이 기독교로 전향하는 것을 감격스럽게 바라봤던 것이다. 불과 10여 년 전에는 6대 천주교 교구장이었던 리델 주교가 서울의 감옥에 갇힌 채 잔인한 고문으로 죽어가는 천주교도에게 성은의 축복을 내렸던 그런 조선이었다. 리델 주교는 이름도 모르는 수많은 하층민들이 서양의 낯선 종교에 귀의하며 스스로 순교의 길을 택하는 것을 경이로운 눈으로 바라보았다.[11] 공자의 나라에서 그것은 가히 기적과 같은 일이었다. 그때 향촌에는 농민들에게 유토피아 의식을 심어주었던 동학이 전파되었으며, 급기야 그것은 유교를 대체한 서민종교로 농민층에 급속히 파고들었다. 개혁바람이 몰아치는 중앙정치와 쇠락일로에 있던 지방관아, 문명개화와 접속한 도시와 중세질서에 여전히 파묻힌 향촌, 동학도와 천주교도, 성리학적 우주관과 수많은 잡신雜神, 외국인들이 진출한 개항장과 여전히 호환虎患과 괴질에 시달리는 벽촌마을, 이런 '비동시적인 것들의 동시성'이 개화기의 맨 얼굴일 터이다.

그런데 개화기 연구들에서 이런 맨 얼굴을, 개화기의 총체적 그림을 보여주는 연구는 드물다는 것을 조심스럽게 지적해둬야겠다. 역사학 내부에서도 세분화된 전공영역과 특정 주제에 매달리는 소재주의가 이런 경향을 낳았을 터이고, 앞에서도 지적한바 오직 사료로 말한다는 역사학계의 준엄한 내규가 조각 그림이라도 정밀하게 보이겠다는 소박한 태도로 귀결되었을 것이다. 그 결과는 소재별로 분절된 논문들, 주제별로 구획된 연구들, 그리고 영역 간 담론과 소통의 결핍이다. 경제사는 사회사를, 사회사는 정치사를, 정치사는

11 펠릭스 클레르 리델 지음, 유소연 옮김, 『나의 서울 감옥생활 1878』, 살림, 2008.

문화사를 외면한 채, 오직 한 단면의 진화과정을 추적하는 것, 때로는 그 소재의 분석에서 얻은 작은 추론을 연장해 개화기 전체를 채색하는 모습이 개화기 연구의 지배적 경향이다. 통사가 필요하다는 것이 아니라, 개화기 변동을 설명하는 거시 명제와 변인들의 정립, 각 분야의 연구를 가로지르는 인과분석이 아쉽다는 말인데, 그런 유형의 연구는 잘 찾아볼 수 없었다. 동학, 위정척사, 개화담론이 엇갈리는 가운데 농민은 수취체제의 문란과 수령 이서집단의 가렴주구로 황폐화된다. 유랑민, 화적이 들끓고, 하층민과 노비가 도시로 이주해 고공雇工이 된다. 신분질서는 거의 붕괴된 것으로 묘사되고, 일·청·러의 각축전, 파벌 간 권력투쟁이 조선의 쇠락을 재촉한다. 이런 파국적 상황을 배경에 깔고 나서 연구자들은 역사발전의 동력을 건져내야 한다는 비장한 사명감에 사로잡힌다. 그래서 동학 연구자들은 개화기를 동학란과 농민전쟁으로 일관하고, 개화당연구는 그 시대를 문명개화를 논하는 지식인담론과 사회운동으로 가득 채운다. 민란과 동학에서 민중운동이, 개화담론에서 민족주의가, 독립협회로부터 자유주의가, 대한제국에서 근대화 개혁이 발화되어 20세기 근대의 문을 각각 열어젖히는 것처럼 보인다. 체계적 역사연구에는 계통系統과 회통會統이 중요하다는 신채호의 가르침을 씨줄과 날줄 삼아 명제를 이끌어내는 연구자들은 별로 없다. 미시적 연구와 목적론적 연구가 개화기 근대에 관한 한국사학의 연구경향을 특징짓는 두 개의 조류다. 그것도 이론과 방법론이 잘 보이지 않는다. 사료의 풍부함과 해석의 깊이, 연구자의 시선과 입장이 문제시될 뿐이다.

3. 근대사 연구의 두 가지 경향

한국근대사 연구에서 발견되는 두 가지 연구경향—미시사적 연구와 목적론적 연구—에 대해 간략히 검토해보자.

연구자들은 역사라는 광산에 작은 구멍을 뚫고 조금씩 지층을 탐사해 간다. 그 결과 역사학자들은 '부분적 이해'에 도달할 뿐 종합적 그림을 제시하지 못하거나 아예 그런 것은 역사학자들에겐 불가능하다는 체념에 빠진다. 예를 들어, '농업의 상업화commercialization of agriculture'를 서양의 근대혁명을 설명하는 공통요인으로 설정한 베링턴 무어의 연구 같은 것을 한국근대사에서는 전혀 찾아볼 수 없다.[12] 개화기를 수놓았던 그 변혁의 소재들을 꿰고 있는 공통적인 독립변인은 무엇인지, 각각의 사건들이 외국의 사례와 비교해서 '근대의 도래'에 어떤 상대적 의미를 갖는지를 비교분석하는 시각과 질문은 잘 보이지 않는다. 갑오개혁이 근대국가 만들기에 실패했다면, 당시 조선의 갑오내각은 일본의 메이지정부, 중국의 신해혁명과 어떤 차이가 있는가? 동학은 일반 농민들의 사고방식에 어떤 충격을 가했는가, 또는 다른 나라에서 발생한 농민전쟁과는 어떻게 다르고 같은가? 국사학과 국문학을 가로지르는 질문들, 예를 들면 민란과 동학은 국문가사에 어떤 충격을 몰고 왔으며, 시점의 변환, 소설구조의 변화에 어떤 영향을 주었는가와 같은 질문도 별로 없다. 그것은 역사학자들이 소재주의에 포획되어 한 걸음도 밖으로 나오기를 꺼리고 있다는 뜻이다. 미시사는 사료 해독과 사료에 대해 말걸기로부터 시작한다. 연구대상을 독자적 개체로 인식하여 그 내면으로부터 이해하는 문헌중심적 접근방식은 미시사가들이 중시하는 공통적 태도로서 한편으로는 문서숭배벽을 초래했으며, 다른 한편으로는 사건사 위주 내지 소재중심적 연구경향을 낳았다. 이는 시대에 대한 총체적 재구성물로서의 역사를 '조각난 역사'로 만들어버릴 우려가 있다. 이런 폐단을 일찍이 인식한 마르크 블

12 Barrington Moore, *Social Origin of Dictatorship and Democracy*, Boston: Beacon Press, 1966.

로크처럼, 중세 유럽사회와 민중적 삶의 총체적 양상을 종합적으로 구현해내는 거시사적 연구를 적극적으로 시도해야할 때가 되었다고 생각한다.[13]

둘째는 목적론적 연구경향이다. 목적론적 연구는 '사료가 말하는 것'을 연구자의 말과 의도로 정렬하는 태도다. 사료는 연구자의 의도에 의해 변형되고 재해석된다. 오늘의 관점, 연구자의 입장으로 과거를 채색하고 해석하는 이런 태도는 의도적 오류를 낳을 위험이 많은데,[14] 특히 역사가들이 심혈을 기울여 왔던 '근대만들기making of the modern'와 관련된 여러 가지 연구들이 공통적으로 내포하고 있는 문제이다. 조선 후기, 근대近代를 알리는 어떤 변화의 조짐兆朕들을 찾아내서 근대의 맹아로 정립하고 그것에서 일련의 연속적 발전궤적을 추적하는 태도는 곧 근대성 연구가 보였던 공통점이었다. 그런 연구 열정이 농업사, 상업사, 정치사 분야에서 더러는 한국의 근대를 정립하는 데에 귀중한 결실을 맺기도 했다.[15] 그러나 많은 연구들은 '근대만들기'에서 아직 형성과정에 있는 인민집단을 특정 목적에 기여하는 특정한 성격의 집단으로 규정하는 우愚를 범했던 것도 사실이다. 개화기 민족주의 연구가 대표적이다.

민족주의 연구에서 인민집단 속에 잠재된 다양한 형태의 정체성들, 예를

---

13 마르크 블로크 지음, 한정숙 옮김, 『봉건사회』, 한길사, 2001.

14 역사가들에게 새로운 인식지평을 열어주었던 코젤렉(Koselleck)의 개념사 연구에서 이런 의도적 오류를 피할 수 있는 많은 시사점을 얻을 수 있을 것이다. 개념사는 특정 언명과 개념의 의미구조가 사회적 변화와 함께 어떻게 질적 변화를 일으켰는지를 추적하고 양자의 관계로부터 의미론적, 실천적 함의를 해석하고자 한다. 이 각각의 의미변화 속에는 개념의 실천적 함의가 내포되어 있는데, 개념사는 사회적 요인과 조응하여 변화해가는 실천적 의미변화의 궤적을 추적하고 해석하는 작업이다. 루치안 횔셔 지음, 김성호 옮김, 「개념사의 개념과 '역사적 기본개념'」, 박근갑, 「말안장 시대의 운동개념」, 박근갑 외, 『개념사의 지평과 전망』, 소화, 2009.

15 농업사 분야에서 김용섭의 경영형 부농 개념, 상업사 분야에서 강만길의 보부상과 도고, 객주 연구, 정치사 분야에서 이태진과 한영우의 고종시대 및 대한제국 연구, 유영익의 동학농민봉기와 갑오경장 연구, 외교사 분야에서 김용구의 만국공법 연구를 꼽을 수 있겠다.

들면, 여성, 하층민, 자작농, 유생과 몰락양반, 중인층과 향임층, 수공업자, 천민, 개화론자들, 관변층, 지식인 등의 여러 집단들이 만들어내는 사회적 위치와 이미지, 그리고 미래비전들은 모두 민족이라는 거대담론 속에 수용되거나 다른 위치를 부여받아야 했다.[16] 민족은 모든 사회적 변동을 지휘하는 최고의 명제였으며 사령부였다. 그러므로 인민의 실제적 처지와 형편이 어떠했는가를 불문하고, 근대적 의미의 민족과 민족국가에 걸맞은 모양과 색채의 의상을 걸쳐야 했던 것이다.[17]

해석의 이런 위험은 19세기 초기 이래 한말 개화기의 사상사적 조류를 민족주의의 발전사로 정립하려는 일련의 연구에서 나타난다. 열강의 침탈에 맞서는 최대의 무기로서 민족주의는 민족국가를 태동시켰고, 민족국가는 민족을 필요로 했다.[18] 민족주의는 제국을 건설하는 강대국의 이념이자 제국에 맞서는 약소국의 방패이기도 했다. 민족주의의 단편적 시도와 흔적들을 꿰매 하나의 거대한 흐름을 구성하는 노력은 시대적 요청에 부합하기는 하나,

16 이 점과 관련하여 식민지 근대성의 이해방식을 논의하고 있는 신기욱의 연구가 참고할 만하다. 신기욱 · 마이클 로빈슨 엮음, 도면회 옮김, 『한국의 식민지 근대성』, 삼인, 2006. 또한, 일본식민지의 문제와 해방 이후 식민지성에 관한 이해방식에 관해서는 역사문제연구소 편, 『한국의 근대와 근대성 비판』, 역사비평사, 1996을 참조.

17 신채호 역시 이런 관점에서 조명될 수 있겠다. 일제의 국권 침탈 앞에서 민족의 발견과 민족공동체의 구축은 절대절명의 과제였고, 그런 관점에서 중국 사료들을 재해석하고 이두의 발음과 의미의 변형과정을 추적하여 민족의 기원을 정립한 것은 커다란 공적이었다. 그러나 민족의 발견과 민족주의의 구축과정이 그것의 투쟁대상이었던 일본 근대의 作史논리와 많은 측면에서 동형이라는 뜻밖의 딜레마에 부딪혔다. 만년에 그가 무정부주의에 귀의하게 된 것도 이런 모순과 무관하지 않을 것이다. 단재 신채호 선생 기념사업회, 『단재 신채호의 민족사관』, 1980. 국문학사도 이와 비슷한 딜레마를 안고 있다. 한문학/국문학의 대립구도를 기반으로 한문으로 작성된 모든 작품을 국문학에서 축출해버린 끔찍한 결과가 정설로 받아들여진 것도 민족주의적 국문학사 만들기의 일환이었다고 강명관은 지적한다. 강명관, 『국문학과 민족 그리고 근대』, 소명출판사, 2007. 이런 반성은 조동일에 의해 일찍이 제기되어 한문학과 국문학을 총괄한 『한국문학통사』가 체계화되기에 이르렀다. 조동일, 『하나이면서 여럿인 동아시아문학』, 지식산업사, 1999와 『공동어문학과 민족어문학』, 지식산업사, 1999.

18 박찬승, 『민족, 민족주의』, 소화, 2010. 신용하, 『한국근대사회사상사연구』, 일지사, 1987.

19세기의 사상, 사회운동, 농민전쟁, 저항운동이 모두 민족이라는 하나의 초점을 향해 진화했는지, 그 '텅 빈 기표'를 채우는 데에 기여했는지는 모를 일이다. 여기서 주목할 점은 민족 개념과 그것의 질료가 되는 인민집단과의 상호관계다. 인민집단은 민족이라는 개념을 인지하고 있었는가. 민족 개념이 1900~1910년에 비로소 나타나기 시작하였다면, 그와 동의어로 쓰였던 그 이전의 언어들이 과연 존재했는지, 만약 그렇다면 인민집단이 어떻게 인지했고 그들의 행위양식에 어떤 영향을 미쳤는지를 검토해야 한다.[19]

그렇기에 독일 역사학자 벨러Wehler가 어니스트 겔너Gellner의 표현을 인용하여 민족이 민족주의를 만들어낸 것이 아니라 민족주의가 민족을 발견했다고 단언한 것은 정곡을 찌른다. 민족주의는 민족을 발견하기 위해 초청된 '고안된 질서gedachte ordnung'다.[20] 이런 논리에 기대면, 개화기 인민이 새로운 정체로 분화, 발전해 가는 과정과 양식을 민족과 근대의 공식에 대입하려는 연구들은 연구자가 마음속에 그리는 진보의 지점을 향해 허구적으로 정렬하고 있다고 해도 과언이 아니다. 그 연구들이 그려내는 인민의 이미지는 목적론적 역사관에 의해 채색될 우려가 많고, 따라서 '과거의 현재'로서의 인민의 상태, 처지, 사고방식, 행동양식이 아닐 수 있다는 점을 경계해야 한다.

---

19 근대사가 민족의 역사로 채워졌고 채색되었다는 사실은 비단 한국만이 아니다. 중국사에서 민족담론이 근대를 장식하고 심지어는 왜곡했다는 점을 두아라(Duara)는 '서사의 정치학(politics of narratives)' 개념을 들어 설명한다. 프라센지트 두아라 지음, 문명기·손승희 옮김, 『민족으로부터 역사를 구출하기 : 근대중국의 새로운 해석』, 삼인, 2004. 독일의 게르만 민족주의가 작동하는 방식도 이와 동일하다. 독일의 역사가들은 종족적 민족주의(ethnic nationalism)를 정립하기 위해 게르만족의 이동경로와 언어, 삶의 흔적을 찾아 로마를 거쳐 북아프리카까지 고고학적 탐색여행을 감행했다.

20 한스 울리히 벨러 지음, 이용일 옮김, 『허구의 민족주의』, 푸른 역사, 2007.

4. 개화기 인민과 근대

기왕에 인민에 대한 얘기가 나왔으니, '인민과 근대'의 문제를 간략히 논의해 보려 한다. 조선의 근대와 근대성에 관한 논의는 '내재적 발전론', '수탈론', '식민지 근대화론', '식민지 근대성'으로 구분된다. 각 입론의 장단점에 관해서는 이미 사학계에서 어느 정도 정리된 바이므로 재론할 필요는 없을 것이지만, 국가로부터 사회가 분리되고, 사회로부터 개인이 독립하는 분화과정을 근대의 징후라고 한다면, 위 네 가지 중 '인민의 분화'를 중심테마로 설정하는 이론은 잘 발견되지 않는다. 인민의 분화가 근세近世의 진화, 근대近代의 도래와 불가분의 관계를 갖고 있음에도 말이다. 호적과 토지대장 분석을 토대로 신분질서와 직역체계의 변동을 밝힌 일부 연구들, 상공업과 수공업의 발전에 관한 경제사적 연구, 신분제도 폐지 및 갑오개혁에 관한 정치사적 연구 등이 이 문제에 유용한 실마리를 제공하기는 한다.[21] 하지만 신분과 직역에서 일부 자유로워진 개인들의 의식과 행동이 어떻게 변화했는지, 그것이 질적으로 전혀 새로운 사회적 관계를 만들어내고 있었는지, 그래서 근대라고 할 만한 공간을 형성해갔는지에 대한 논의로 잘 연장되지는 않는다.

인민의 분화는 동서양을 막론하고 근대적 사회변동을 가름하는 공통지표이다. 이 공통 척도를 조선 역사에 무작정 적용하려는 것이 아니다. 인민에

---

21 조선후기의 사회변화상을 종합적으로 검토하는 글로 이태진, 「조선 후기 양반사회의 변화」, 『한국사회사연구 : 농업기술발달과 사회변동』, 지식산업사, 증보판, 2008을 참조하면 좋다. 신분직역제의 동요에 관해 참고할 만한 대표적인 것으로는, 김용섭, 「朝鮮後期에 있어서의 身分制의 動搖와 농지소유」, 『朝鮮後期 農業史硏究』, 일조각 1976 ; 정석종, 『朝鮮後期社會變動硏究』, 일조각, 1983 ; 이준구, 『朝鮮後期身分職役변동연구』, 일조각, 1992 ; 김준형, 『조선후기 丹城士族層연구』, 아세아문화사, 2000 등이 있다.

대한 통치체계가 조선만큼 단단했던 국가를 찾아보기 어렵다고 한다면,[22] 그것이 느슨해지는 시기와 요인에 대한 연구가 일차적 과제라는 말이다. 통치체계의 이완 또는 붕괴를 틈타 인민들이 새로운 지평으로 걸어 나왔고 그것이 이전과는 전혀 이질적인 시간대의 시작을 의미하기 때문이다. '군주의 권력은 민에 기초한다'는 민유방본民惟邦本 이념은 위민과 애민을 내세워 통치의 합리성과 군주의 도덕성을 정당화하는 인민 결박의 통치이데올로기였다. 애민愛民과 외민畏民, 천심天心과 천도天道라는 이 근사한 수사修辭에도 불구하고 인민은 한 번도 권력과 통치의 주체가 되어 본 적이 없었다. 조선의 역사는 군주와 사대부로 구성된 지배집단의 역사였으며, 인민은 그 통치 권력에 의해 피조되는 대상, 또는 통치 권력을 정당화할 때 필요한 객체에 지나지 않았다. 인민이 통치의 객체라는 점은 유교문화권 일반과 유럽 봉건사회에서도 마찬가지였지만, '인민을 근본으로 삼아' 인민 위에 군림하는 유교정치의 강도와 심도는 조선을 따라갈 나라가 없었다.

조선시대를 일관하여 인민은 몇 겹의 감시와 통제망에 포박되어 있었다. 간혹 노비가 도망가는 일이 발생해도 주인들은 각 지역을 넘어 형성된 재지사족 간, 관료 간 네트워크를 통해 추적해서 잡아오기가 그리 어렵지 않았다. 영조시대 하급 무관이었던 노상추의 집에서 가노家奴 도주사건이 발생했지만 그는 자신이 구축했던 관료네트워크를 통해 곧 체포할 수 있었다.[23] 그런데 통치 권력을 강화하는 지배계급의 지속적 노력에도 불구하고 유교정치의 효율성을 저하시키는 인민의 이탈과 저항은 꾸준히 진행되었다. 양란을 전후해 재지사족들은 양반중심의 향회를 만들어 수령권을 견제하면서 독자적인 향촌통제력을 강화했고, 향교의 재건과 서원설립을 통해 민에 대한 교화

22 이는 세계국가들과 비교사적 연구의 대상일 것이다.
23 국사편찬위원회, 『노상추일기』.

기능을 높이고자 노력했는데, 유교정치의 통치기반을 허무는 내적 변화가 서서히 때로는 급격하게 발생하는 것을 막지는 못했다. 농업생산력의 발전, 장시 형성, 신분제의 이완, 상공업의 발달 등 내적 변동의 요인들이 제공하는 예기치 못했던 길을 따라 인민들은 서서히 유교정치의 바깥으로 걸어 나오고자 했던 것이다. 17세기 중반 이후 개화기에 이르는 두 세기 동안 개인적으로나 집단적으로 인민의 성장과 이탈이 점진적으로 일어났는데, 인민의 이탈이 외세의 침략과 정치적 개입이라는 외적 변동요인과 맞닥뜨렸던 것이 19세기 후반의 개화기였다. 서구 열강이 중국을 거쳐 조선진출을 꾀했던 그 순간 조선 내부에서는 봉건적 통치에 불만과 분노를 표출했던 인민들은 산발적으로 혹은 집단적으로 지배계급이 오랫동안 독점했던 역사의 문을 두드렸다. 18세기까지는 존재하지 않았던 전혀 새로운 두 개의 세력, 서구열강이라는 외부 세력과 집단적 내지 산발적 저항인민이라는 내부 세력이 조선의 역사에 개입한 것이 개화기의 본질이다. '통치의 객체로서의 인민' 이라는 관점에서 보자면, 그것은 근세가 저물고 새로운 시간대가 열린다는 뜻이다.

이 시간대에 등장한 인민은 조선 초기 정도전이 얘기하듯 '어둡고 우매하여 취할 것과 버릴 것을 알지 못하고, …… 도道에 사邪와 정正이 있음을 알지 못하는' 그런 인민이 아니었으며, 그 모습도 천차만별이었다. 여전히 봉건제적 질서에 갇혀 신분적 역할과 직역을 충실히 수행하는 수동적 민民이 다수였던 것은 틀림없으나, 기존의 통치기구로는 도저히 통제할 수 없는 인민들이 태어났다. 가령 1898년 만민공동회에 모인 군중, 새로운 인민의 모습은 이러했다.

> 올 사람이 다 온 듯하자 은빛 수염을 바람에 휘날리면서 노인장 한 분이 연단에 올라 연설을 시작했다. …… 그동안 청중들은 좋다 싫다 한마디 말도 없이 그의 연

설을 숨죽여 들었다. …… 세 번째 연설이 끝나고는 토의가 시작됐다. 한 사람씩 차례로 일어나서 자기 의견을 발표했는데 거침없이 말하는 몸짓으로 미뤄보아 모두가 명 연설가인 듯싶었다. …… 결국 결의문이 채택되어 읽혀졌다. …… 결의문의 마지막 부분에서는 항의가 빗발쳤다. 한곳에 몰려앉아 있던 100여 명의 사람들이 일어서서 소리를 지르기 시작했다. 바로 이때 어디선가 어둠 속에서 일본경찰들이 나타나 이들 가운데 버티고 서서 싸움을 제지했다.[24]

만민공동회를 목격했던 외국인의 시선이다. 자신의 나라 스웨덴에서 흔히 목격했던 대중집회와 인민들이 조선에도 나타나고 있음을 알려주기에 충분하다. 종래의 질서를 거부하고 새로운 질서를 요구하는 인민대중, 그러나 그 질서가 무엇인지에 대해서는 뚜렷한 세계관을 아직 형성하지 못한 인민대중이 태어났던 것이다. 이 인민대중이 무엇을 겨냥하고 무엇을 지향하고 있는지를 같은 시기 조선을 관찰했던 비숍 여사도 잘 알지 못했다.

나는 서울을 밤낮으로 조사하면서 그 왕궁과 빈민가를, 빛바래 가는 왕조의 광휘와 필설로 형용할 수 없는 궁핍한 삶을 보았다. 나는 또 목적 없이 빈둥거리는 군중들과 그들의 중세적 행렬을 보았다. 나는 서울의 군중들에서 오랑캐문화를 받아들이지 않으려는 완강한 행렬, 이제 막 태동하고 있는 중세를 해체시키려는 세력들의 면전에 좁은 길을 가득 메우고, 그들의 예법과 관습과 중세적인 군주국의 수도로서의 정체성을 지키려는 안타까운 몸부림을 하고 있는 행렬을 본 것이다. 고백하건대 나는 그 행렬의 진가를 깨닫기까지 1년이 걸렸다.[25]

중세적 행렬에서 묻어나는 근대의 서곡을 막 입국한 외국인이 어찌 감지할 수 있으랴만, 그것을 날카롭게 인지했던 지식인들도 당시 조선에서는 드물었

24 아손 그렙스트, 위의 책, 242~243쪽.
25 이사벨라 버드 비숍, 위의 책, 49쪽.

다는 점에서 비숍 여사의 이런 고백은 오히려 마음에 와 닿는다. 그 행렬의 진가는 무엇일까? 그 행렬을 이룬 새로운 인민대중은 어떤 사람들이었을까? 그 인민의 탄생은 어떻게 가능했을까?[26] 그 인민은 지배계급의 이념에 순종하고 통치 질서에 안주하던 그런 인민이 아니었다. 생활 깊숙이 스며든 유교적 가치관과 생활양식을 그대로 갖고 있으면서도 유교적 통치이념과 국가권력이 이미 쇠락했으며 그 효율성이 소진했다는 점을 인식한 인민이었다. 그렇지 않고서는 1898년 서울 한복판에서 개최된 만민공동회와 같은 대규모 군중집회를 설명할 길이 없다. 분명 그 인민들은 구질서의 강화든, 새로운 체제의 도래든 뭔가 달라지지 않으면 자신의 운명에 암운暗雲이 닥쳐오리라는 불길한 예감을 공통적으로 갖고 있던 사람들이었다. 이들은 어떤 과정을 거쳐 여기까지 왔는가? 그 인민들은 근대의 징후인가 아닌가? '인민의 형성'을 어떻게 설명해야 하는가?

5. 조선의 통치체계와 인민의 형성

조선의 통치체계

인민을 포박했던 그 단단한 통치체계는 어떻게 이뤄져 있었는가? 조선사를 두루 돌아다니면서 필자가 궁금했던 질문이 이것인데, 영역별, 주제별 논문들은 작은 실마리 외에 시원한 답을 주지 않았다. 앞에서 얘기했듯이, 역사학자들은 이런 큰 질문을 제기하지 않는다. 그것은 어찌 보면 사회과학자의 몫이라고 해도 좋을 것이다. 감히 도식화한다면, 건국 초기부터 후기에 이르

26 이때에도 高宗을 위시한 조정대신의 對民의식은 여전히 '인민은 赤子'라는 초기적 개념에서 벗어나지 못하고 있었다. 김윤희, 「근대 국가구성원으로서의 인민개념 형성(1876~1894) : 民＝赤子와 『西遊見聞』의 인민」, 『역사문제연구』 21, 2009.

기까지 인민을 포박했던 조선의 통치체계는 종교(유교), 향촌지배, 교육이라는 '삼중 구조'로서 의례, 신분, 이념의 유지 및 재생산을 각각 담당했다고 할 수 있다. 조선의 인민은 이 삼중 구조의 틀 안에 단단히 묶여 있었다.

우선 조선의 공식 종교인 유교는 천도天道와 천리天理를 현실세계에 실현하는 것을 궁극적 목표로 설정했고 도덕정치를 통해 지배층과 피지배층의 합일을 지향했다는 점은 주지하는 바다. 군주—사대부—인민을 하나의 세계로 통합해주는 것이 우주의 원리, 즉 태극이라면, 이 궁극적 진리에 대한 국가차원의 예제禮制가 필요했다. 그래서 조선은 하늘신과 조상신을 숭배의 대상으로 설정했고 사직단과 종묘를 만들어 국가적 차원에서 의례규정과 절차를 도입하기에 이르렀다. 제천祭天과 제사祭祀로 구성된 의례체계에서 군주는 대사제, 사대부는 중사제, 그리고 일반 민호民戶의 가장은 소사제로 규정되었던 것이다. 『경국대전經國大典』의 예전에는 군주와 백성이 이행해야 할 제사의 종류와 절차, 격식에 대한 각종 규정이 빼곡히 적혀 있으며, 이 규정을 어겼을 때에는 엄한 처벌이 가해졌다.

도성민을 제외하고 대부분의 인민이 향촌에 거주하고 있었던 조선에서 향촌은 인민을 다스리는 통치의 기본단위다. 향촌의 인민들은 수령과 이서집단이 행사하는 관권官權과 재지사족이 행사하는 향권鄕權에 의해 수분공역守分公役의 역할을 수행했다. 관권과 향권은 견제와 공조의 관계를 반복하면서 촌락민의 가족생활, 사회적 관계 및 생산활동을 통제했는데, 촌락의 인민들이 관권과 향권이 짜놓은 신분과 직역의 의무로부터 벗어나기란 불가능했다. 노비를 제외하고 평민들에겐 거주 이전의 자유가 허용되기는 했지만, 새로운 정착지라고 해서 관권과 향권의 그물망이 없는 것은 아니었다. 두 개의 향촌 권력은 신분질서, 생산활동, 조세납부의 유지, 감독기능을 행사하면서 인민들의 정치적, 경제적, 사회적 역할을 지켜나가도록 감시했던 포괄적 권력이었던 셈이다.

교육은 의례와 신분질서의 정당성, 유교적 지배체제의 정당성을 재생산하고 유지 존속시키는 교화기제에 해당한다. 관학과 사학의 대립과 분화에도 불구하고 조선의 교육은 문자와 사상교육을 통해 인민들을 성리학적 이념체계로 편입시키는 데에 궁극적 목적이 있었다. 『소학小學』으로부터 시작해서 성리학의 주요 저술인 『사서오경四書五經』으로 나아가는 점진적 교과과정이 연령과 능력에 따라 인민들에게 부과되었는데, 각 단계별로 국가엘리트를 선발하는 과거제도가 중첩되어 있었다. 따라서 교육기구는 유교사상의 학습과 인재선발이라는 이중적 기능을 담당했다. 그런데 개화기에 명륜과 입신에 초점을 맞춘 성리학적 기본덕목을 벗어나 기초과학, 일반 역사, 영어학습으로 교과과정이 바뀌고 사상교육도 애국주의 원리와 같은 근대식 요소가 나타난 것은 이념기구로서의 교육의 유효성이 소진되고 새로운 이념이 필요해졌다는 것을 뜻한다.

종교, 향촌지배, 교육을 축으로 한 통치체제의 제도적 효율성이 소진했거나 통제의 정당성이 상실되자 인민의 '자발적 외출' 혹은 결박해제 상태가 표출되기 시작했다. 성리학이라는 '거룩한 천개'가 벗겨지고 유교적 질서가 와해됨에 따라 인민이 이완되는 양상이 점차 짙어졌던 것이 개화기의 모습이었다. 유교가 지향하는 이상과 현실에 메울 수 없는 틈이 생기자 유교적 의례의 집정관으로서 군주와 사대부, 재지사족의 종교적 권위는 심각하게 손상되기에 이르렀다. 향촌질서의 집행관적 권위와 지위도 타격을 입었으며, 유교적 통치질서의 재생산기제인 전통적 교육체계 역시 인민을 기존 질서에 가둬두지 못했다. 종교, 향촌질서, 교육이라는 재래의 통치기제가 붕괴되자 새로운 질서를 모색하는 일단의 군중들이 출현했던 것이다. 종래의 국가체제에 일대 변혁을 꾀하고 새로운 체제를 요구하였다는 점에서 그 인민들은 근대로 가는 문을 열고자 했던 것만은 틀림없다.

인민의 형성

개화기가 질적으로 새로운 시간대였고, 그것을 만든 주체가 '적자로서의 인민'이 아니라 주체적 개인이었다는 주장을 어떻게 증명할 수 있을까? 만민공동회 같은 군중집회가 어느 날 갑자기 가능한 것은 아니었을 터이다. 인민이 시민(people 혹은 citizen)으로 변신해야 군중집회 같은 근대적 집단행동이 가능하다. 군중집회는 시민사회의 발아를 나타내는 징후이다. 국가로부터, 봉건질서로부터 독립한 독자적 개인이 출현해야 하고, 그들이 자신들의 이해관심을 그런 방식으로 표출할 때에 비로소 시민사회의 존재를 논할 수 있다. 동학은 국왕권력과 관권에 저항한 거대한 도전이었지만, 종교와 구질서라는 천개에 둘러싸여 있었기에 '근대를 여는 새로운 인민'과는 거리가 있다.[27]

그 주체는 전통적 인민과는 구별되는 몇 가지 요건을 충족해야 한다. 첫째, 신분질서에서 벗어나 계약질서로 맺어진 독자적 개인들, 둘째, 전통적 이해관계(혈연, 지연, 학연)에서 벗어난 개인들, 셋째, 공익의 중요성에 눈뜬 개인들이 그것이다. 이 세 가지는 소위 시민사회civil society의 전제조건이며, 동서양을 막론하고 근대의 공통적 표상이다. 개화기에서 이런 증거를 찾아내는 것은 어려운 작업이다. 외국인들이 목격했던 개화기 조선의 풍경에서도 이런 단서는 잘 발견되지 않는다. 회사지부와 기업들, 신문을 읽는 서민들, 이윤추구에 몰두하는 상인들, 수공업자들, 고공, 임노동자, 유학생, 개화지식인 등에서 그런 단서가 발견되기도 하지만, 어떤 체계적인 증거로 이론화하기에는 무리가 있다. 전통적 유교사회에서는 볼 수 없었던 새로운 조직원리, 그것

---

27 유영익, 『동학농민봉기와 갑오경장』, 일조각, 1998. 조경달, 『이단의 민중반란』, 역사비평사, 2008.

도 시민사회의 태동을 알리는 가장 중요한 실마리는 어디에 있을까? 필자는 '자발적 결사체voluntary association'가 그 증거라고 생각한다. 자발적 결사체는 위의 세 가지 요건을 충족하는 동시에 국가만 존재했던 유교사회에서 시민사회가 분리, 태동하는 일차적 통로였다.[28] 이 논리에 대하여 두 가지의 비판이 제기될 수 있다.

하나는 동계, 학계, 송계와 같은 계조직을 일종의 결사체라고 할 때 조선의 전통사회에도 그런 결사체가 존재했음을 들어 결코 새로운 현상이 아니라고 반박할 수 있겠다.[29] 그러나 전통사회의 계조직은 위의 세 가지 요건을 충족시키지 못한다. 조선 후기에 계조직이 향촌 상하민의 상부상조와 마을의 공통적 이익도모를 위한 목적계 형태로 변화되었다고 해도, 그것은 지역 경계를 넘지 못하고 신분질서 안에 갇혀 있었다. 따라서 지역과 신분경계를 넘어 사회 전체의 이익과 변혁을 추구하는 자발적 결사체는 아니었다. 다른 하나는 그것 역시 서양적 근대의 요건이자 토끄빌적 시민사회의 핵심조건이기에 서구적 표상을 조선에 대입하는 것에 불과하다는 비판이다. 앞에서 우리가 서구 편향적 시각을 경계했기에 이 비판은 매우 호소력이 있다. 토끄빌을 비롯하여 현대의 정치사회학자들이 근대성의 지표로 주목하고 있는 것이 바로 자발적 결사체이기 때문이다.[30] 그러나 자발적 결사체는 동서양을 막론하고 시민사회가 형성되는 공통적 징후이자 공적 쟁점과 공공의식을 배태하고 확산시키는 행위자라는 점에서 반드시 그 비판에 갇힐 필요는 없다. 조선에서

28 한말 사회단체에 관한 연구는 조항래의 『한말사회단체사논고』(형설출판사, 1972)가 유일한데, 주로 1904년 일진회 관련 단체만을 다뤘다.

29 김필동, 『한국사회조직사연구 : 계조직의 구조적 특성과 역사적 변동』, 일조각, 1992.

30 테다 스카치폴 지음, 장승훈 옮김, 『민주주의의 쇠퇴』, 한울, 2010. Robert Putnam, *Bowling Alone: The Collapse and Revival of America Community*, New York: Simon & Schuster, 2000. *Making Democracy Work: Civic Tradition in Modern Italy*, Princeton: Princeton University Press, 1993.

는 갑오경장 이전에는 '사회'라는 개념이 존재하지 않았고 일본 번역어로 유입되어서야 비로소 국가와 조정에 대립하는 의미로 수용되었다는 사실을 감안하면[31], 자발적 결사체야말로 사회개념에 눈뜨게 한 새로운 행위자였다. 한말의 자발적 결사체가 대체로 '○○사社', '○○단團', '○○회會'와 같이 집단적 명칭을 붙이고 출현했다는 사실만 보아도 그것이 국가에 대비한 '사회적인 것'으로 통용되었다는 점을 알 수 있다.

실제로 필자가 조사한 바에 따르면, 1860~1910년 기간에 자발적 결사체가 400여 개 정도 파악됐다.[32] 전국에 수십 개의 지부를 거느린 대규모 전국단체의 경우(예를 들면, 일진회)는 한 개의 조직으로 취급했기에 전국의 지부를 모두 합하면 더 늘어날 것이다. 대체적인 추세에 대해 다음과 같은 고찰이 가능하다.

첫째, 1894년 이전에는 인천구락부(1891), 독립구락부(1894)라는 단 2개의 단체가 출현했을 뿐이어서 1860~1894년간에는 자발적 결사체가 거의 존재하지 않았다고 할 수 있을 것이다. 즉, 1860~1894년은 인민들이 기존의 봉건제적 질서로부터 떨어져 나와 개별화되는 기간이었다. 이것을 '형성단계'라고 할 수 있을 것이다.

둘째, 1894년 이후부터 자발적 결사체가 출현하기 시작하여 가파르게 증가하는 추세를 보인다. 특히 을사늑약이 체결되던 1905년을 기점으로는 급증추세가 나타난다. 국권상실이라는 역사적 위기감이 인민들의 저항의식을 촉발한 때문일 것이다. 그러다가 1909년에는 급락한다. 대한제국의 붕괴와 일제 탄압, 정치적 체념의 확산이 급락의 직접적 원인일 것으로 생각된다. 이

31 박명규, 『국민, 인민, 시민』, 소화, 2010.

32 국사편찬위원회가 만든 한국사데이터베이스의 근대편에는 20여 개의 역사자료가 있는데, 『근대사연표』가 가장 포괄적이므로 이를 기초 사료로 하고 나머지 자료를 검색했다. 당시 왕성하게 설립된 회사를 포함하면 900여 개가 넘는다.

는 1894년 이전까지 봉건제적 질서로부터 이탈해서 개별화된 인민들이 질적으로 새로운 정치적, 경제적 환경으로 진입했다는 뜻이고, 인간관계와 조직원리가 근대적인 형태를 띠게 되었음을 의미한다.

셋째, 이 기간 동안 국내에는 대략 300여 개 단체가, 국외에는 100여 개의 단체가 설립되었다. 일제의 침략통치로 말미암아 해외로 망명한 사람들, 혹은 일본과 미국 유학생들이 애국, 독립운동적 성격의 결사체를 활발하게 설립하였음을 알 수 있다.

종합한다면, 한말 개화기에 자발적 결사체가 이 정도의 규모로 나타나는 것을 근대의 징후로 읽어도 좋을 것이다. 자발적 결사체는 인간관계가 신분적 원리가 아니라 계약적 원리로 바뀌는 사회에서 출현가능하다면, 1894년 이후의 기간은 계약적 원리가 신분적 원리를 빠르게 대체해가는 상황에서 새로운 인민으로 태어난 개인들이 지식인 주도의 사회운동으로 동원, 분화되는 과정에 해당한다고 할 수 있다. 1894년 전후의 시기를 '형성단계'와 '동원/분화단계'로 나누어 그 과정상의 특징적 면모를 더 자세히 고찰할 필요가 있을 것이다.[33]

6. 아직 외출 중

지난 몇 년간의 외출은 아직 진행 중이다. 그동안 확인한 것은 역사가 사회과학자에게는 연구의 보고寶庫, 서로 연결되고 꿰어지기를 기다리는 수많은 보석들이 반짝거리고 있는 흥미로운 창고라는 사실이다. 필자는 이 소중한

33 자료보완을 더 하고 검색을 계속하면 더 많은 결사체가 파악될 것으로 보인다. 또한 결사체 활동의 내용과 주도자, 활동 목적 등을 분석하면 한말 사회운동의 개략적 추세를 파악할 수 있을 것이다. 이에 대한 상세한 연구는 곧 논문으로 발표할 예정이다.

연구결과들을 생산하느라 그 많은 시간과 젊음을 바친 사학자들에게 고개를 숙이지 않을 수 없다. 그러면서 동시에 서로 연관되기를 원하는 발견들과 사실들을 왜 그대로 두었는가를 묻지 않을 수 없다. 조선시대의 변동을 일관하는 원칙과 규칙들, 그것의 절반, 혹은 반의 반이라도 설명할 수 있는 그럴듯한 명제를 만들어낼 수도 있었을 터인데 왜 그대로 두었는지 궁금하다. 근대의 문을 여는 새로운 인민의 형성을 설명하는 데에 '지식인의 사회적 위치'가 중요하다고 생각한다. '지식인이 곧 통치계급'이었다는 이 평범한 사실로부터 조선사회의 장기지속성, 갑작스런 붕괴, 그리고 개화기에 다시 부활된 지식인 운동(애국계몽운동)을 일본, 월남 등 유교문화권 소속국들과 비교사적 관점에서 설명할 수 있을 듯하다.[34] 지식인이 통치계급이었던 그런 사회가 지구상에 있었던가? 유교문화권에 조선같이 지식(인)중심의 국가가 존재했던가? 누구나 알고 있는 이 평범한 사실은 중국을 위시하여 조선, 일본, 월남의 근현대사를 비교분석할 때 가장 중심에 놓여야 할 사항이다. 인민의 때늦은 등장과 갑작스런 폭증도 이와 무관하지 않다.

유교문화권인 조선, 일본, 월남을 대상으로 '근대의 도래' 내지 '근대적 인민형성'의 문제를 비교분석한다면 바로 이 '지식인의 위치'가 가장 중요한 독립변수로 부상한다. 통치계급과 지식인이 분리된 일본은 지식인이 비교적 자유로운 위치에 놓여 있었다. 그렇기에 통치이데올로기의 규제를 덜 받은 채 인민대중을 위한 문학과 예술활동 및 자유로운 저술이 가능했다. 상공업의 발전과 시장의 형성도 촉진제 역할을 했겠으나, 글을 읽는 인민, 각성된

34 조동일 교수의 3부작은 동아시아문학을 유교문화권의 관점에서 비교분석하는 데에 매우 신선하고 유용한 시각을 제공한다. 문학연구에서 비교문화론적 명제를 생산할 수 있는 본보기다. 조동일, 『하나이면서 여럿인 동아시아 문학』, 지식산업사, 1999 ; 『공동문어문학과 민족어문학』, 지식산업사, 1999 ; 『문명권의 동질성과 이질성』, 지식산업사, 1999.

인민이 일찌감치 태어날 수 있었던 것은 지식인의 자유로운 학문활동과 일본어 글쓰기가 인민대중의 요구와 겹칠 수 있었기 때문이다. 송학宋學에서 형이상학을 제거하는 데에 주력했던 일본의 학문전통도 한몫을 했다. 근대로 향하는 인민이 비교적 일찍 태어난 배경이다. 월남도 지식인이 통치계급에서 비교적 자유로웠으나 계속되는 전란과 잦은 왕조교체로 인해 지식인층이 매우 옅었고 문화와 지식생산이 순조롭지 못했다. 인민은 여전히 통치계급의 유교문화와 한문 문법에 결박되어서 시민적 기반을 만들어내지 못했다. 월남 민족어인 쯔놈이 일찍 쓰였으나 한문보다 오히려 어려웠다. 급기야 프랑스의 침략과 식민화는 근대의 도래를 20세기 초까지 지연시켰다. 억압적 구조하에서 발생하는 '인민의 폭중'은 곧 혁명을 야기한다. 일본의 근대이행은 각성한 지배층의 위로부터의 개혁과 근대 인민의 무리 없는 결합이었던 반면, 월남에는 통치계급의 전면붕괴에 따른 위기감, 제국의 식민탄압에 대한 저항의식이 교차하는 가운데 저항적 근대인민이 전면에 나섰다.

'인민의 형성'의 측면에서 보면, 조선은 일본과 월남의 중간 정도에 속한다. 지식인과 통치계급이 한 몸이었기에 조선의 지식, 문화생산은 통치이데올로기의 중심축이었다. 인민은 모든 문화, 예술, 이념으로부터 완전히 소외되어 별도의 독자적 자산을 만들어가야 했는데, 이것이 일본과는 달리 개화기 조선에서 '저항인민'을 낳게 된 배경이다. 조선지식인들은 유교중심국인 청淸이 방기해버린 신유학의 완성이라는 문명사적 임무를 온통 떠맡아서 인민대중을 위한 지식생산을 전혀 하지 못했다. 거기에 사대부들은 주자학을 훨씬 더 관념론적인 사변공간으로 끌고 갔다. 인민을 위한 지식체계가 빈곤해진 것은 당연한 귀결이었다. 사회경제적 변동을 수습하지 못한 '지식 곧 통치체계'가 쇠락하자 인민의 저항담론이 쏟아져 나왔다. 한문의 보조적 위치에 머물렀던 언문諺文이 그 창구가 되었다. 근대적 시간대가 시작되던 그

때, 사대부와 인민의 지식체계는 여전히 빈곤했다. 사대부의 문文은 설득력을 잃었고, 인민대중은 조직, 이념, 세계관도 뚜렷이 갖추지 못했다. 동학은 그중 체계가 잡힌 인민담론이었다. 언문담론을 통해 근대의 공간으로 나온 인민은 곧 열강과 부딪혔다.

향촌의 지배계급인 재지사족이 지식인이었다는 사실 역시 근대의 가장 중요한 요건인 부르주아계급의 부재를 설명한다. 무어의 '농업의 상업화' 명제가 조선에서 아무런 설명력을 갖지 못하는 이유, 하버마스의 공론장이론이 어떤 변동론적 함의도 제공하지 못하는 이유도 이와 직결된다. 18~19세기에 나타난 부민요호富民饒戶가 농업의 상업화를 진척시키는 데에 재지사족 즉 지식인이 최대의 장애물이었고, 재력을 갖춘 중인中人 중심의 여항문학도 부르주아공론장을 형성하지는 못했다. 그런 까닭에 "부르주아 없이 민주주의는 없다"는 무어의 명제만 덩그러니 남아 조선 근대의 결과적 현상과 맞닿을 뿐이다. 동학東學은 이런 관점에서 조선 후기 사회변동에 각별한 의미를 갖는다. 앞에서 지적하였듯이, 조선의 통치체계가 종교, 향촌지배, 교육(문학)이란 삼중 구조였다면, 동학은 이 세 개의 축에 각각의 대항원리를 생산해냈던 것이다. 유교에 대해서는 한울님, 인내천人乃天을 내세웠고, 향권과 관권, 오가작통을 이탈해 포접제를 도입하고, 전쟁 중에는 집강소라는 자치기구를 운영했으며, 사대부의 재도이문載道以文을 국문가사로 대체했다. 사대부 중심의 의례, 신분직역, 文(또는 문학)을 농민 주도의 그것으로 각각 대체한 동학이 말라가는 고목을 쓰러뜨리듯 전통적 질서를 무너뜨릴 파괴력을 분출했던 것은 당연한 이치였다. 동학과 전통질서가 동시에 무너진 자리에 다시 지식인이 꿈틀거렸다. 이번에는 재지사족이 아니었다. 지식인들은 유교적 질서로부터 걸어 나온 인민들을 근대의 공간으로 데리고 갔다. 개화기의 모습이 그러했다.

역사학으로의 외출이 얼마나 지속될 것인지는 필자도 모르겠다. 그러나 조선의 역사변동, 특히 개화기 근대의 비교론적 특성을 밝혀줄 명제와 인과관계를 찾아내기 전까지는 이런 탐색적 여행이 지속될 것이라는 예감이 든다.

청대 중국의 실학과 고증학

조병한

1. 서론
2. 명말 청초 경세학과 서학 · 고증학과의 관계
3. 건가乾嘉 고증학의 형성 및 소주학파의 복고적 고증학
4. 휘주학파 대진 고증학의 전문성과 학문 영역 확장
5. 양주의 고학과 실학, 한 · 송학 절충론
6. 결론

1. 서론

16세기 말 17세기 초의 명조 말기와 청조 초기는 중국뿐 아니라 동아시아 역사상의 거대한 전변기였다. 사상사적으로도 이 시기는 동림東林 · 복사復社의 당쟁과 정치적 청의淸議활동, 마테오 리치의 북경 진입(1601)을 전후한 서학, 특히 과학기술의 전래로 경세실학經世實學의 탄생이 준비된 시기이다. 실학이란 빈말(공언空言)이 아닌 실사實事(현실)를 바탕으로 실제의 원리(實理)와 방법의 적용(實用)을 통해 실제적 효과(實功)을 이루는 학문이라 할 수 있다. 명말 청초 대두한 실학은 정치적 실용을 주장하는 경세치용經世致用이 그

曺秉漢 현 서강대 사학과 교수. 동양사학회 및 역사학회 회장 역임.
논문으로는 「강유위康有爲의 초기 유토피아 관념과 중 · 서 문화 인식」, 「청 건가조乾嘉朝 고증학 융성기의 경세사조 부흥」 등이 있고, 50여 편의 기타 공저 · 번역이 있다.

핵심적 구호였는데, 이는 주자학 같은 도덕적 경세로부터 정치적 경세로 경세 이념의 중점이 옮겨가는 시대사조의 반영이었다. 그러나 경세실학이란 직접적 정치개혁 자체와는 다른 것으로 학자에 의한 학문적 정치 연구로서 '학문경세'라 개념화할 수 있다. 지식과 실천의 통합을 원리적으로 요구하는 유교문화 전통의 압력하에서도 명말 청초에는 직접적 정치 행위와 구분된 독립적 민간 경세학이 형성되었으며, 이러한 학풍은 이학理學적 도덕주의보다는 지식주의 학풍의 강화를 바탕으로 고증학考證學이라는 엄밀한 학문방법이 적용됨으로써 가능한 것이었다.

18세기에는 여러 역사적 원인으로 경세학이 퇴조하자 아예 학문 방법으로서의 고증학이 모든 학문 영역을 통합하는 독립적 학술 사조를 형성하게 되었다. 그럼에도 건가乾嘉(건륭乾隆·가경조嘉慶朝) 고증학 시대(18세기 중엽~19세기 초)의 청 전성기 학문은 고증학 방법에 의한 지식의 전문성이 한 단계 더 발전하고,[1] 이념적 개방성 증대로 인해 학문 영역의 분화가 과거에 비해 더욱 촉진되었다. 학문 영역의 독립적 전문성과 다원적 분화는 유교 체제이념과 그 정치·문화적 통합 기능을 이완할 가능성이 있다. 이에 대한 정치적 반응은 18세기 후반 건륭제 주도하에 추진된 사고전서四庫全書 편찬사업이었으며, 그 시점에서 북경의 사고관四庫館과 양주揚州 중심의 고증학계에서 한학漢學(고증학)·송학宋學(주자학)의 절충折衷 사조가 광범하게 파급되었다.[2] 이

1 중국 유교 문화에서 학문의 전문성 문제는 18세기 후반 역사이론가 장학성에 대한 연구에서 필자가 발견한 사실이 있다. 그런데 이 학문의 전문성은 단순히 한 이론가의 주장이 아니라 17~18세기 고증학의 발전에 따른 학문 현실이었음을 같은 해 출간된 벤저민 엘먼Benjamin Elman 교수의 저서에서 나중에 확인할 수 있었다. 고증학의 성과를 인정하면서도 방법론인 고증학을 넘어 경학에서 독립된 역사학 체계와 방법을 수립하고자 했던 장학성도 결국 고증학 시대에 영향을 받은 이론가였다. 이는 曺秉漢,「章學誠 經世史學의 折衷的 이론기초」,『高柄翊先生回甲紀念史學論叢』, 한울, 1984. Benjamin A. Elman, *From Phiosophy to Philology—Intellectual and Social Aspects of Change in Late Imperial China*, 1984, pp.221~229 참조.

2 曺秉漢,「乾嘉 考證學派의 체제통합 이념과 漢·宋 折衷思潮—阮元·焦循·凌廷堪의 古學과 實

는 청조 체제의 문화통합 기획에 통치자와 신사층紳士層 문화계가 협력하는 국면을 보여준다. 14세기 후반 이래 유교가 향촌 깊숙이 침투한 시대 환경에서 신사층 지배하의 기층사회의 도덕적 기반을 얻으려면 정치경세도 의리학과의 조화를 전제하지 않을 수 없다.[3] 요순堯舜 · 삼대三代(하 · 상 · 주)와 공맹孔孟 시대로 소급하는 '성인의 도道'야말로 모든 유교 학파가 공유하는 궁극적 목표였다.

이 논고는 17세기 초 명말 청초의 실학사조 및 경세학의 기원과 방법을 약술하는 데서 출발해 18세기의 모든 유교 학문을 관통하는 주류 학파로 군림한 청대 고증학의 발전 과정과 방법론의 발달, 고증학의 전문성과 학문 간 회통會通, 고증학과 주자 의리학 및 서학의 과학기술과의 관련, 중국 역사상 최고의 전제주의 중화제국인 청조의 문화통합 정책과 고증학의 상호작용, 제국 체제의 통합논리로서 한학 · 송학 절충론 등을 다룰 것이다. 필자를 포함한 국내외 연구 성과를 종합해 중국 근세 실학의 개념과 구조, 발전과정, 정치 · 문화의 상호작용을 분석적으로 재검토함으로써 특히 유교 교학체계 내에서 실학의 위치와 한중 양국, 나아가 동아시아 유교권 내에서의 비교 연구에 도움이 되기를 기대한다.

2. 명말 청초 경세학과 서학 · 고증학과의 관계

명말 청초 경세실학이란 새 학문의 확립자로 저명한 황종희黃宗羲와 고염무顧炎武는 명조 말기 부패정권에 대항해 유교 청의淸議를 주도한 강절江浙

學—」, 『명청사연구』 3, 1994 참조.

3 Chang, Hao, "On the Ching-shih Ideal in Neo-Confucianism", *Ch'ing-shih Wen-ti*, Vol. 3. No.1, 1974. 11, pp.40~42, 47~51.

지역 동림·복사계에 속한 저항 지식인이었다. 호남湖南 오지의 왕부지王夫之는 그러한 배경이 없지만, 이들 3인은 만주 청조의 산해관山海關 입관(1644) 이후 한때 의병활동을 통해 남방의 남명南明 정권에 참여했다. 그들의 경세사상이 경학·사학의 실학적 학문체계로 구체화되기 시작한 것은 1650년대 이후 더 이상 남명의 미래에 대한 희망을 잃고 청조의 관직도 사절하면서 재야의 은일隱逸 상태에서 학문적 경세활동에 집중하는 것이 가능해진 다음의 일이다.[4] 그러나 경세학의 기원은 명조 말기(17세기 초) 관료·신사층의 동림·복사 운동이나 마테오 리치의 북경 진입(1601) 시기까지 소급할 수 있다. 명말 왕조정치의 무능·부패의 극치라 할 만력조萬曆朝(신종神宗, 1572~1620) 후기 이래 동림·복사의 비판적 정치투쟁 과정에서 민간 이익(민리民利)과 독립적 공론公論을 중시하는 경세 사상이나 경사經史·고학古學 연구의 학풍 등이 배태되었다.[5] 한편 실학서 『농정전서農政全書』의 저자이자 『기하원본幾何原本』의 공역자인 서광계徐光啓(1562~1633) 등이 예수회의 서구 과학 영향을 수용해 청 강희제康熙帝 초기에 시행될 『시헌력時憲曆』의 모태인 『숭정역서崇禎曆書』를 편찬하고 만주 후금後金 누르하치의 공격에 대항해 서구 화포·조총의 모방, 제작을 추진했다.[6]

---

4 黃炳垕 撰, 『黃宗羲年譜』, 北京 : 中華書局, 1993. 張穆 編, 『清顧亭林先生炎武年譜』, 臺北 : 臺灣商務印書館, 1987(재판). 王之春 撰, 『王夫之年譜』, 北京 : 中華書局, 1989 곳곳 참조.

5 국가 권력에 대한 사대부 공론公論의 독립성, 조정보다 농·상·공 인민의 이익을 중시하는 새로운 민본주의 정책과 경제관념 등은 步近智, 「東林學派與明清之際的實學思潮」, 葛榮晋 主編, 『中日實學史研究』, 北京 : 中國社會科學出版社, 1992, 107~117쪽 참조. 또 복사의 맹주 장부張溥를 중심으로 한 경사와 고학 부흥의 사조는 청초 경세실학의 핵심 내용과 연결되며, 진자룡陳子龍 등 기사幾社 동인들의 『황명경세문편皇明經世文編』(504권) 편찬도 그 뒤 청대의 실용적 경세서 편찬의 선구가 되었다(小野和子, 『明季黨社考—東林黨と復社—』, 京都 : 同朋社出版, 1996, 445~447쪽).

6 李志軍, 『西學東漸與明清實學』, 成都 : 巴蜀書社, 2004, 59~60, 79~80, 104~105, 121~122쪽 참조.

그러나 명말 청초 경세학에서 고염무·황종희 등의 경세학이 갖는 역사적 의미는 명조의 망국을 둘러싼 제국 체제에 대한 현실 비판, 자신들이 속한 지식인 통치계급의 존재방식에 대한 자기반성이 중국사에서 전례 없을 만큼 심각하고 절실했다는 시대 환경에서 유래한다. 원시유가에서 기원한 '수기치인修己治人'(『논어』)이라는 관념은 원래 실학의 요소를 내포하나, 명말 청초 이래 경세 관념의 중심은 주자·양명학의 도덕적 '수기'로부터 정치적 '치인'으로 이동해 갔다. 이 시대적 특색을 반영한 구호가 명말 청초의 '경세치용'이었다. 이 같은 실용적 사조의 발달에 따라 유교에서 도덕과 공리功利 사이의 고유한 긴장 관계에 대해 새로운 해석이 요청되었다. 그 과제는 유교 철학사에서 맹자의 의義와 이利, 주자의 이理와 욕欲 사이의 대립 문제에 대해 새로운 해법을 찾는 것이었다. 16세기 이래 소상품 생산의 발전에 따라 유교 고전의 '이용후생利用厚生' 개념은 기술적 발전, 물질적 이익 증진이란 의미를 강화했고, 맹자의 민본民本주의적 민생 관념이 공리적功利的 요소와 결합하는 양상이 불가피해졌다. 새로운 민본주의는 통치자(사대부) 위주의 정의와 이익, 의리와 욕망의 대립이 아니라 인민 생활의 공리를 수용하는 민본주의로 발전해야 할 것이었다.

청초 고염무·황종희 등의 경세론에서 부활한 고대 이래의 봉건封建·군현郡縣 논의는 이 같은 사회 변동에 따른 국가체제 변혁 논의였다. '공천하公天下'를 이념으로 표방한 그들의 경세론은 봉건제·군현제의 공公과 사私를 가르는 표준으로 인민의 이익(민리民利)과 왕조의 이익, 법치法治(제도)와 인치人治(도덕성), 복고復古(이상)와 시세時勢(현실) 같은 개념들을 적용하고 있다.[7] 명말 청초 경세 사상의 특징은 중앙집권적 황제 전제권력에 대해 매우 비판

7 閔斗基, 「중국의 전통적 정치상—封建·郡縣 논의를 중심으로」, 『진단학보』 29·30합집(1966). 후에 『중국근대사연구』(일조각, 1980 재판) 수록, 211~215쪽.

적이어서 인민 이익과 제도 개혁을 주장하고, 이러한 현실 개혁의 이념적 근거로서 고대의 이상을 현실과 절충하는 복고적 관념을 제기한 것이었다. 제왕 중심의 국가권력을 억제, 완화하는 데 중점이 있는 17세기 중국 실학의 특징은 조선 후기 실학과는 다른 측면이 있지만 18세기 청조 전성기에는 전제 왕조의 정치·문화 통합에 적응해 좀 더 복합적 양상을 보인다. 한편 덕치·인치 관념과 연결되는 도덕성이란 개념은 통치자의 수신修身을 강조하는 이학의 핵심적 통치 원리였다. 그러나 명말 청초 사회·문화적 변동을 반영한 신시대 실학 개념은 도덕 중심으로부터 정치와 지식 중심으로 내용이 분화되어 도덕성과 실학은 관계는 밀접하지만 서로 분리된 범주로 간주되기 시작했다.

한편 명말 청초 이후 경세학의 실증적 고증 방법의 발전에 따라 도덕과 지식의 관계에도 변화가 일어났다. 원래 유교에서 서로 분리될 수 없는 도덕과 학문의 관계에 대해 주자학 이론은 학문(도문학道問學)을 궁극적 목표인 도덕(존덕성尊德性)을 위한 방법으로만 중시했다. 그러나 고증학은 경세의 방법으로서 경經·사史의 문헌에 대한 지식 자체를 도덕보다 더 중시함으로써 도덕주의로부터 주지主知주의로 옮겨가는 청대 사조의 획기적 전환[8]에 중요한 작용을 했다. 화이華夷갈등 국면에 대한 이민족 청조의 가혹한 문화 통제라든가 중앙집권적 황제통치하에서 관료·신사층紳士層의 청의淸議 등 정치적 자율성의 위축 때문이라는 정치적 설명만으로는 당시에 지식주의가 대두한 원인을 명확하게 설명할 수 없다. 정치적 요인뿐만 아니라, 16세기 명말 이래 선진 강남江南 지역을 중심으로 소상품경제 발전과 그에 따른 민간의 문화활동의 축적이 지식주의가 대두한 배경이 되었다.[9]

---

8 청대 유교에서 도덕주의로부터 지식주의로의 이행은 余英時, 『論戴震與章學誠－淸代中期學術思想史硏究－』, 臺北 : 臺灣商務印書館, 1977, 62~63쪽 참조.

9 Benjamin A. Elman, op. cit., pp.99~111, 119~137, 141~159. 서적 인쇄와 장서의 보급, 서적 시장의 형성 등이 지적될 수 있다. 옹정제雍正帝 이후 관 통제하의 서원 증설이나 종족宗

명말 청초 초기 실학으로서 경세학의 원형은 경학 · 사학 중심의 문헌 연구를 통해 고대의 이념과 제도를 탐구해 현실 개혁에 변통하려는 경사經史학파였다. 경학과 사학을 동시에 존중하고 심지어 그 일체성을 주장했던 경사학파는 강남 · 북방을 편력하던 고증학의 개척자 고염무(1613~1682) 계보와 당시 절동浙東사학을 형성했던 사학 위주의 황종희(1610~1695) 계보,[10] 두 계열로 구분된다. 중국 근세 주기론主氣論적 의리학으로서 18세기의 대진과 쌍벽을 이룰 왕부지王夫之(1619~1692)도 동시대의 대표적 경사학파이나 호남 오지의 고립된 학자였다. 그 밖에 경사학파와 함께 경세치용을 주장하면서도 지식을 경시하며 철저한 도덕의 습행習行과 물질적 민생 향상을 위한 공리적 기술 교육, 즉 이용후생을 강조했던 북방인 안원顔元(1635~1704)과 제자 이공李塨 등(안이학파)의 경험적 · 실용적 기예器藝학파가 있었다.[11] 이용후생 중심의 또 하나의 기예학파를 들면 16세기 말 마테오 리치 이래 서학西學의 전래로 그 영향을 받아 수학 · 천문 · 자연지리 · 물리 등 과학기술 면에서 전문성이 더욱 강화된 학파가 있었다. 명말 서광계徐光啓(1562~1633) 등 선구자에 뒤이어 명말 청초의 방이지方以智(1611~1671) · 매문정梅文鼎(1633~1721) 등 중국 과학기술의 계보가 실학의 이 범주에 포함될 수 있다.[12] 그 정점에 있

族 및 상인자본의 서원 · 학교 지원, 지방관의 막우직幕友職, 지방지 등 편찬사업도 민간 학문의 준직업적 성장에 유리한 환경이었다.

10 만사대萬斯大 · 만사동萬斯同 형제와 전조망全祖望 등으로 이어지는 절동浙東 경사학의 개조인 황종희黃宗羲의 경세학은 의리학에서는 명말 순국자인 양명학 우파 유종주劉宗周의 실천정신을 계승했으나 절동 지역의 남송대 공리적 경세학(사공학事功學), 즉 영가永嘉 · 영강永康 · 금화金華학파의 전통에 영향을 받았던 것으로 보인다.

11 안이顔李학파는 지나친 지식 경시로 18세기 실학의 주류인 고증학에 패배해 이공李塨이 독서지식을 수용하지 않을 수 없었다. 이는 錢穆, 『中國近三百年學術史』 上, 臺北 : 臺灣商務印書館, 1972(5판), 206~207쪽 참조.

12 이상의 실학 분파의 전체적 소개는 曺秉漢, 「중국의 근세 실학풍의 개념과 전개 양상—한국 실학 논의와 관련해—」, 『한중관계 2000년—동행과 고유의 역사—』, 소나무, 2008, 489~515쪽 참조. 명말 청초의 서학 연구자로서 황종희의 수학 · 천문역법 저술이 15종에 이르렀고,

는 매문정은 명말 예수회 전래의 서학을 수용한 토대 위에 중국 고유의 전통적 천문·수학을 정리함으로써 중서中西 학문을 회통하고 이를 더욱 개량하려 했으며, 실측을 중시해 천문 의기儀器를 스스로 제작하기도 했다.[13] 이 학파들 가운데 청대 실학의 주류를 형성한 것은 고염무를 잇는 학맥으로서 18세기 고증학파도 그와 직접적 계승 관계가 있다.

17세기 중엽 황종희와 고염무로 대표되는 명말 청초 경세학이 명·청왕조 교체기의 "하늘이 무너지고 땅이 갈라지는"(天崩地解) 시대에 목전에 부딪혔던 상황은 이민족 청조의 중국 정복과 한족漢族 중화제국의 붕괴였음은 두말할 것 없고 나아가 제국의 대일통 지배의 이념적 근거인 춘추春秋 대의大義가 전복된 사실이었다. 이 대재난에 대한 당시 중국 신사층의 위기의식은 고염무가 '망국亡國'과 '망천하亡天下'의 구분을 전제로 천하 멸망의 위기 국면과 지식인의 각오를 논한 다음 인용문에 잘 드러나 있다.

> 망국이 있고 망천하가 있으니 망국과 망천하는 어떻게 분별하는가? 답하면 성과 호칭이 바뀌는 것(易姓改號)을 망국이라 하고, 인의仁義가 꽉 막혀 짐승을 몰아 사람을 먹고 장차는 사람이 서로 먹는 데 이르는 것을 망천하라 한다. …… 그러므로 천하의 보존을 안 다음에 그 국가의 보존을 알게 된다. 국가의 보존은 그 군주와 신하, 고기 먹는 자들이 도모하지만 천하의 보존은 천한 필부匹夫가 함께 책임질 따름이다.[14]

서학의 기원이 중국 고대에 있다는 주장을 했다(王慕民,「明淸之際浙東學人與耶蘇會士」, 陳祖武 주편,『明淸浙東學術文化硏究』, 中國社會科學出版社, 2004, 139~140, 142쪽). 그의 서학 중국기원설은 동시대의 이름 있는 서학 지지자 방이지方以智와 공통된다. 서학의 영향을 받은 방이지의 '질측지학質測之學'(물리학)과 기독교 비판, 유·불·도 3교합일 사상에 대해서는 羅熾,『方以智評傳』(南京大學出版部, 1998), 73~89, 184~186쪽 참조.

13 李志軍, 앞의 책, 59~62, 89쪽.

14 顧炎武 撰, 黃汝成集釋,「正始」,『日知錄集釋』 권13, 臺北 : 世界書局, 1984, 307쪽.

이 주장의 전제에는, 국가와 천하가 일체화된 천하국가인 중화제국은 정치적 통치질서로서 황제권 중심의 왕조국가인 동시에 세계로 확산하는 인류 보편문화로서 유교적 인륜도덕 질서, 즉 도道의 중심지대(중원中原)라는 세계관·국가관이 존재한다. 민란과 이적夷狄의 협공으로 인한 명·청 왕조의 교체는 단순히 고국 명왕조의 파멸에 그치지 않고 '천하'의 몰락을 초래한 인류의 대재난이라는 것이다. 국가는 황제 중심 군신君臣 권력의 통치조직으로 그 보위도 그들 육식자肉食者, 즉 지배자만의 책임이다. 그러나 천하는 인의로 대표된 인류의 도덕적 관계망 속에 인류의 일상생활이 영위되는 '문화 질서', 바꾸어 말해 '도道의 세계'인 만큼 국가보다 훨씬 중대한 것이며, 천하의 보위는 거기서 살아가는 서민까지 포함한 인간 전체의 책임이라고 선언한 것이다. 고염무의 복고는 한제국 이후의 군현제를 현실로 전제한 주대 봉건제와의 절충이 문제였지만 황종희의 이상주의는 그 이상으로 더 큰 사이클의 복고를 지향했다. 그는 진시황秦始皇 이래 청 초기까지 거의 2천 년간을 난세로 규정하고 삼대의 치세로 돌아가는 장대한 역사의식 속에서 전근대 중국 최고의 전제군주 비판론을 전개했다. 그러므로 그는 "천하의 다스려짐(치세)과 어지러움(난세)은 한 성姓(왕조)의 흥망에 있지 않고 만민의 근심과 즐거움에 있다. 그러므로 걸桀(하)·주紂(상)의 멸망은 다음 치세의 원인이 되지만 진시황과 몽골의 흥기는 난세의 원인이 된다"고 한 것이다.[15]

위의 인용문을 통해 실학, 특히 경사학파의 경세란 결국 송대 주자학의 도道를 넘어서 중국 고대의 문화적 이상으로서 오래 단절된 '성인聖人의 도'를 회복해 진정한 도의 계통, 즉 도통을 부활시켜 오늘에 계승하는 것이었다. 고

15 黃宗羲, 「原臣」, 『明夷待訪錄』, 『黃宗羲全集』 第1冊, 杭州 : 浙江古籍出版社, 1985, 5쪽. 황종희의 장대한 우주적 흥망의 사이클과 역사인식에 대해서는 高柄翊, 「黃宗羲의 新時代 待望論」, 『동양사학연구』 4집(1970) 참조. 후에 『동아시아문화사논고』(서울대출판부, 1997) 수록.

염무는 경세학의 새 패러다임을 제시하려는 시도에서, 심성心性의 애매한 개념은 공자도 말한 적이 드물었으니 성인의 도란 바로 "문헌에서 널리 배우고"(박학우문博學于文) "몸소 행하여 수치를 아는"(행기유치行己有恥)것이라고 했다.[16] 그리고 "이학理學이란 명칭은 송대인에게서 처음 생긴 것이고 고대의 이학이란 경학이었으며" "지금의 이학이란 불교 선학禪學이며 5경에서 취하지 않고 어록語錄에만 의존하니 과거고시의 첩괄문帖括文보다도 더 쉽다"고 비판했다.[17] 이 유명한 두 명제는 의리학이란 공허한 관념에서 찾을 것이 아니라 바로 경학 속에 있으며, 경학 연구에는 문헌을 통한 광범한 연구, 즉 박학이 필요하다는 뜻이다. 또한 유교의 궁극 목적인 도덕의 실현도 자기 행위에 수치를 아는 반성적 실천에 있지 지금의 주자학, 특히 양명학 같은 심성心性의 공론과는 무관하다고 한 것이다. 학문 지식과 도덕 실천은 각기 독자성을 갖고 서로 병행해야 할 관계이며, 이는 주자·양명의 관념적 의리학에서 학문(지, 격치格致)과 도덕(행, 성경誠敬)이 긴밀한 결합 관계, 혹은 완전한 일치 상태에 있는 것과는 대조적이다.

구체적 학문 방법론에 관련해 고염무는 지금의 이학이 과거의 노장老莊 청담淸談과 달리 공맹을 말하는 청담이 되었다고 비판하면서 "6예(6경)의 글을 익히지 않고 백왕百王의 문헌(전적典籍)을 생각하지 않으며, 당대의 과제를 종합하지 않으면서" "마음을 밝히고 성을 안다(明心見性)는 공허한 말로 수기치인修己治人의 실학實學을 대체했다"고 탄식했다.[18] 즉 고염무의 경학 논의는 처음부터 의리학 자체를 배척한 것이 아니라 올바른 의리학이 되는 방법을 제기한 것일 뿐이다. 의리학이 관념적 인성론이 아니라 경전을 비롯한 폭넓

16 顧炎武, 「與友人論學書」, 『顧亭林詩文集』, 香港 : 中華書局, 1976, 권3, 43~44쪽. 고염무는 아래(기器)에서 배워 위(도道)에 도달하는(下學而上達) 경험적 학습도 제시했다.

17 顧炎武, 「與施愚山書」, 같은 책, 권3, 62쪽.

18 顧炎武, 「夫子之言性與天道」, 『日知錄集釋』 권7, 154쪽.

은 고전 문헌에 근거해야만 하고 역대의 정치 문헌과 당대의 시무時務를 연구하는 실학이 되어야만 한다는 것이다. 그는 성인의 도를 구현한 진정한 유교 학문의 범주로서 '실학' 개념을 제기하고, 심성이 아닌 경학과 합일된 참된 이학의 의리는 도덕 의리가 아니라 정치 의리임을 주장한 것이다. 또 하나 유의할 점은 유교의 실학을 저해한 요인으로 심성 이학뿐만 아니라 과거제의 팔고문(시문時文·사서문)을 지목했다는 것이니, 고염무는 팔고 과거제에 속박된 학업(거업擧業)이 인재를 파괴한 폐해가 진시황의 분서갱유焚書坑儒보다 더 혹심하다고 비난했다.[19]

끝으로, 경세실학의 방법인 고증학의 핵심 내용으로서 언어학(소학小學)을 문헌 해석에 적용한 사실은 청대 실학에서 고염무의 정통성을 강화한 요인이다. 그의 견해에 따르면 "9경九經 읽기는 글의 고찰(考文)에서 착수할 것이며, 글의 고찰은 소리(音)를 아는 데서 시작할 것이니, 제자백가諸子百家의 책에 이르러서도 그렇지 않음이 없다."[20] 한대 경학의 주석학과 관련해 발달한 소학 방법은 명말 이학의 공허하고 거친 학풍에 대한 비판 사조가 일어나면서 진제陳第를 필두로 명말 청초의 방이지方以智와 고염무 등을 통해 더욱 발전해갔다. 명名(개념)과 실實(실재)의 관계를 탐색하는 논리학 대신에 청대 고증학의 문헌학적 연구에서는 명물名物·도수度數의 개념이 중요한 지위를 갖고 있다.[21] 소학 중 한대에 문자학과 훈고학이 먼저 발달했고, 음운학은 좀 더 늦게 후한 이후에 발생해서 청대 고증학에 이르러 문자·훈고의 토대로서 양자

19 顧炎武, 「擬制」, 같은 책, 권16, 387쪽.

20 顧炎武, 「答李子德書」, 『顧亭林詩文集』 권4, 76쪽. 고염무의 소학 저서인 『음학오서音學五書』는 『일지록日知錄』·『천하군국이병서天下郡國利病書』와 함께 그의 대표작이다.

21 중국 언어학의 특징은 胡奇光, 『中國小學史』, 上海 : 上海人民出版社, 1987, 6, 11쪽 참조. 소학이란 개념은 전한 말 목록학서 『칠략七略』에서 문자(6서六書)와 관련을 갖게 되었고, 송대부터 문자·음운音韻·훈고訓詁(의미)를 포괄하게 되었다(같은 책, 1~2쪽).

를 관통하는 가장 중요한 위치에 자리 잡게 되었다.[22]

3. 건가乾嘉 고증학의 형성 및 소주학파의 복고적 고증학

16세기 말 송·명대 이학의 쇠퇴기에 출현한 경세학과 그 고증 방법의 특징 중 하나는 모두 주자학을 넘어 고학古學이라는 복고적 형태를 띤 것이다. 고염무 이래, 특히 한대 훈고학으로 회귀하는 혜동惠棟(1697~1758) 등 소주蘇州 고증학파의 특징은 '4서' 이념에 치우친 주자 이학의 주관적 경학 방법에 반대하기 위한 방법론적 복고였다. 한대로의 복고는 궁극적으로는 유교의 이념적 원형原型인 삼대와 공맹으로의 더 큰 학문적 회귀를 위한 매개적 단계였다. 이 소주학파 고증학의 형성 이전에 18세기 초 염약거閻若璩(1636~1704)와 호위胡渭(1633~1714)의 경전위작 논증[23]은 주자학적 경학과는 판이한 독립적인 고증경학의 모형을 수립한 계기로서 주목된다. 그들이 송대 이래 오랜 기간 위작으로 의심받아 온 『고문상서古文尙書』와 『주역』의 「하도낙서河圖洛書」가 위작임을 밝힌 것[24]은 신성한 6경의 내용 일부가 비판받았다는 사실보다도 그것을 위작으로 논증한 정밀한 텍스트 비판의 학문적 엄밀성과 그에 따른 학설의 설득력을 보여주었다는 점에서 의미가 있다. 또한 이 두 문

22 胡奇光, 앞의 책, 2~5쪽. 『사고전서총목四庫全書總目』에 의하면 한대 이래의 대표적 사전으로 훈고에 관한 책이 『이아爾雅』, 문자에 관한 책이 『설문해자說文解字』, 음운에 관한 책이 『광운廣韻』으로 분류되었다(같은 책, 3쪽). 중국의 소학과 서구의 언어학에는 그 내용의 포괄 범위에서 차이가 있음이 지적되고 있는데 여기서는 생략한다. 음운 연구의 기원은 송의 오역吳棫, 명의 양신楊愼에까지 소급함을 18세기 고증학자 혜동과 강영이 언급하고 있다(漆永祥, 『乾嘉考據學研究』, 北京 : 社會科學出版社, 1998, 12~13쪽).

23 경전의 진위 문제는 주자를 포함해 송대 학자 다수가 이미 제기했는데, 『시서詩序』·『역전易傳』·『효경孝經』은 위서로 의심받은 대표적 경전이었다. 명의 호응린胡應麟과 청의 요제항姚際恒은 대표적인 위서 연구자이다(漆永祥, 같은 책, 41~43쪽).

24 古國順, 『淸代尙書學』, 臺北 : 文史哲出版社, 1981, 45~53쪽.

헌이 중화제국의 당대 정치 이념과 교학 체계를 지배한 주자학 이데올로기에 경전상의 권위를 부여한 텍스트였다는 점도 유의할 만하다. 그럼에도 두 고증학자의 의도가 반反주자학, 심지어 반유교적인 것은 절대 아니었다. 또 염약거와 호위의 업적에 대한 유교 학계의 반응도 자신들의 주관적 이념에 따라 각기 달랐다. 명말 청초의 고증경학자 모기령毛奇齡(1623~1716)이 염약거에 대항해 적극적으로 『고문상서』를 옹호한 것도 그러한 사례일 것이다.[25]

혜동은 바로 『고문상서』의 위작과 한대 『역』 연구에 착수해 주자학의 송대 『역』에 반기를 들었다. 그러나 고염무와 염약거 · 호위 등 청초의 고증학 성과를 계승하면서도 그들이 "한학과 소학의 명확한 구분이 없는 것은 사색은 하되 학문이 부족한" 상태라고 비판했다.[26] 부친 혜사기惠士奇를 포함한 4세世 가학家學의 한학漢學 전통을 계승한 혜동은 1744년 향시에 실패한 후부터 저술에 몰입해 『고문상서고古文尙書考』를 쓰고 가학인 『주역』 연구에 들어가 『주역술周易述』을 저술했다. 소주 지역이 주자학을 넘어 한대 문헌의 전주傳注로 돌아가려는 복고적 고학古學운동의 발상지가 된 것은 이 지역에 축적된 인쇄 · 장서 문화를 토대로 경 · 사 등 고문헌 연구에서 주자학의 문헌학적 한계를 돌파할 수 있었기 때문이다.[27] 한대 경학을 본보기로 삼은 혜동은 한대의 경학이 가학이었고, 따라서 경전 연구와 훈고는 가법家法이 있었기 때문에 5경은 각기 따로 전문 경학자(경사經師)가 있고, 경전의 훈고도 스승이 구두로 전수하는 사법師法이 있었다는 사실을 장점으로 주장했다. 경의 뜻은 그 훈고에 있으며 문자와 소리(音)를 알아야 그 뜻을 알 수 있으니 옛 훈고를 개변

25 염약거의 『고문상서』 위작설에 대한 청조 경학자들의 반응에 대해서는 古國順, 같은 책, 53~116쪽 참조.

26 惠棟, 「本朝經學」, 『九曜齋筆記』 권2(漆永祥, 앞의 책, 115쪽 재인용).

27 吳含, 『江浙藏書家史略』, 北京 : 中華書局, 1981, 1~2, 193~194쪽. 魏隱儒, 『中國古籍印刷史』, 北京 : 新華書店, 1984, 160~162쪽.

해서는 안 된다는 것이었다. 혜동이 한대 경학, 즉 한학의 가법·사법을 강조했다는 점은 과거고시를 포기한 그가 소주 관료·신사 가문의 가학을 계승했다는 점을 생각해보면 흥미로운 사실이다.[28] 복고적 소주 한학이 특별히 타 지역에 비해 반주자학의 선구가 된 데에는 이 배타적 가학 배경과 강남 중심으로 축적된 문헌학적 경학 연구의 성과가 원인으로 작용했을 것이다.

혜동이 한대 『역』의 부흥에 노력한 것은 한대에는 가법과 사법이 있었고, 또 한대 『역』이 송대 『역』보다 『주역』의 본래 형태와 시대적으로 근접해 있어 경전이 불교·도가와 뒤섞인 송대보다 오류가 적기 때문이었다고 한다.[29] 혜씨 가법을 이어 한대의 고학과 학파적 가학으로 복귀를 추진한 혜동의 견해로는 경전 중 『모시毛詩』, 정현鄭玄의 『예禮』·하휴何休의 『공양춘추公羊春秋』만 한대의 것이고, 『상서』와 『좌씨춘추』는 부분만 한대 것인 위작이며, 『주역』은 황로설黃老說 탓에 완전히 없어졌다고 한다.[30] 주자학은 이처럼 한대 전주傳注가 부분적, 전체적으로 없어진 뒤 부실한 후대의 전주에 의거하고 있다는 것이다. 혜동은 호위 학설을 계승해 『주역』의 「하도낙서」를 부정할 뿐만 아니라 우번虞翻의 『역』을 중심으로 한대 『역』을 채택하고, 송대 『역』의 도서圖書·상수학象數學을 배척했다. 주자의 의리학을 반대한 적은 없지만 주자학 체계에 채택, 편입되었던 진박陳摶·소옹邵雍의 도서학과 주돈이周敦頤의 태극도설太極圖說도 북송 초 도교 학설의 혼입으로 고증해 배격해 버렸다.[31] 그러나 혜동의 주자학 반대는 경학 차원의 반대였다. 그래서 한대인은

---

28 Arthur W. Hummel, *Eminent Chinese of the Ch'ing Period(1644-1912)*, Washington, 1943, Vol. 1, pp.356~358.

29 陳祖武·朱彤窓, 『乾嘉學派硏究』, 石家莊 : 河北人民出版社, 2005, 96쪽.

30 惠棟, 「易漢學自序」, 『松崖文鈔』(臺北 : 藝文印書館, 聚學軒叢書 第1集, 叢書集成續編 影印本), 권1, 6b~7a ; 「古文尙書考自序」, 같은 책, 7b~9a.

31 陳祖武·朱彤窓, 앞의 책, 97~100쪽.

경술經術, 송대인은 이학이라 병칭해 주자의 의리학과 수신修身 윤리를 반대하지는 않았던 것이다.[32] 경학과 이학이 분리된 상태에서 이학보다 경학에 비중을 둔 것이 혜동의 학문론이었던 셈이며, 그의 관점에서 보면 지위가 격하된 주자 의리학이 자신을 도통道統으로 주장하는 독존적인 입장은 타당성이 없다.

4. 휘주학파 대진 고증학의 전문성과 학문 영역 확장

청대 고증학의 현저한 발달은 문헌학적 연구의 기초로서 소학小學이라 불린 언어학과 서학의 영향을 받은 천문·수학이 중국 경학의 역사에서 일찍이 없었던 수준으로 발전했다는 사실과 관련이 있다. 대진의 경학은 기본적으로 과학적 심성에 바탕을 두고 고증에서 출발해 의리학에까지 전진한 것이다. 18세기 소학은 강영江永(1681~1762)·대진戴震(1724~1777) 계열의 휘주徽州 고증학파(환파皖派)를 중심으로 크게 발전해서 경학의 도구 역할에 머물지 않고 역사학이나 제자학을 비롯한 여러 학문 영역의 연구 방법으로 적용되었다. 대진은 『성류표聲類表』·『성운고聲韻考』 등의 저술을 통해 소학에서 고대 음운音韻 연구와 근대 음학音學 연구를 결합한 새로운 업적[33]을 통해 제자 단옥재段玉裁·왕념손王念孫의 소학 집대성을 위한 이론적 지표를 제공했다. 대진의 학문은 『이아爾雅』 등 소학 연구에서 출발해 수학·천문학, 그리고 『대대례大戴禮』 등 예학禮學과 『고공기도考工記圖』 등 명물·전장제도, 『수경주水經注』 등 자연지리학 연구에 걸쳐 있다. 만년 사고관四庫館에서 복무한 뒤에는 명초의 대규모 유서類書 『영락대전永樂大典』에서 『주비산경周髀算經』

32 漆永祥, 앞의 책, 25~28쪽.

33 徐道彬, 『戴震考據學硏究』, 合肥 : 安徽大學出版社, 2007, 126~127, 138~140쪽.

등 '산학십서算學十書'를 집일輯佚하는 작업 등을 통해 중국의 고유 수학을 복원하고 『의례儀禮』 등 예학 문헌을 정리하는 과제를 담당했다.[34]

또한 휘주 고증학의 주요 방법인 천산학天算學(수학 · 천문학)도 토착 지역문화에 기초한 것으로 안휘安徽 남부의 선성宣城 출신 과학자 매문정의 영향을 받았을 가능성이 충분히 있다.[35] 대진은 서학이 천문 · 산법에서 측험測驗을 통해 실증을 갖추고 있다고 하고, 또 서학 중 측량 · 보산步算이 첫째이고 기기奇器가 그다음인데, 기기 중에는 수리水利법이 민용民用에 절실하다고 했다.[36] 나아가 그는 경학 연구로써 성인의 도를 밝히는(治經明道) 방법에 천문 · 역법 · 수학 연구를 적용했다. 따라서 그는 중국 고대의 수학서인 "『주비산경』 첫 장의 말은 그것을 궁극에까지 해석함으로써 측산測算을 완비하고 6예의 없어진 문서를 보충할" 것이라 했다.[37] 그러나 대진의 서학에 대한 태도는 명말 청초 중서中西 절충의 방식으로 수용된 과학의 수준을 계승하면서 궁극적으로는 중법中法(중국 과학방법)을 중심으로 고대와 현재(古今)의 과학을 절충하는 데 더 중점을 두었다.[38]

대진의 고증학은 그가 1755년(33세) 북경에 입도한 해부터 1757년 양주揚州를 방문해 혜동을 만나고 「정학재기鄭學齋記」(37세)를 쓴 해까지 4년간 거의 확립된 듯하다.[39] 북경에 입도한 대진은 전대흔錢大昕 · 왕명성王鳴盛 · 왕창王昶(소주학파), 북방 출신 기윤紀昀 · 주균朱筠 등 젊은 고증학 관료군과 교유하고, 상서 진혜전秦蕙田의 『오례통고五禮通考』 편찬 작업에 참여했는데, 주

34 段玉裁 編, 「附錄, 戴東原先生年譜」, 『戴震文集』, 北京 : 中華書局, 1980 곳곳 참조.

35 錢穆, 앞의 책, 310~311쪽.

36 『四庫全書總目』, 北京 : 中華書局, 1995(6쇄) 상책, 권106, 子部, 天文算法類一, 891쪽.

37 徐道彬, 앞의 책, 470쪽.

38 蒙等進, 「戴震的理欲觀及其對程朱理學的批判」, 陳鼓應等 주편, 『明淸實學史』(濟南, 1989), 1593~1594쪽. 漆永祥, 앞의 책, 174~175쪽.

39 段玉裁 편, 앞의 책, 220~224쪽.

로 대진의 천문·역법과 수학 지식이 제도의 고증에 매우 요긴했기 때문이다. 혜동과 스승 강영도 과거고시를 포기한 생원 출신 민간 학자였지만 일개 생원 신분인 대진의 이 1차 북유北遊는 강영 및 자신의 휘주 고증학[40]을 수도에 전파하는 효과가 있었다. 대진과 선배 학자인 소주학파 혜동은 당시 학자·문인의 후원자로 인망이 높던 양회염운사兩淮鹽運使 노견증盧見增의 막객幕客으로서 양주에서 처음 만났는데, 이 시기를 전기로 대진의 사상에 큰 변화가 있었다는 것이 학계의 일반적인 견해이다. 북경을 방문한 해에도 그는 성인의 도는 6경에 있는데 한대 유학자는 그 제수制數를 얻고 송대 유학자는 의리를 얻었다고 하면서[41] 의리학에서 주자학이 한대 유학보다 우월함을 인정하고 양자의 보완적 공존 관계를 주장했다. 이처럼 혜동을 만나기 이전 대진의 사상은 고염무·강영에서 보이듯 주자학 전통을 부정하지 않은 채 실증적 경향을 강화해 점차 분화해가는 온건한 입장이다. 그가 고증학에 기초해 제도학과 의리학으로 나아가는 방향을 제시하고 반주자학(송학宋學)의 기치를 분명히 한 것은 혜동의 한대 고학(한학漢學)을 접한 이후였다.[42]

유교 경학이 얼마나 정밀한 고증학의 방법을 필요로 하는지 강조함으로써 대진은 당시 유학계의 통속적 경학을 힐난하고, 경학에서 고증학이 갖는 이학과의 차별성을 부각했다. 동성고문사桐城古文辭파의 확립자 요내姚鼐에게

---

40 강영江永은 주자 만년의 예학 미완성을 계승한다는 의식으로 『주례』의 5례五禮 편찬에 따른 예학서 『예서강목禮書綱目』의 저자이자 휘주의 토착 문화전통에 의거해 예학과 명물(소학)·천문·역법·수학을 연구한 학자로서, 대진의 초기 학문도 이 범위를 벗어나지 않았다(錢穆, 앞의 책, 307~311쪽).

41 戴震, 「與方希原書」, 『戴震文集』 권9, 143~144쪽. 제수란 전제典制(전장제도典章制度)와 상수象數(혹은 도수度數)란 의미일 것이다.

42 錢穆, 앞의 책, 307~310, 320~322쪽. 아울러 과거 실패자인 혜동과 대진 두 사람에게 과거고시의 팔고시문八股時文, 즉 주자학적 사서문四書文과 그 이념 내용인 주자학에 대한 반감이라는 사회심리로 고학古學과 고문古文의 대두를 설명하려는 견해에 대해서는 徐復觀, 『中國思想史論集續編』, 臺北 : 時報文化出版社, 1985), 512, 518, 525~528쪽 참조.

보낸 서신에서 대진은 완전한 견해와 불완전한 견해를 분별하면서, 완전한 견해는 고문헌에 실증을 구해 조리가 관통되지 않음이 없어 큰 것과 가는 것, 근본과 말단이 함께 고찰되는 것이라 했다. 그 반면 전해진 소문(전문傳聞), 다수인의 언설(중설衆說), 알맹이 없는 말(공언空言), 단편적 증거(고증孤證)만을 근거로 단정하는 것은 불완전한 견해라고 했다.[43] 아울러 경학이 얼마나 광범한 영역의 학문들을 관통해야 가능한 학문인지 논하며 고증학이 갖춰야 할 엄청난 박학의 필요성을 설파했다. 경의 고증을 위해 동원되어야 할 다양한 방계의 학문 분야를 열거하면서, 『상서』「요전堯典」을 읽는 데는 천문학이 필요하고, 『시경』「주남周南」을 이해하는 데는 옛 음운학, 『시경』의 비흥比興을 위해서는 동식물 지식, 옛 『예경』을 읽는 데는 제도학, 『우공禹貢』「직방職方」을 보는 데는 지리학, 『주례』「고공考工」의 기물을 아는 데는 수학이 필요하다고 거론했다.[44] 이처럼 대진의 문헌 고증학은 소학과 천문·수학 같은 전문 학문을 이용함과 아울러 다양한 학문 영역의 횡적 회통, 즉 방통旁通을 통해 박학을 추구한 것이다.

양주에서 혜동의 소주 고증학을 자신의 휘주 고증학에 융합한 다음 대진은 자신의 학문의 경계를 다음과 같이 제시했다.

> 근심스러운 것은 6경의 은밀한 말(微言)을 후인들이 갈라져 나감으로써 잃어버린 것이다. (그런데) "한대 유학자의 경학과 송대 유학자의 경학이 따로 있어 하나는 고훈故訓을, 다른 하나는 의리理義를 위주로 한다"라고 말하는 자도 있다. 이는 참으로 내가 가장 이해하지 못하는 것이다. 대개 의리란 것이 정말 경을 버리고 헛되이 마음에 맡겨 장차 사람마다 억지 논리로 얻을 수 있는 것이라면 어찌 경에서 배움을 얻었다고 할 것인가! 생각건대 헛되이 마음에 의지하는 것이 끝내 현인·성

43 戴震, 「與姚孝廉姬傳書」, 앞의 책, 141쪽.
44 戴震, 「與市仲明論學書」』, 같은 책, 140쪽.

인의 의리에 맞지 않은 다음에야 옛 경에서 찾고, 옛 경에서 찾아도 남겨진 글이 거의 끊어지고 지금과 옛적이 동떨어진 후세에는 고훈에서 찾는다. 그러므로 고훈이 밝혀지면 옛 경이 밝혀지고 옛 경이 밝혀지면 현인 · 성인의 의리가 밝혀지니 내 마음에서 동의한 것도 밝혀진다. 현인 · 성인의 의리는 다름 아니라 전장제도典章制度에 존재하는 것이다.[45]

윗글에서 고대의 훈고를 의미하는 '고훈'이란 바로 후한의 훈고학자들의 경전 주석을 가리키며, '이의理義'는 주자 의리를 포함해 그것을 넘어선 경학의 궁극 이념을 가리킨다. 경학이란 무엇인가? 그것은 주자학 같은 마음에 의존한 주관적 억측을 반대하고 고훈, 즉 고대의 훈고 주석을 찾아 경전의 의미를 밝히고, 경전을 통해 궁극적으로는 성인의 의리를 내 마음속에서 확인해 밝혀내는 연구 과정이라고 설명했다. 그 내용은, 복고적 고학인 소주학파의 한학漢學 훈고의 방법을 휘주 고증학과 회통한 방법적 기초 위에서 전장제도를 연구하고, 그것을 바탕으로 의리학을 탐색할 것을 요구한 것이다.[46]

노견증 막부에서 만난 소주학파 왕창王昶의 서재 정학재鄭學齋를 위한 글에서 대진은 "경의 교관(경사經師) 1인의 학설만 오로지 지키고 옛것만 좋아하는" 것은 학문이라기에 부족하고, 경학은 "6서六書 · 9수九數 · 제도制度 · 명물名物로부터 언사(詞)에 통한 다음 마음으로 서로 만날 것"을 주장했다. 이 같은 학문 방법을 채택한 이유는 학문에서 '천지天地의 마음'과 '자기의 마음'을 순차로 얻기 위해 '성인의 마음'을 보는 것이 근본이지만 "천년이나 지난 다음 고대 성현의 말(言)과 일(事)에서 찾지 않으면 그 마음을 탐색할 경로가 없기" 때문이라고 했다.[47] 소학(6서)과 수학(9수)으로부터 명물과 제도에

45 戴震, 「題惠定宇先生授經圖」, 같은 책, 권11, 168쪽.
46 陳祖武 · 朱彤窓, 앞의 책, 268쪽.
47 戴震, 「鄭學齋記」, 앞의 책, 권11, 177쪽.

통한 다음 경전의 문장을 이해하면, 드디어 경 속의 성인 마음을 자신의 마음으로 스스로 얻는 '자득自得'의 학문 경지, 다시 말해 마음에 의한 주체적 '심득心得'의 학문에 이르는 것이다. 명물은 중국 언어학 범주인 소학에서는 명칭과 사물 간의 개념적 일치와 차이(이동異同)에 관한 것이다. 도수는 중국 고대의 국가 제도에 중요한 요소였던 역법曆法(천문·수학)과 율려律呂(음악)에서 유래하는 제도상의 수數와 비율에 관련된 것으로 생각된다.

고증학에서 학문 영역의 박학과 방법의 전문성은 경학 이외의 기타 학문 분야의 학문적 독립성과 상호관련성을 발전시키는 역할을 했다. 넓은 학문과 도덕적 원리 사이의 관계를 규정한 『논어』의 '박문약례博文約禮'는 원래의 도덕적 의미를 탈각하고, '박학'으로부터 '전문'으로 나아가는 학문 발전의 주지적主知的 사유思惟 경로를 의미하게 되었다. 한편 경전에 대한 넓고도 정밀한 고증학적 연구를 거친 다음에 경전에 담긴 성인의 마음을 이해함으로써 그 성인의 뜻을 근거로 천지의 마음으로부터 인간 자신의 마음에 이르는 도道에 대한 주체적 심득을 획득한다는 이 학문론은 그가 이 무렵 고증학을 기초로 경학의 궁극 목표인 의리학의 탐구에 들어가 주자 의리학을 대체하는 신의리학을 수립하려는 의도가 있음을 드러낸다. 필생의 명저인 『맹자자의소증孟子字義疏證』(1766)의 주기론적 신의리학은 주자 의리가 법가적 전제주의와 결합해 통치자의 억압적 명교名敎체계로 전락한 현상을 고발하고, 윤리적 절제가 인간 정욕의 바탕 위에 재설정되어야 함을 주장하는 데서[48] 전통적 기철학과의 획기적 차별성을 과시했다.

16세기 왕양명과 동시대의 나흠순羅欽純·왕정상王廷相 이래 17세기 왕부

48 주자학 명교의 교조화를 통한 충군忠君 이념 조작은 청대 황제전제 체제하에서 주자학 의리의 저항적 측면보다 억압적 측면을 강화하는 이념적 왜곡을 가져왔다(David S. Nivison, "Ho-shen and His Accusers", in David S. Nivison & Arthur F. Wright, eds., *Confucianism in Action*, Stanford : Stanford Univ. Press, 1959, p.223 참조).

지 같은 주기론主氣論 형이상학의 계보[49]에서 누구보다 철저하고 체계적이었던 대진의 주기론적 의리학은 고증학 시대의 학문적 엄밀성을 대표하지만 문헌고증 업적에 비해 당대에 거의 주목받지 못했다. 그러나 "이학理學을 강구한 이 책"에 대한 대진의 자부심은 단옥재의 회억回憶에서 확인할 수 있다. 대진은 처음 의리와 고거考據와 문장이 각기 별개의 근원이 있다고 했다가 훗날 이를 취소하고 의리가 고거와 문장의 근원이라 했다는데 『맹자자의소증』에 대한 그의 자부심을 보여주는 말이다.[50] 4서학에서 5경학으로 회귀한다는 명말 청초의 경세학을 계승한 대진이 고증학의 정점에서 다시 경학을 바탕으로 마음과 성인과 하늘의 학문, 그것도 주자학에서 이탈한 신의리학을 구축하고자 4서의 하나인 『맹자』로 돌아왔다. 비록 4서 중 『대학』과 『중용』을 중심으로 사색한 정이程頤·주자와는 달랐지만 적어도 이학이라는 근세 철학의 패러다임까지 완전히 전환할 수는 없던 것이었다.

5. 양주의 고학과 실학, 한·송학 절충론

18세기 유교 학계에서 고증학이 우세한 형세가 조성된 것은 1773년 안휘학정安徽學政 주균朱筠의 구체적 헌책獻策을 계기로 사고관四庫館이 개설됨으로써 본궤도에 오른 '사고전서四庫全書' 편찬사업(1773~1787)[51]의 막중한 영

49 陳來,『宋明理學』, 沈陽 : 遼寧教育出版社, 1991, 297~328쪽. 稽文甫,「王船山的史學方法論」,『王船山學術論叢』, 北京, 1962, 22~23쪽.

50 段玉裁 편, 같은 책, 226~228, 246쪽.『원선原善』저술의 완성 시기는 단옥재가 그 책을 초록한 42세 이전임이 분명하나 차구 시기는 불분명해 대진의 나이 31, 32세 이후 어느 시점이라 하니, 35세(1757) 대진과 혜동의 만남에 의미를 부여하는 견해를 지지한다면 그해 이후일 수도 있다.

51 주균의 구체적 헌책은 1772년(건륭 37) 황제의 전국적 서적수집 칙령에 답한 것으로 朱筠,「謹陳管見開館校書摺子」,『笥河文集』 권1, 郭伯恭,『四庫全書纂修考』, 北平 : 商務印書館, 1937, 7~9쪽 수록.

향력과 관련이 깊다. 건륭제乾隆帝가 직접 주도한 이 거국적 편찬사업에는 총찬관總纂官 기윤紀昀을 비롯해 찬수관纂修官 주균 등의 천거를 받아 대진·소진함邵晋涵·주영년周永年 등이 당시 없어진 책들을 『영락대전永樂大典』 안에서 찾아 집일輯佚, 교정하는 작업에 투입되었다. 이들은 그 밖에 칙명으로 전국 각 성省에서 수집되어 송부된 서적들의 교감·편찬을 맡은 주균·옹방강翁方綱 등 여러 고증학자들과 함께 기윤의 지휘 아래 『사고전서총목四庫全書總目』의 저술에도 참여했다. 일개 거인擧人인 대진이 황제 특명으로 한림원翰林院 서길사庶吉士 자격을 얻어 사고관에 투입되고 고증학 관료들이 고증·교감 능력으로 타 부처에서 한림원으로 영전한 것도 모두 이 사고전서 편찬 때문이었다.[52] 더욱이 총찬관 기윤 등은 『사고전서총목』의 제요提要 편찬 과정에서 각 찬수관들이 작성한 서적의 제요에 주자학보다 고증학자들의 관점을 대거 수용하고 학파적 입장이 지나친 표현만 수사적으로 수정했을 뿐이었다.[53]

국가 편찬사업을 위해 전국적으로 서적을 수집하고 금서를 색출한 '사고전서' 편찬사업은 대규모 문자옥文字獄의 측면이 없지는 않지만 문자옥 이상의 원대한 전략으로 시도된 황제의 정치적·문화적 설계였음을 부인할 수 없다. 옹정제 이후 화이華夷 문제, 즉 만주·한족의 종족 차별을 초월한 중화제국 군주로서 만주황제의 한화漢化 과정은 더욱 진행되었으며, 문자옥에서도 점차 화이 종족種族의 대의大義보다는 황제 전제와 관련된 군신君臣 대의가 더 중심적 문제가 되었다.[54] 1865년(건륭 30) 황제는 국사관國史館을 다시 열

52 黃愛平, 『四庫全書纂修研究』, 北京 : 中國人民大學出版社, 1989, 103~104쪽.

53 R. Kent Guy, *The Emperor's Four Treasuries: Scholars and the State in the Late Chien-lung Era*, Cambridge: Harvard Univ. Press, 1987, pp.135~139.

54 증정曾靜·여유량呂留良 문자옥의 처리과정에서 옹정제가 『대의각미록大義覺迷錄』을 통해 제기한 문제는 화이 문제의 본질은 종족보다는 문화에 있으며, 중화문화의 통일군주로서 옹

고 청대 관료의 열전列傳을 편찬하게 되자 역사서 편찬의 최고 표준을 유교의 군신君臣 윤리에 두고 명의 신하로 청에 투항한 변절자를 비판, 1776년 「이신전貳臣傳」을 편찬하게 했다.[55] 문자옥보다는 문화통합이 우위 과제가 된 국가 문화사업으로서 사고전서의 편찬은 주자학적 화이·군신대의를 넘어 더 원대한 규모의 문화적 대일통大一統을 시도한 것이었다. 다시 말해 공간적으로 청조가 실현한 '화이 일통'의 중화제국 영토 내의 모든 서적을 집합하고, 시간적으로 한대와 그 이전으로까지 소급해 고금을 회통하는 중국 문화 전체의 시간적·공간적 총정리 작업이었다. 한편으로 청조가 변절한 '이신'을 비판하고 명말 청초 반청활동으로 순국한 명조 유신遺臣을 표창하는 행위는 청조 건국의 정당성에 대한 대통일 중화제국 군주로서 건륭제의 대단한 자신감의 표현이기도 했다. 또한 건륭제 자신의 말과 같이 이들 충신들의 노력을 희생시킨 명조 군주들의 엄청난 혼정昏政의 기록을 보존하는 것이야말로 명이 망한 까닭과 청조가 홍기한 원인에 대한 생생한 기록이기도 한 것이다.[56]

이 같은 청조의 문화 대통합을 위한 총정리 작업을 박학과 전문성을 구비한 고증학자들이 주도한 것은 당연한 결과였다. 『사고전서총목』의 제요를 통해 보면, 총찬관 기윤은 주자학이 근거한 『고문상서』의 위작설을 지지했고, 대진의 『맹자자의소증』 같은 체계적 이론은 아니어도 인간의 욕망을 억압하는 천리天理의 공허함과 주자학의 이욕理欲 대립설을 비판했다.[57] 그러나 당시 한학(고증학)과 송학(주자학)으로 양분된 학계의 현실을 인정해, 그는 경학

정 자신의 헌신적 통치를 과시함으로써 중국 관료·신사층을 군신 대의 등 유교적 문화 관념으로 설득하는 내용이었다. 이는 閔斗基,「清朝의 皇帝統治와 思想統制의 實際」,『진단학보』 25·26합집(1964)〔후에 閔斗基,『중국근대사연구』, 일조각, 1980(중판) 수록〕 참조.

55 白新良,『乾隆傳』, 沈陽 : 遼寧教育出版社, 1990, 220~221쪽.

56 乾隆 46년 10월 27일 上諭,『四庫全書總目』 卷首, 7쪽.

57 周積明,『紀昀評傳』, 南京大學出版部, 1994, 179~181쪽.

에서 의리를 얻으려면 문자 훈고를 통한 제도의 이해가 먼저 필요함을 지적하면서도 주자학의 정미한 심득心得도 필요하니 의리학에서는 한학이 송학에 미치지 못한다고 했다.[58] 그가 고증학의 병폐로 혜동처럼 한대 훈고에 집착하거나 그것을 벗어난 대진의 경우 한대 이후 후세의 서적을 읽지 않았음을 지적한 것은 적절한 비판이라 할 것이다.[59] 기윤으로 대표되는 사고전서의 한학·송학 절충설은 당시 건륭조하의 일반적 사상 경향을 나타낸 것으로 볼 수 있다.

대진 사후 그의 학문을 계승한 후기 고증학의 중심지는 양주였다. 전국적 문화·경제 중심지로서 강절과 안휘의 신사층 문화를 연결하는 양주의 후기 고증학을 양주학파라 규정하는 견해도 있으나 이치에 맞지 않다.[60] 18세기 말 후기 고증학계는 이미 소주학을 융합한 대진의 휘주학을 계승했을 뿐이며, 별개의 독자적 학문 방법이나 학문 영역의 창조가 없었다는 점에서 양주학파라는 독립된 학파를 설정하기는 어렵다. 더욱이 양주학의 특성이라는 회통會通은 고염무 이래 박학의 학문 방법으로 이미 시작된 사조였고, 대진 등 고증학계의 주자학 도통의 부정, 사고전서 사업에 따른 광범한 한·송학 절충 사조 등에 회통의 사조가 이미 시작되어 있었다. 학파를 구성하는 학문의 체계나 방법상의 고유한 특색과 인맥상의 전수 계보 없이 지역성이나 회통과 같은 학문외적인 피상적 개념만으로 학파란 명칭에 집착하는 것은 당시

58 周積明, 같은 책, 254~255, 286~290쪽.

59 周積明, 같은 책, 286~287쪽.

60 張舜輝, 『清代揚州學記』, 上海人民出版社, 1962, 1~18쪽. 왕중·왕념손 이후 완원을 정점으로 한 초순焦循·능정감凌廷堪 등 양주 출신 고증학자들이 그 계보에 속한다고 한다. 이 양주학파설은 청말 20세기 초 국수國粹학파인 양주인 유사배劉師培가 지역적 애향심에서 발상한 것으로 보아야 할 요소가 많다. 이 중 왕념손과 그 아들 왕인지王引之는 단옥재와 더불어 대진 고증학의 본령인 음운·문자학 분야에서 큰 업적을 이뤘고 다른 양주 출신 학자들과 밀접한 연관이 없다.

의 사실에 부합하지도 않고 합리적 사고도 아니다. 당시에는 사실 초창기에 잠시 성립했던 소주와 휘주 두 학파의 계보마저 이미 융합되어 거의 소멸된 것으로 보인다.

소주·휘주 두 학맥의 회통은 양주 출신의 후배 고증학자 왕중汪中(1744~1794)의 학문론에서도 아주 분명한 현상으로 나타난다. 고증학의 실증성을 지칭하는 실사구시實事求是란 개념은 한국학계에서도 실학의 한 요소로 인정되고 있지만,[61] 19세기 초(가경시대) 후기 고증학의 거두인 완원阮元(1764~1849)에 의해 널리 보급되었다. 실사구시의 실학 개념을 그보다 먼저 사용한 왕중[62]은 『주관周官』(『주례周禮』)과 주대周代 학제를 숭상한 결과, 주자학의 주요 기반인 4서의 『대학』을 증자曾子의 저술이 아닌 공자학단孔子學團의 지류에 지나지 않는다고 비판했다. 더욱이 송대 학자들이 불교 선학禪學의 해석을 공자에 부회하고, 『중용』을 끌어다 『대학』의 보조서로 배합하며 두 책의 순서를 『논어』보다 앞에 둠으로써 신중한 술책으로 공자의 의리를 개변하려 했다는 것이다.[63] 그는 또한 순자·가의賈誼의 예학을 지지하고, 묵가墨家를 높여 전국시대에는 유가와 대등한 경쟁관계에 있었고 겸애兼愛설 등 그 학설이 민생과 국가사에 힘쓴 것일 따름이라고 했다.[64] 이로써 주자학을 넘어 원시유가와 삼대 제도로 회귀하는 복고적 이상에 근거해 제자학을 절충, 19세기 제자학 부흥[65]의 선구가 되었다.

---

61 全海宗, 「釋實學」, 『진단학보』 19호(1958)〔「실학의 의의에 대하여」, 『한중관계사연구』, 일조각, 1970, 1990(중판) 재수록, 167~176쪽〕.

62 汪中, 「與巡撫畢侍郎書」, 『述學』 권6, 別錄, 17a~b. 『述學·容甫遺詩』, 臺北 : 世界書局, 1972(재판).

63 汪中, 「大學平議」, 같은 책, 권4, 補遺, 19a~20a.

64 汪中, 「墨子序」, 같은 책, 권3, 내편, 3a~4a.

65 청대 제자학의 부흥에 관해 명말 청초의 은일隱逸적 경세학자 부산傅山(1607~1684)이 경經과 제자諸子의 평등을 주장한 학설의 의의를 평가할 필요가 있으나 그가 노장 사상을 중심에

왕중과 마찬가지로 고학古學 개념과 실사구시의 실학 개념을 제창한 완원은 후세 유학이 『한서』「하간헌왕전河間獻王傳」에 처음 제시된 실사구시 개념과 달리 공허한 데서 시비를 다퉈 파벌(문호門戶)을 세우고 불교·도가에 연루된 사실을 비판했다.[66] 그는 완당阮堂(추사秋史) 김정희金正喜에게 영향을 끼쳐 조선 실학계와도 직접적 관계를 형성한 청조 최고위 관료이자 중국 실학의 최대 후원자였다.[67] 완원의 실학적 경학 연구법은 박학을 중시하면서도 성현시대와 가까운 한대 훈고학을 이용했다. 그의 고학적 관심은 한대를 넘어 선진 원시유가의 문헌으로 소급하기도 하고 위진·남북조 경학에 이르기도 했다. 고증학의 후원자로서 그는 절강에서 『경적찬고經籍纂詁』를 편찬하고, 왕창·손성연孫星衍 등 고증학자를 초빙해 함께 서원 고경정사詁經精舍를 주도했으며, 광주에 설립한 서원 학해당學海堂의 학생들을 조직해 청대 고증학의 저술들을 총집결하는 대규모의 『황청경해皇淸經解』 편찬사업을 진행한 것으로 저명하다.

한·송학 절충의 사조는 당시 과거 시험의 경향에도 영향을 미쳐 기윤이 과거고시의 『춘추』 시험에 『좌씨전』을 중심으로 『공양전』·『곡량전』을 보충하고, 주자학 계통의 『호씨전胡氏傳』은 폐지하도록 주청했다.[68] 또 완원의 좌사座師인 주규朱珪도 고증경학과 주자 사서문(팔고)을 고시에 병행했다고 한다.

둔 것은 왕중과 다른 점이다(羅檢秋, 『近代諸子學與文化思潮』, 北京 : 中國社會科學出版社, 1998, 12~14쪽. 曺秉漢, 「18세기 考證학계의 古學연구와 經世實學 관념-汪中의 경우」, 『九谷黃宗東교수정년기념사학논총』, 1994, 87~89쪽).

66 阮元, 「惜陰日記序」, 『揅經室三集』 권5, 臺北 : 世界書局, 1982(재판), 639쪽.

67 全海宗, 「淸代학술과 阮堂」, 『韓中關係史硏究』, 일조각, 1970, 210~220쪽. 청조 고위 관료로서 김정희와 밀접한 교류가 있었던 또 다른 중국 고증학자 옹방강翁方綱은 고증학계에서의 지위나 관료적 영향력이 완원에 비해 낮았을 뿐만 아니라 고증학 지식으로 사고전서 편찬에 참여했으나 사상적으로 주자학 옹호자여서 보수적인 인물이었다. 오히려 금석학과 서예 면에서 김정희에게 미친 영향이 주목할 만하다.

68 阮元, 「紀文達公集序」, 앞의 책, 권5, 631쪽.

다.[69] 한·송학 절충의 전형적 논리는 완원의 『국사유림전國史儒林傳』에 대한 다음과 같은 의견에 잘 나타난다. 주공이 예禮를 제정했을 때 사師와 유儒를 구분해 '사'는 덕행德行으로 민民을 가르쳤고 '유'는 6예藝로 가르쳤으며, 공자가 이를 왕법王法으로 제작, 계승함에 따라 도道(도덕)와 예(학문), '사'와 '유'가 하나로 합쳐졌다고 한다. 그 후 한대는 '유'의 경經을, 송·명은 '사'의 도道를 얻었는데, 이 한·송학을 통합해 고대까지 포괄한 청조 황제의 전례 없는 공적을 완원은 이렇게 찬양했다.

> 우리 청조의 역대 성군聖君께서는 도덕이 순수, 완전하시고 지나간 고대를 포괄하시니 송학의 성性·도道를 숭상하고 한대 유학자의 경전의 뜻(경의經義)으로써 그것을 충실히 하셨다. 성학聖學이 지향하는 바는 해내海內가 향응하고 황제께서 편찬하신 여러 경은 역대의 설을 함께 수용했으니 사고관이 열리자 풍기는 더욱 정밀하고 넓어졌다. …… 아! 주周·노魯의 사유師儒의 도는 우리 황상께서 열성列聖을 이어 밝히시니 옛날에 겸할 수 없었던 것을 겸했다고 할 수 있다.[70]

청조 황제가 주도한 사고전서 편찬사업에서 주자학적 도덕과 고증학의 경전 해석을 결합하려는 한·송학 절충의 문화통제 기능을 이보다 더 잘 설명한 글은 없을 것이다. 더욱이 그 문화통제의 이데올로기적 근원은 주공의 예제禮制와 공자의 원시유가에까지 소급해 사(도덕)와 유(학문)의 교敎·학學 합일의 이상에 이르지 않는가! 이 교학합일의 유교를 장악한 것은 황제의 정치권력이니, 사고전서 편찬은 바로 정·교·학 3위일체의 청조 통치체제를 구현한 전통적 문화정리 사업이었다.

69 阮元, 「太傅體仁閣大學士大興朱文正公神道碑」, 『揅經室二集』 권3, 391쪽.

70 阮元, 「擬國史儒林傳序」, 『揅經室一集』 권2, 31~32쪽.

6. 결론

16세기 말 17세기 초의 명말 청초란 시대는 중국사, 더 크게는 동아시아 역사에서 정치적 대동란기이자 문화 · 사회경제적으로 커다란 변화가 일어났던 시기로서 실학實學 또는 경세학經世學 · 고증학考證學이란 학술 사조의 대두도 이러한 역사적 변동의 일환으로 논의되어 왔다. 이 실학 사조는 중국에서는 17세기 초 동림당과 복사 운동, 서학의 도래를 계기로 정치적 경세학의 형태로 출범했다. 그러나 18세기 만주족 청조 제국의 융성기에 제국의 번영과 정치적 억압, 소상품경제 발전에 따른 문화 축적 등을 배경으로 경세학이 퇴조하고 지식주의 사조가 확대되자 원래 경세학의 실증적 연구 방법이던 고증학이 독립해 학문 사조 전반을 지배하게 되었다. 강남과 북경을 중심으로 발전한 민간 신사층 사회의 고증학계를 기반으로 건륭제乾隆帝는 서적에 대한 전국적 통제를 통해 청조 중화제국의 정政 · 교敎 · 학學 3위일체의 문화통합 기획을 주도하게 되었으며, 그것이 바로 사고전서四庫全書 편찬사업이었다. 이 제국의 문화통합은 한학漢學(고증학) · 송학宋學(주자학) 절충折衷이라는 형태로 나타났는데, 이 같은 학파의 절충 또는 회통會通에는 제국의 통치집단과 고증학계의 능동적 협력이 작용했다.

원래 경세실학 사조는 명 · 청 교체를 단순한 국가 수준의 왕조 교체로 보지 않고 천하질서, 즉 인륜적 문명질서의 붕괴로 보거나 고대 진秦 · 한漢 제국 이래 2천 년의 쇠퇴과정의 결과로 보는 절망적 위기의식의 산물이었다. 따라서 통치계급의 직접적 정치활동보다는 신사층이 주도하는 민간 사회의 구세적 문화운동으로 시작되었다. 그것은 경세의 중심이 주자학의 '도덕경세'로부터 '정치경세'로 옮아가고, 이 정치경세의 사조는 미래의 근본적 해결책을 엄밀한 학문의 토대 위에서 탐구하는 '학문경세'에 의거했다는 점이 과거의 유교적 경세 활동과 다른 점이었다. 경세치용을 표방한 경세실학의 여러 사유 경로 중 가장 전형적인 것이 물질적 민생 개선을 위한 기술적 실용(이용후생)보다는 경학·사학의 문헌학적 연구를 통한 정치제도 개혁방안을 탐색하는 경로였다. 이 경사학파에서 청초 고염무의 학문이 주류를 차지하게 되고, 18세기 중엽 혜동惠棟의 소주학파(오파吳派)와 대진戴震의 휘주학파(환파皖派)가 성립되었다. 양주揚州에서 두 학자의 만남(1757)이 이뤄진 이후 대진의 주도로 두 학파의 방법이 점차 통합되었다.

유교 실학의 한 갈래로서 고증학은 비록 본래의 경세적 역할에서 멀어진다는 비판을 받기도 하지만 학문의 목적으로서 경세의 가치를 원리적으로 부정한 적은 없었다. 고증학의 실학으로서의 가치는 무엇보다 정밀 학문으로서 학문의 전문성과 독립성을 강화한 점에 있다. 고증학의 방법에는 두 가지가 있는데, 하나는 삼대·공맹의 '성인의 도'를 지향한 복고적 고학古學의 도구로서 한대 훈고학訓詁學의 전주傳注를 이용하는 혜동의 방법이다. 다른 하나는 소학(언어학)과 천문·수학을 도구학으로 발전시켜 고증을 심화하는 대진의 방법이다. 청대 고증학은 명말 청초 중국에 일부 수용된 서학의 과학기술을 계승했으나 서학 내용을 더욱 발전시키기보다는 중국의 고유한 천문·수학 전통을 정리, 복원하는 작업에 서학을 편입하는 폐쇄성을 보였다. 이를테면 서학의 중국기원설[71]은 명말 청초의 황종희·방이지로부터 청대 최고의 수학자 매문정과 강희제, 그리고 대진·완원에 이르기까지 고증학에 일관된 입장이었고, 이는 19세기 후반의 양무洋務개혁 사상에까지 연결되었다.

한때 혜동과 대진을 정점으로 잠시 주자학 반대의 사조가 발생했으나 사고전서 사업의 영향하에서 완원阮元 등 후기 고증학계가 실사구시實事求是의 실

---

71 張立, 『從傳統走向近代―中國科學文化思想的阮元』, 合肥 : 安徽教育出版社, 2005, 170~178쪽. 李志軍, 『西學東漸與明淸實學』, 37~38쪽.

학을 표방하며 학파(문호門戶)적 대립을 실학의 정신에 어긋나는 것으로 부정하게 되었다. 한·송학 절충 사조하에서 대진의 주기론적主氣論的 인성론에 근거해 인간의 욕망에 바탕을 두고 이를 절제하는 예학禮學의 연구가 고증학계에 일어나고 이로써 주자 의리학을 보충하려는 사조도 나타났다.[72] 고증경학과 주자 이학理學의 공존과 상호 보완이 당시의 일반 추세로서, 그것이 건륭제와 통치계급이 희망하는 사회적 문화통합의 기반이었다. 양주의 고증학자 초순焦循이 표방한 절충 또는 절중折中의 방법은 '성인(공맹)의 도道'를 표준으로 여러 학설이나 학문 영역 간의 대립에서 하나를 고집하지 않고 각자의 장점을 취해 그 중용을 취하는 학문 방법이었다.[73]

유교 실학으로서 고증학은 그 전문성을 적용할 범위를 확장해 본래의 경세학으로서 경학과 사학의 문헌학 범위를 넘어 순자·묵가 등 제자학의 가치를 재발견하는 데까지 그 적용 범위를 확장했다. 18세기 강남의 고증사학을 대표하는 전대흔錢大昕의 고증학은 복고적인 혜동의 소주학에서 유래했으나 경학·사학·음운학·천문·수학·지리학·금석학 등에 걸친 박학함과 고증사학의 업적으로 고증학계에서 독립적 지위를 확보했다.[74] 명말 청초의 황종희 이래 경세학에서 사학의 지위가 크게 상승한 결과 전대흔의 사학은 경과 사의 일치를 주장하고 실사구시의 경학 고증방법을 사학에 확장시켰다. 그는

---

72 曺秉漢,「乾嘉 고증학파의 체제통합 이념과 漢·宋學 折衷 사조」, 앞의 책, 87~89, 103~107쪽. 예학 연구로 맹자의 성선性善과 순자의 인위적 교화를 결합하는 맹순 절충 사조가 나타났다(大谷敏夫,「揚州·常州學術考」, ―その社會的關連―, 小野和子 編,『明清時代の政治と社會』, 東京, 1983, 328~334쪽).

73 焦循,「一以貫之解」,『雕菰集』권9, 8a~9b.「攻乎異端解 상, 같은 책, 12a~13a.「使無訟解」, 같은 책, 권9, 16a. 초순은 학문(격물格物)과 경세에서 통通이나 서恕(혈구絜矩)·집중執中, 정情의 방통旁通 등 개념을 사용해 관용을 강조하고 있다. 이는 曺秉漢,「건가 고증학파의 체제통합 이념과 한송 절충사조」, 앞의 책, 75~77, 83쪽 참조.

74 史念海,「錢竹汀先生之史學」, 顧吉辰 주편,『錢大昕研究』, 上海 : 華東理工大學出版社, 1996, 18~19쪽.

역사 연구에 대량의 문헌과 금석 자료 등을 이용하고 지리 · 천문 · 수학, 심지어 몽골어 지식까지 동원한 역사 고증으로 『21사고이二十一史考異』를 저술했으며, 원사元史 연구에 큰 업적을 남겼다.[75]

대진이나 후기 고증학의 학자들에서 보이듯 18세기 고증학에도 유교 경세학의 원리가 내재해 있었고, 19세기 초 청조 제국의 쇠퇴가 분명해지자 학문 방법으로서 고증학의 본령에 대한 자각과 함께 경세학과 재결합해 경세실학 부흥의 시대가 다시 도래했다. 19세기 초 고증학계에서 경세학의 대상으로 가장 먼저 주목을 받게 된 것은 신강新疆과 몽골 · 티베트 등 서북역사지리학이었다. 서송徐松을 중심으로 한 북경의 서북사지학西北史地學 연구그룹에는 상주常州 금문경학파(공양춘추학) 공자진龔自珍과 위원魏源, 몽골 연구가 장목張穆도 들어 있었다.[76] 아편전쟁(1840~1842) 직후 영국 등 유럽을 중심으로 세계를 소개한 세계역사지리로서 위원의 『해국도지海國圖志』의 등장은 서북사지의 연장선상에서 경세실학이 확장되어 나온 결과였다. 이제 경세학과 고증학은 중국 근대 초기에 서구 과학과 민주의 가치를 발견해 접목하는 매개 역할을 담당하게 될 것이었다.

---

75 杜維運, 『淸代史學與史家』, 臺北 : 東大圖書公司, 1984, 176~187, 297~312쪽. 원래 고증을 넘어 저술을 기획했던 원사 연구에서 특히 『몽고비사蒙古秘史』와 『장춘진인서유기長春眞人西遊記』와 같은 원 이전 몽골제국 초기의 진귀 자료를 역사 연구에 이용한 것은 획기적인 연구 업적이었다. 이는 修曉波, 「錢大昕元史考異芻議」, 顧吉辰 주편, 앞의 책, 286~287쪽 참조.

76 郭麗萍, 『絶域與絶學—淸代中葉西北史地學硏究』, 北京 : 三聯書店, 2007, 150~193쪽.

| 한국사 시민강좌 제49집 |

(2011년 8월 발간 예정)

- **특집—고조선 연구의 현 단계**

  고고학자료로 본 고조선 | **송호정**

  문헌자료로 본 고조선 | **서영수**

  민속학에서 본 고조선 | **노태돈**

  중국사에서 본 고조선 | **이성규**

  요하문명론과 고조선 | **이청규**

  이병도와 천관우의 고조선 연구 | **조인성**

  이지린의 『고조선연구』와 그 영향 | **이형구**

  고조선 연구, 무엇이 문제인가 | **이기동**

- **한국의 역사가**

  천관우 | **민현구**

- **나의 책을 말한다**

  『독도 1947』 | **정병준**

- **역사의 진실을 찾아서 | 주보돈**

- **한국사학에 바란다 | 구종서**

- **역사학 산책**

  중국에서의 고대국가 형성 | **김병준**

한국사 시민강좌

연2회 발행

제 1 집 ~ 제 24 집 특집 주제

제 1 집 • **특집** — 植民主義史觀 批判

제 2 집 • **특집** — 古朝鮮의 諸問題

제 3 집 • **특집** — 廣開土王陵碑

제 4 집 • **특집** — 世界 속의 韓國思想

제 5 집 • **특집** — 韓國史上의 分裂과 統一

제 6 집 • **특집** — 農民과 國家權力

제 7 집 • **특집** — 開化期 自主와 外壓의 갈등

제 8 집 • **특집** — 高麗의 武人政權

제 9 집 • **특집** — 朝鮮 후기의 商工業

제 10 집 • **특집** — 韓國史上의 理想社會論

제 11 집 • **특집** — 任那日本府說 批判

제 12 집 • **특집** — 解放政局

제 13 집 • **특집** — 변혁기의 帝王들

제 14 집 • **특집** — 한국의 風水地理說

제 15 집 • **특집** — 韓國史上의 女性

제 16 집 • **특집** — 조선시대의 科學技術

제 17 집 • **특집** — 해방 직후 新國家 構想들

제 18 집 • **특집** — 한국 大學의 역사

제 19 집 • **특집** — 日本의 大韓帝國 침탈의 不法性

제 20 집 • **특집** — 韓國史學, 무엇이 문제인가

제 21 집 • **특집** — 오늘의 북한 역사학

제 22 집 • **특집** — 부정축재의 사회사

제 23 집 • **특집** — 한국의 문화유산, 왜 자랑스러운가

제 24 집 • **특집** — 족보가 말하는 한국사

제 25 집 ~ 제 48 집 특집 주제

제 25 집 • **특집** — 20세기 한국을 움직인 10대 사상

제 26 집 • **특집** — 역사적으로 본 한국의 오늘과 내일

제 27 집 • **특집** — 단군, 그는 누구인가

제 28 집 • **특집** — 한국인의 해외 이주, 그 애환의 역사

제 29 집 • **특집** — 양반문화의 재평가

제 30 집 • **특집** — 정신적 유산을 남긴 사람들

제 31 집 • **특집** — 실패한 정치가들

제 32 집 • **특집** — 한국인의 기원

제 33 집 • **특집** — 한국사에서의 보수 · 진보 읽기

제 34 집 • **특집** — 한국을 사랑한 서양인

제 35 집 • **특집** — 고려의 멸망과 조선의 건국

제 36 집 • **특집** — 국운을 좌우한 외교정책

제 37 집 • **특집** — 책의 문화사

제 38 집 • **특집** — 대한민국 건국사의 새로운 이해

제 39 집 • **특집** — 고려사회 속의 인간과 생활

제 40 집 • **특집** — 한국사의 15개 대쟁점

제 41 집 • **특집** — 역사와 소설, 드라마

제 42 집 • **특집** — 역사상 한국인의 해외 견문록

제 43 집 • **특집** — 대한민국을 세운 사람들

제 44 집 • **특집** — 최신 발굴자료로 본 백제사

제 45 집 • **특집** — 놀이와 축제의 한국문화사

제 46 집 • **특집** — 한국사에 펼쳐진 과거제

제 47 집 • **특집** — 대표적 독립운동가 12인

제 48 집 • **특집** — 한국 실학연구 80년

『한국사 시민강좌』 편집위원회

편집위원 : 민 현 구
유 영 익
이 기 동
이 태 진
(가나다순)

한국사 시민강좌 2011년 제1호 〈 제48집 〉

2011년 2월 12일 1판 1쇄 인쇄
2011년 2월 20일 1판 1쇄 발행

편집인 『한국사 시민강좌』 편집위원회
발행인 김 시 연

발행처 (주) 일 조 각
서울특별시 종로구 신문로2가 1-335
전화 (02)733-5430~1(영업부), (02)734-3545(편집부)
팩스 (02)738-5857(영업부), (02)735-9994(편집부)
www.ilchokak.co.kr
등록 1953년 9월 3일 제 300-1953-1 호(구 : 제 1-298 호)

ISBN 978-89-337-0605-3 03900
ISSN 1227-349X-48

값 10,000 원